김원장 기자의
도시락 경제학

김원장 기자의
도시락 경제학

매일매일 꺼내 읽는
쉽고 맛있는
경제 이야기

김원장 지음 | 최성민 그림

해냄

1. 더운 여름날, 학교 운동장에서 공사가 한창입니다. 시끄러워 창문을 닫자니 너무 덥고, 창문을 열자니 너무 시끄럽습니다. 열었다 닫았다 열었다 닫았다 한참을 되풀이하는데, 한 학생이 교실을 조용히 빠져나가더니 공사 중인 작업 인부에게 말합니다.

"저희 수업 중인데요, 너무 시끄럽거든요……."

공사는 멈췄고 운동장은 조용해졌습니다. 학생들은 이제 창문을 열고 수업을 받을 수 있게 됐습니다. 공사 중단을 부탁한 학생은 효율적인 선택을 한 셈입니다. 같은 반 친구들이 미처 생각하지 못한 이런 효율적인 선택에는 비용을 줄이고 이익을 극대화하는 경제적 판단이 숨어 있습니다. 여러분의 경제적 판단력에 비타민이 되기를 바라는 마음으로 이 글을 썼습니다.

2. 접촉 사고가 났습니다. 도로 한복판에서 권투선수처럼 마주 선 운전자들이 소리를 지릅니다. 이내 "너 몇 살인데 반말이야!"라는 대한민국 교통사고 운전자의 매뉴얼이 답습됩니다.

그런데 얼핏 따져보니 차량 수리 비용은 고작 10만 원쯤. 경제적인 운전자라면 이 싸움으로 소비하는 시간과 스트레스를 계산해, 그 값이 차량 수리비보다 더 든다는 생각이 들면 주저 없이 손수건을 던지고 부질없는 길거리 싸움의 링에서 내려올 것입니다. 이때 싸움으로 인한 시간 낭비와 스트레스를 경제학에서는 '기회비용'이라고 합니다. 우리가 생각하지 못한 일상 구석구석에 경제학이 숨어 있습니다.

명절에 3인 가족이 귀향길에 오릅니다. 아버지는 올해도 교통편을 고민합니다. 먼저 비용을 따져봅니다. 그리고 각 교통편이 주는 편안함을 고려해 귀향길을 결정합니다. 이를 흔히 비용편익 분석이라고 하는데요, 한번 해볼까요?

> 1안 대중교통/KTX:(요금 3만 원×3인 가족×2(왕복))+(2만 원(집에서 기차역, 기차역에서 고향집에 가는 데 드는 택시비)×2(왕복))=22만 원
>
> 2안 자가용:10만 원(왕복 주유비)+5만 원(왕복 고속도로 이용료)=15만 원

비용도 저렴하고(경제적) 특히 함께하는 가족이 편하다는 면에서 (편익) 2안을 선택하는 것이 효율적입니다. 하지만 조금 더 깊이 들여다보면 교통사고의 위험이라는 '외부효과'를 고려하게 됩니다. 단순한 위험 요소인 교통사고를 경제적으로 생각해 숫자로 도출하면

얼마든지 비용편익 분석의 최종 결과를 뒤집을 수 있습니다.

KTX의 사고 비율은 100만 분의 1 이하입니다. 따라서 수학적으로는 거의 '0'에 가깝습니다. 반면 자가용 운전자의 교통사고 비율은 8,000분의 1입니다. 따라서 자가용을 이용할 경우 KTX를 이용할 때보다 교통사고의 위험이 적게는 100배에서 많게는 무한대까지라고할 수 있습니다. 이를 토대로 운전자 1인의 경제적 노동 가치가 10억원이라고 가정하고 두 교통수단의 위험비용을 계산해 보면,

> KTX: 10억 원(운전자의 경제적 가치)×1/100만(교통사고 가능성)=100원
>
> 자가용: 10억 원(운전자의 경제적 가치)×1/8,000(교통사고 가능성)=12만 5,000원

이처럼 교통사고라는 외부효과를 대입하면 KTX를 이용할 경우 교통사고의 기회비용은 불과 100원이지만, 자가용을 이용할 경우 12만 5,000원을 지불하는 셈입니다. 따라서 자가용이 저렴하다고 해도, 엄밀히 따져본다면 KTX를 이용하는 것이 더욱 경제적입니다. 이처럼모든 선택이 기회비용을 낳고, 기회비용은 경제적 선택을 결정하는중요한 배경으로 작용합니다.

3. 요즘 잘나가는 개그맨 박명수는 유재석 때문에 덩달아 경쟁력이 있는 것일까요, 유재석에 가려 만년 2위만 하는 것일까요? 그 답도 경제학에 있습니다. 유재석의 몸값이 올라가자 박명수를 찾는 손길이 늘었습니다. A라는 재화의 값이 오를 때 B라는 재화의 수요가

늘면 B는 A의 대체재입니다. 따라서 박명수는 유재석의 대체재입니다. 이는 박명수가 유재석 없이도 경쟁력이 있다는 사실을 의미합니다. 만약 유재석의 출연료가 올라가는데 박명수를 찾는 손길이 뜸해지면 박명수는 유재석의 보완재입니다.

보완재와 대체재 이론을 통해 우리는 박명수가 유재석에게 종속됐는지 아닌지도 확인할 수 있습니다. 경제적 시각을 키울수록 세상의 모든 현상은 더 뚜렷하게 보입니다.

4. 이 책에는 '알짜배기 펀드 고르기' '부동산 투자로 큰 집 옮겨가기' 같은 재테크 요령은 담겨 있지 않습니다. 주식으로 부자 아빠가 되는 법도 없습니다. 주식이나 부동산으로 돈을 번다는 것은 높은 수익을 낸다는 것입니다. 나눠 먹을 파이가 일정한 주식 시장에서 주식 시장의 전체 규모가 계속 커지지 않는 한, 내가 수익을 내려면 누군가가 그만큼 손실을 봐야 합니다.

부동산 시장도 마찬가지입니다. 내가 투자한 재개발 지역에 아파트가 들어서서 비싼 값에 되팔았다면, 누군가는 내가 벌어들인 수익만큼 비용을 대신 부담한 것입니다. 아파트 값이 계속 올라준다면 좋겠지만, 아파트 값이 하락하면 그 부담은 집을 사 간 소비자의 몫이 될 것입니다.

이처럼 대부분의 재테크가 사실은 제로섬 게임으로 이뤄집니다. 누군가의 재테크가 누군가의 빚테크가 돼 돌아가는 것입니다.

재테크는 누가 파이를 먼저, 또는 요령 있게 먹어치울 것이냐를 따집니다. 하지만 더 중요한 것은 그 파이를 어떻게 키울 것이냐 고민하는 일입니다. 이를 위해 필요한 것이 경제적 마인드와 직관력입니다. 이 책이 파이를 빼앗아 먹는 법보다 파이를 키우는 법을 익히는 데 도움이 됐으면 좋겠습니다. 파이를 키워 우리 모두가 배부른 소크라테스가 되는 지름길을 담고 싶었습니다. 그것이 진정 남의 빵을 뺏지 않고도 부자가 되는 길일 테니까요.

2009년 4월

여의도에서 김원장 기자

1장

시장의 주체는 이기적 인간

누구는 자동차를 만들고 누구는 딸기를 재배하고 누군가는 트럼펫을 붑니다. 다들 자신에게 맡겨진 일만 합니다. 그런데도 1천만 명이 사는 서울의 점심은 적절하게 공급됩니다. 누가 오늘 서울 시민의 점심 공급 계획을 세웠을까요? 오늘 서울에서 소비될 된장찌개는 42만 3,456개라고요? 아무도 할 수 없는 이 엄청난 '맞춤의 기적'을 24시간 쉬지 않고 해내는 주인공이 바로 시장입니다. 1장은 시장에 대한 이야기입니다.

01

안트베르펜 성의
패배

 시장이 돌아가는 원리

> " 자고 일어나면 집값이 떨어지면서 저소득층 주택 담보 대출자들
> 의 경제적, 정신적 공황은 계속되고 있습니다. 3/4분기에 미국에서
> 는 모두 76만 채의 주택이 경매에 넘어가면서, 경매에 넘어간 신규
> 주택은 지난해 같은 기간에 비해 71%나 늘었습니다. 재무장관 헨리
> 폴슨은 이 모든 불행의 출발점은 대출 받을 자격이 없는 소비자들에
> 게 임금이나 세금 관련 서류를 조작해 무턱대고 돈을 빌려준 은행과,
> 주택 담보 대출자들의 이기심, 탐욕에 있다고 지적했습니다. "

미국 금융 위기의 근본을 결국 인간의 지나친 탐욕에서 찾는 목소
리가 높습니다. 이익을 좇는 인간의 이기심이 또다시 도마 위에 올랐
습니다. 하지만 이기심은 경제를 돌리고 시장을 유지하는 원동력이
기도 합니다.

벨기에의 안트베르펜 성이 스페인 군대의 침략을 받았습니다. 수

만 명의 스페인군은 쉴 새 없이 벨기에 군대를 밀어붙였고 결국 벨기에군은 안트베르펜 성에 갇혀 포위됐습니다.

시간이 흐르고, 성 안의 식량은 곧 바닥을 드러냈습니다. 그러자 일부 상인들이 몰래 성을 빠져나가 식량을 구해서 성에 들여온 뒤 이를 비싼 값에 되팔았습니다. 이 사실을 알아차린 군주는 크게 화를 내고 상인들을 화형에 처합니다. 얼마 안 돼 식량이 바닥난 안트베르펜 성은 끝내 스페인 군대에 함락됩니다. 전경련이 만든 교과서에 나오는 이야기입니다.

상인들이 잘못한 것은 무엇이고 잘한 것은 무엇일까요? 잘못한 것은 위기에 몰린 성에서 자신의 이윤을 챙긴 것이고, 그런데도 성에 식량을 공급한 것은 잘한 일입니다. 상인들이 큰 이윤을 챙길 수 있었던 것은 수요에 비해 그만큼 공급이 귀했기 때문이며, 자연스럽게 수요공급에 따른 균형가격이 만들어진 것입니다.

이처럼 시장은 개인이 자신의 이익을 추구할 때 자연스럽게 돌아갑니다. 다시 말해 우리가 누리는 이 시장을 돌리는 원동력은 시장에 참여하는 인간의 이기심입니다.

⦂ 합리적인 이기심

누가 나서서 결정해 주지 않지만 파는 사람과 사는 사람의 이해를 만족시켜 주는 가격이 만들어지는 이 시장의 조화를, 200년도 한참 이전에 애덤 스미스라는 사람이 알아챘더군요. 그는 이를 '보이지 않는 손(invisible hand)'이라고 불렀습니다. 이 이론이 훗날 시장경제의 주춧돌이 된 것은 잘 알려진 사실입니다. 다 아시죠?

　시장 참여자 누구도 남을 위해서 재화나 서비스를 만들어내지 않습니다. 모두 자신을 위해 시장에 참여합니다. 농민은 자신을 위해 딸기를 재배하고, 미용사는 더 많은 돈을 벌기 위해 더 멋진 헤어스타일을 개발합니다. 하지만 이 같은 이기적인 노력이 있기 때문에 생산성이 더욱 높아지고 소비자는 더 저렴한 값에 멋진 헤어스타일을 할 수 있습니다.

　이렇듯 아이러니하게도 이기주의가 시장을 유지합니다. 그래서 호랑이는 멸종돼도 소가 멸종되지 않는 이유를 이기주의에서 찾는 경제학자들이 많습니다. 호랑이가 멸종되는 일에는 아무도 관심을 갖지 않지만 당장 소고기를 팔아야 하는 농부는 소를 길러야 하기 때문입니다. 송아지를 기르는 농부의 이기주의가 소를 살린 것입니다.

　단, 이기적인 시장 참여자도 반드시 합리적으로 시장에 참여해야 한다는 조건이 붙습니다. 예컨대 품질이 좋다면 더 값싼 제품을 선택하는 것이 합리적인 시장 참여입니다. 소비자들이 맛이 똑같은 딸기를 남보다 더 비싼 값에 사려고 한다면, 또 생산자가 더 맛있는 딸기를 남보다 싸게 팔려고 한다면 시장의 기능은 무너집니다. 이들은 비합리적인 시장 참여자입니다.

이처럼 경제학은 모든 시장 참여자가 이기적이지만 합리적이라는 가정하에 만들어졌습니다.

합리적인 이기심이 넘어서는 안 되는 선을 넘으면 시장은 실패하고 맙니다. 그래서 국가는 시장에 여러 제도를 만들어 인간의 합리적인 이기심을 통제해 왔습니다.

하지만 지나친 이기심은 이 통제를 무너뜨리고, 결국 시장이 실패한 뒤에야 인간의 탐욕은 그 모습을 드러냅니다. 은행들이 줄줄이 도산하고 나서야 월스트리트는 그들의 탐욕을 깨달았습니다.

공유지의 비극

넓은 초원을 활용해 마을 주민들이 양을 기르기로 했습니다. 양들이 초원을 뛰놀며 배를 불리고 살을 찌웁니다. 그러자 이웃 주민들도 양을 기르기로 하고 초원에 풀어놓습니다. 얼마 후 양떼가 큰돈을 벌어준다는 소식을 듣고 먼 곳에 사는 주민들까지 이사를 와서 양을 방목합니다. 곧 양의 수가 늘어났지만 주인이 없는 자원(초원)은 누구도 관리하려 들지 않았고, 시장 질서가 무너진 초원은 곧 황무지로 변했습니다. 초원에 주인이 있고 주인의 이기심이 발동했다면 초원은 황무지가 되지 않았을 것입니다. 미국의 생물학자 가렛 하딘은 이를 공유지의 비극(tragedy of public assets)이라고 규정하고 소유권이 없다면 공공재산은 얼마든지 황폐화된다는 이론을 만들어냈습니다.

서울 청계천 신답철교에서 고산자교까지 사과나무가 심어 있습니다. 전국 사과 생산의 5%를 차지하는 충주시가 심은 것입니다. 매년 가을이 오면 120그루의 사과나무에 3,000여 개의 사과가 열립니다. 하지만 잘 여물 때까지 남아 있는 사과를 찾아보기란 쉽지 않습니다. 행인들이 아직도 신맛이 나는 사과를 하나 둘 따 갔기 때문입니다. 사과나무에 주인이 없어서지요. 소유권이 없어 주인의 이기심이 작동하지 않는 공공재산은 아직 신맛이 나는 사과처럼 시장 실패를 가져오기 십상입니다.

이기주의는 이처럼 지난 수세기 동안 시장을 떠받드는 금과옥조가 됐습니다. 18세기 영국의 경제학자 맨더빌은 '꿀벌의 우화'를 통해, 벌이 꿀을 찾아 부지런히 날갯짓하듯 인간도 끊임없이 욕심을 채우기 위해 부를 축적하고 이 과정에서 시장의 질서가 만들어진다고 설명했습니다.

꿀벌들이 사는 나라가 있다고 칩시다. 모두가 탐욕스럽습니다. 이웃 나라를 침략해 약탈하고 관리들은 재물을 창고에 가득 쌓아놓습니다. 온갖 범죄가 기승을 부리고, 누가 더 많은 뇌물을 판사에게 바치느냐에 따라 재판 결과가 달라집니다.

어느 날 이 탐욕스럽고 부패한 벌들의 왕국에 성인이 나타나 도덕적 삶을 가르칩니다. 꿀벌들은 과거를 반성하고 다시 나무에 달려 있는 벌집으로 돌아갑니다. 이기심이 사라지면서 일과 성취의 욕구도 사라졌습니다. 서서히 시장과 일자리가 사라집니다. 얼마 지나지 않아 또다른 벌떼가 꿀벌들의 마을을 침략하면서 꿀벌들은 비참한 최후를 맞습니다. 맨더빌은 이를 통해 '개인의 악덕이 공공의 이익'을 창조한다고 설명했습니다.

물론 시장이 인간의 이기심만으로 태동하는 것은 아니겠죠. 애덤 스미스는 『국부론(*The Wealth of Nations*)』을 쓰기 전에 집필한 『도덕감정론(*The Theory of Moral Sentiments*)』(1759)에서 인간은 자신의 욕심을 추구하는 이기적인 존재이지만, 한편으로는 타인도 배려하는 존재라고 믿었습니다. 시장에는 인간의 탐욕과 함께 도덕심도 존재한다는 것입니다. 이 생각은 지금도 인간의 이기심으로 빚어지는 부작용을 해소하기 위한 제도적 장치의 이론적 근거가 되고 있습니다.

그래서 시장 참여자들은 다양한 제도와 법을 통해 인간의 끝없는 탐욕을 규제하는 장치를 만들어 시장을 지켜나가는 법을 배웠습니다. 기업주가 노동자들에게 가족을 먹여 살릴 만큼의 최소 임금을 주도록, 자신이 만든 식품에 유통 기간을 표시하도록, 시장 참여자들끼리 가격을 담합하지 못하도록, 노동자들끼리 힘을 모아 파업을 통해 사업주에게 대항할 수 있도록 하는 여러 장치들이 대표적인 예입니다.

⁞ 보이지 않는 가슴과 인간의 얼굴을 한 자본주의

우리가 살고 있는 시장은 이런 이론적 배경과 경험을 거쳐 탄생했습니다. 공원에서 낙엽을 치우는 할아버지나 가족을 위해 빵을 굽는 어머니로는 시장에 참여하는 이기적인 인간을 설명하지 못합니다. 그래서 낸시 폴브레라는 여성 경제학자는 보이지 않는 손이 아닌 '보이지 않는 가슴(invisible heart)'이라고 설명하기도 했습니다. 시장에는 인간의 이기심과 함께 '돌봄'이 공생한다는 것입니다. 시장은 이렇듯 이기적인 인간과 이를 이겨낸 인간의 배려로 만들어졌습니다.

시장은 수백 년간 인간의 탐욕을 적절하게 다잡아 시장 참여자 모두가 공생할 수 있는 대안을 고민해 왔습니다. 2008년 1월, 빌 게이츠가 다보스포럼에서 언급한 '인간의 얼굴을 한 자본주의'가 그 예가 될 수 있을 것입니다.

빌 게이츠는 기술의 발전이 부자들의 생활만 향상시킨다고 주장하면서, 기업의 돈벌이는 인간에 기초해야 한다고 설명했습니다. 기업의 수익이 주주뿐만 아니라 종업원과 소비자 모두에게 골고루 돌아가야 한다는 것이 그의 생각입니다.

그는 승자가 모든 것을 가진다는 정글 자본주의에도 반대했습니다. 'Window'라는 천하제일의 독점 상품으로 시장을 지배하지만, 한편으로는 한 해 평균 2,500억 달러를 기부하는 기업인입니다. 맨더빌이 말한 탐욕스러운 인간과 애덤 스미스가 말한 이기적인 인간은 200년이 흘러, 다른 시장 참여자도 배려하는 인간의 얼굴을 한 자본주의를 낳았습니다.

정부가 규제 완화를 외칩니다. 국민들은 손을 들어줬습니다. 지나친 규제는 사라져야 하니까요. 하지만 규제를 너무 풀다 보면 인간의 탐욕이 또 고개를 들 것입니다.

상속세를 폐지하면 아버지에게 물려받은 기업으로 땀 흘리지 않고 시장을 독점하는 사람이 생깁니다. 뛰어난 학생을 위해 학원 규제를 풀면, 학교 수업 시간에 잠을 자는 학생이 늘어날지도 모릅니다. '건강보험 당연지정제'라는 규제를 풀면 시골에 사는 늙은 농부는 더 이상 삼성의료원에서 수술을 받지 못할 것입니다. 금산분리라는 규제를 풀어 삼성이 은행을 소유하면 삼성은 3,000개가 아닌 3만 개의 차명계좌를 만들지도 모릅니다.

우리가 바라는 규제가 없는 세상은 부자가 더 부자가 되기 쉬운 천민 자본주의도, 어쩔 수 없이 생겨나는 소외계층은 묻히고 마는 자본주의도 아닐 것입니다. 규제 철폐라는 깃발을 들고 나온 정부가 때를 만난 홍위병처럼 행여 너무 앞서갈까 걱정하는 이유이기도 합니다. 이기주의가 하루 24시간 수혈되는 시장에서, 200년 전 애덤 스미스가 이야기한 배려가 떠오르는 이유도 이 때문입니다.

02

웃돈 주고 사는
아이폰

 부가가치를 높이는 법

> 오늘도 청바지를 입고 단상에 선 스티브 잡스는 올해 말까지 전
> 세계에서 1천만 대의 아이폰(iPhone)을 팔 것이라고 다시 한 번 강
> 조했습니다. 8개월 전 80달러였던 애플의 주가는 오늘 190달러를 돌
> 파했습니다. 《포춘》지는 아이폰 출시 6개월 만에 애플이 GE와 MS
> 를 제치고 미국인이 가장 우러러보는 기업이 됐다고 전했습니다.

2007년, 애플이 아이폰을 출시하자 서킷시티(미국의 유명 전자제품
대리점이었는데, 금융 위기로 2008년 11월 도산함) 앞에 끝없는 줄이 이
어졌고, 출시 이틀 만에 27만 대가 팔렸습니다. 당초 애플은 1인당 5대
씩만 판매했지만, 두 달 후 1인당 2대씩만 판매할 정도로 대단한 인
기를 누렸습니다. 그리고 아이폰 마니아라는 뜻의 아이포니악
(iPhoniacs)이라는 단어가 만들어졌습니다.

:신화의 시작, 아이맥

기존의 휴대전화와 기능이 많이 바뀐 아이폰을 놓고 어떻게 달라졌는지 따지는 것은 엔지니어들의 몫입니다. 경제학은 아이폰에 기존 휴대전화에는 없는 부가가치(value added)가 더해졌다고 말합니다. 이메일, 주식, 메모, 지도, 날씨 서비스 등 첨가된 기능은 물론 눈에 쏙 들어오는 디자인까지 모두 부가가치입니다. 덕분에 아이폰은 애플을 '벌레 먹은 사과에서 잘 익은 사과'로 바꿨다는 후한 평가를 받았습니다.

애플의 창업자이면서 CEO인 스티브 잡스는 태어나자마자 부모에게 버림받았습니다. 입양됐지만 가정 형편이 어려워서 결국 대학 3학년 때 중퇴했습니다. 스무 살이 넘은 1975년, 그는 개인이 집에서 손쉽게 쓸 수 있는 컴퓨터를 만들면 좋겠다고 생각합니다. 오늘날 집집마다 자리 잡은 PC는 이렇게 스티브 잡스의 양부모네 차고에서 처음 만들어졌습니다.

스티브 잡스는 자신이 세운 애플 사에서 쫓겨났다가 1997년에 복귀했습니다. 10억 달러나 적자이던 애플은 그가 돌아온 지 1년 만에 4억 달러의 흑자를 냈습니다. 그 주인공은 애플의 새로운 PC 모델인 아이맥입니다. 본체와 모니터를 하나로 합치고 속이 비치는 투명 케이스를 씌운 아이맥은 처음엔 직원들이 '38가지 이유'를 들어 반대한 모델이었습니다.

아이맥에 이어 MP3 플레이어 '아이팟'이 등장했습니다. 너무 예뻐서 TV를 사러 가게에 들른 아버지도 한 번쯤 만져보게 되는 아이팟은 PC나 오디오와 쉽게 연결할 수 있고 조작하기 쉬우며 속도도 빠를 뿐 아니라, 모든 버튼을 없앤 슬림한 허우대를 무기로 2002년 출시 이

후 2년 동안 100만 대가 팔렸습니다. 지금까지 팔린 아이팟은 1억 6천
만 대(2008년 가을까지). 소니 신화를 만든 워크맨이 300만 대가 팔렸
으니 아이팟이 얼마나 대박이었는지 가늠할 수 있습니다.

아이팟은 진화를 거듭해 아이팟 나노와 아이팟 셔플, 아이팟 터치
로 그 인기를 이어가고 있습니다. 아이맥에서 아이팟 그리고 아이폰,
아이TV까지. '애플 제품끼리 모였을 때 더 잘 작동한다'는 간단한 원
리로 애플은 전 세계 시장에 나서고 있습니다.

⦂ 생산 단계별로 새롭게 만들어진 가치

애플 신화가 가능했던 것은 비슷한 가격에 새로운 기능이 부가됐
기 때문입니다. 새로운 소비자 편익이 창조된 것이지요. 이처럼 각

재화나 서비스의 생산 단계별로 새롭게 만들어진 가치를 더한 값이 부가가치입니다. 부가가치는 소비자의 욕구를 충족시키고 제품과 서비스의 수준을 높이기 때문에 기업은 부가가치를 높이기 위해 존재한다고 해도 맞는 말이지요.

누군가 딸기를 재배한다고 할 때 그 밭에서 생산된 토마토는 부가가치일까요? 그렇지 않습니다. 가치를 새로 만들었지만 이를 팔지 않으면 소비가 발생하지 않기 때문에 아직 토마토를 통해 정식 부가가치가 발생한 것은 아닙니다. 그렇다면 부가가치는 어떻게 계산할까요?

딸기 장수 이호리의 부가가치 계산법

● 이호리가 딸기를 재배해서 100만 원어치를 딸기 베이커리에 팔았습니다.(+100만 원)

● 이호리에게 딸기를 구입한 딸기 베이커리가 딸기잼을 만들어 200만 원을 받고 딸기 카페에 팔았습니다. 딸기 베이커리가 100만 원의 부가가치를 추가로 만들어낸 것입니다.(+100만 원)

● 이번엔 딸기 카페에서 딸기 빙수를 만들어 소비자들에게 모두 300만 원어치를 팔았습니다. 역시 100만 원의 부가가치가 만들어졌습니다.(+100만 원)

딸기 → 딸기잼 → 딸기 빙수의 단계를 거치면서 각 과정에서 100만 원씩의 부가가치가 발생해 최종적으로 300만 원의 부가가치가 만들어졌습니다. 마지막 딸기 카페는 300만 원의 재화를 팔았지만 100만 원어치의 부가가치만 새로 창출했습니다.

같은 원리로 하청기업이 납품한 부품 등 다른 사람의 생산이나 서비스가 최종 산물에 도움을 줬다면 그 값은 최종 부가가치에서 제외

됩니다. 당연히 기업의 감가상각비나 딸기 빙수를 팔기 위한 광고 포스터 같은 영업 비용도 제외됩니다. 이 같은 중간 경비를 제외한 부가가치를 순부가가치라고 합니다.

딸기 빙수를 300만 원어치 팔았지만 빙수에 들어간 얼음값이 10만 원, 딸기 베이커리의 임대료가 20만 원이라면 모두 합쳐 30만 원의 경비도 순부가가치에서 제외해야 합니다. 이렇게 국내의 모든 기업이나 공공부문이 생산한 순부가가치를 합치면 국민소득(GDP)과 같아집니다.

⦂ 부가가치를 높이기 위한 A to Z

그렇다면 부가가치는 어떻게 높일까요? 몇 가지 수학적 원칙이 있습니다.

1. 원재료비를 줄이는 방법입니다.

이호리에게 딸기를 사들이는 값을 100만 원에서 50만 원으로 줄이고 딸기 빙수는 여전히 300만 원씩 판다면 딸기 베이커리 사장이 올린 부가가치는 150만 원으로 늘어납니다. (300만 원(최종 부가가치)-50만 원(딸기 원재료값)-100만 원(딸기 통조림값)=150만 원)

기업도 마찬가지입니다. 삼성전자가 500만 원짜리 TV를 만드는 데 스피커 값(50만 원)과 LCD패널 값(60만 원), 여러 부품 값(70만 원), 광고비 등 영업 비용(80만 원), 직원 인건비(90만 원)가 소비됐습니다. 따라서 전체 원가는 350만 원입니다. 결국 삼성전자가 TV 1대를 팔면서 올린 부가가치는 500만 원에서 350만 원을 뺀 150만 원입니다. 하지만 각 생산 공정의 원가를 단계별로 10만 원씩 줄인다면 전체 원가가 300만 원으로 줄어들고, 결국 TV 1대당 부가가치도 200만 원으로 높아지는 것입니다.

2. 판매가격을 높이면 됩니다.

전체 원가가 300만 원인 삼성전자의 TV를 원래는 500만 원에 팔다가 550만 원에 팔면 부가가치가 200만 원에서 250만 원으로 높아집니다. 1이나 2처럼 전체 원가는 줄이고 판매가격을 올리는 것을 생산성을 올린다고 말합니다. 생산성은 들어간 비용(input)에 비해 얼마나 이윤(profit)이 나는가로 계산합니다. 따라서 비용을 줄이거나 판매가격을 높이면 생산성이 높아집니다.

3. 또 하나 부가가치를 높이는 아주 간단한 방법! 더 많이 팔면 됩니다.

TV 생산 과정의 전체 원가나 판매가격은 그대로 두는 대신 TV를 많이 팔면 삼성전자가 만들어낸 부가가치는 더 높아집니다. 하지만 이는 시장의 수요공급이 좌우하기 때문에 기업이 결정하기 어려운 부분입니다.

⦂ 부가가치와 마케팅

이 이론은 마케팅에 그대로 적용됩니다. 먼저 기업은 가격을 높여 부가가치를 높입니다. 예를 들어 현대카드는 VVIP 카드라는 이름으로 연회비를 인상합니다. 연회비가 무려 100만 원. 그런데도 이 카드의 회원은 3,000명이 넘습니다. 연체율은 거의 0%입니다. 가격이 인상됐지만 몇몇 새로운 기능이 제공되자 소비자는 착시 현상을 일으킵니다. 이렇듯 일단 가격을 높여 부가가치를 높이는 방법도 있습니다.

다음은 비용을 줄이는 방법입니다. 스타벅스가 한국에 지점을 열었을 때, 임대료가 워낙 비싸 수익률이 마이너스를 기록했습니다. 그러자 아르바이트 사원부터 사장까지 모두 스타벅스 컵을 들고 출퇴근을 했습니다.

이를 보고 따라서 스타벅스 컵을 들고 다니는 소비자가 늘면서 커피의 테이크아웃 문화가 빠르게 자리를 잡았습니다. 그러자 스타벅스는 매장 면적을 줄이고 그만큼 비용을 절감합니다. 이는 스타벅스가 더 비싼 부지에서, 더 좋은 커피 원두를 사용해 마케팅을 할 수 있게 됐다는 것을 의미하기도 합니다.

이렇게 비용을 줄이거나 가격을 올리기 위해서는 결국 혁신적인 사고가 필요한 셈입니다. 직장인은 영어 공부도 해야 하고 술도 마셔야 합니다. 그렇다면 영어로만 대화하는 술집은 어떨까요?

혁신적 사고를 통해 소비자에게 재화를 좀더 쉽게 전달하는 방법을 경제학에서는 마케팅이라고 합니다. 물론 혁신적이더라도 시장의 보편타당한 가치를 넘어서지 않아야 할 것입니다.

엘비스 프레슬리의 집 마당에는 그가 왜 성공했는지를 알려주는 구절이 새겨져 있습니다. "그는 위험했지만, 너무 위험하지는 않았다.(He was dangerous, but not too dangerous.)"

성우를 잡아라

가장 획기적인 부가가치 창조 방안은 늘 생각의 전환에서 출발합니다. 그러려면 기존에 당연하다고 받아들인 생각을 버려야 합니다. 이때 한 번도 의심해 본 적 없는 경영 이론이나 원칙을 힌두교가 신성시하는 소에 빗대 성우(聖牛)라고 합니다. 이 성우를 잡아야 부가가치가 획기적으로 높아집니다. 매일유업이 하얀색의 바나나 우유를 출시하면서 '하얀 바나나 우유'라고 이름을 붙인 것이나, KTF가 부정적인 이미지의 단어 'SHOW'를 새 휴대전화 서비스의 이름으로 삼은 것이 기존의 성우를 죽인 대표적인 사례겠죠.

애플도 결국 '남과 다른 생각(think different)'과 '소비자 친화적(user friendly)'이라는 경영 철학으로 재기에 성공했습니다. 새로 나온 아이팟 터치에는 무선 인터넷 기능이 숨어 있습니다. 아이팟 터치를 들고 미국의 스타벅스를 찾으면 아이팟 터치 화면에 스타벅스 로고가 나타나는데, 이를 클릭하면 소비자는 언제든지 스타벅스 매장에 흐르는 음악을 다운받아 들을 수 있습니다. 아이팟 터치 소비자는 음악을 다운받아서 좋고, 스타벅스는 소비자가 커피를 사서 마시기 때문에 좋습니다. 한 가지 아이디어가 아이팟과 스타벅스에 두 가지 부가가치를 만들어주었습니다.

프리티 우먼과
잉여

 생산자잉여와 소비자잉여, 그리고 무역의 원리

> 그 혜택은 고스란히 소비자 몫이 될 것이라는 것이 정부의 설명입니다. 재경부는 지난 2005년 기준으로 미국의 소비재 상품에 대한 관세 수입이 1,425억 원에 달해, 한미 FTA가 발효될 경우 관세 부문에서만 한 해 1,425억 원이 소비자들에게 혜택으로 돌아갈 것이라고 밝혔습니다. 그동안 수출업체들이 챙겨온 생산자잉여의 상당 부분이 소비자의 몫으로 돌아가고, 이를 통해 소비자들의 구매력은 한 해 11조 7,700억 원가량 늘어난다는 설명도 덧붙였습니다

미국 의회가 한국의 소비자들에게 엄청난 이익을 안겨준다고 항변한 한미 FTA 비준을 미루고 있습니다.

소비자들의 이익을 경제학에서는 잉여(surplus) 개념으로 설명합니다. 기업이 비용을 줄이거나 가격을 높여 부가가치를 높인다면, 소비자는 어떻게 가장 효율적으로 소비할 수 있을까요? 그 답이 잉여입

니다. 한정된 재화를 가지고 기업은 어떻게 팔고 소비자는 어떻게 구입해야 가장 효율적인 시장이 될까요? 생산자도 소비자도 '가장 남는 장사를 하는 법, 잉여 이론'에 대해 알아봅시다.

: 〈프리티 우먼〉과 가격 형성

리처드 기어와 줄리아 로버츠가 주연으로 나온 영화 〈프리티 우먼〉(1990). 피아노 건반 위에서 나누는 격렬한 사랑이 오래도록 기억에 남습니다. 두 사람은 일주일간 애인이 되어주는 조건으로 가격을 협상합니다. 먼저 줄리아 로버츠가 5,000달러를 달라고 합니다. 그러자 리처드 기어가 1,000달러를 제시합니다. 이어 4,000달러를 달라고 하는 줄리아 로버츠와 2,000달러까지 주겠다는 리처드 기어의 줄다리기가 계속됩니다.

결국 가운데 가격인 3,000달러에 계약 연애가 시작됩니다. 그런데 계약이 되자마자 줄리아 로버츠가 말합니다. "1,000달러라도 하려고 했는데." 그러자 리처드 기어가 말합니다. "5,000달러라도 주려고 했는데."

두 사람의 신경전을 경제학적으로 분석해 보면 5,000달러까지 지급하려 했던 소비자 리처드 기어는 3,000달러만 지급해서 사실상 2,000달러의 이익을 얻었습니다(소비자잉여). 반대로 1,000달러에라도 계약하려 했던 줄리아 로버츠 역시 2,000달러의 이익을 봤습니다(생산자잉여).

이 둘 사이의 밀고당기기에는 각각 소비자잉여와 생산자잉여라는 흥미로운 경제 원리가 숨어 있습니다.

소비자잉여와 생산자잉여 계산법

2만 원을 주고서라도 딸기 한 바구니를 사야겠다고 맘먹은 소비자 이만세. 그런데 딸기 장수 이호리가 부른 딸기 값은 1만 원이었습니다. 이 경우 소비자 이만세는 1만 원만큼 마음속 이익을 얻습니다. 이처럼 소비자가 특정 재화나 서비스를 구입할 때 자신이 책정한 최대 가격과 실제 지불한 가격과의 차이를 '소비자잉여'라고 합니다. 이 경우 소비자 이만세의 소비자잉여는 1만 원입니다.

> **소비자잉여 = 최대 지불 용의 금액 – 실제 지불 금액**

반대로 딸기 장수 이호리는 애초에 딸기를 5,000원에 팔려고 했습니다. 하지만 다른 딸기 상인들이 딸기 한 바구니를 1만 원에 팔자 자신도 선뜻 1만 원을 불렀고, 소비자 이만세가 이를 구입했습니다. 이렇게 딸기 장수 이호리에게는 5,000원의 생산자잉여가 발생했습니다. 이처럼 생산자(또는 공급자)가 예상한 가격보다 더 비싼 값을 받았을 때 이 차이를 생산자잉여라고 합니다.

> **생산자잉여 = 원래 받고 싶었던 가격 – 실제 판매 금액**

또다른 딸기 장수 K는 산비탈에서 딸기 농사를 짓다 보니 딸기 재배에 들어가는 생산 원가가 높아 시장에서 딸기 한 바구니에 1만 원씩 받기로 결심했습니다. 그러자 이날 딸기 한 바구니의 시장가격은 평소보다 높은 1만 원에 형성됐습니다. 이 때문에 비닐하우스에서 저렴하게 딸기를 재배해 한 바구니에 5,000원을 받으려던 딸기 장수 이

호리는 1만 원에 딸기를 팔 수 있었습니다.

　이처럼 각 생산자(또는 공급자)의 판매가격은 가장 불리한 생산 조건에 있는 생산자의 생산 비용에 의해 결정됩니다. 다시 말해 원가가 높게 생산된 제품으로 높은 가격이 형성되면 원가가 낮게 생산된 제품은 더 많은 이윤을 남기게 된다는 뜻입니다.

　이처럼 시장에서 판매되는 가격은 보통 생산 여건이 가장 안 좋은 생산자(딸기 장수 K)의 환경에 의해 결정되고, 이를 통해 상대적으로 유리한 생산 조건으로 인해 더 많은 이윤을 남기고 판매하는 생산자(이호리)가 이를 통해 얻는 이윤을 생산자잉여라고 합니다.

: 잉여를 통해 자장면 값의 적정 가격을 찾는다면?

소비자잉여가 클수록 소비자의 만족도는 높아지므로 소비자는 재화나 서비스를 싸게 구입할수록 만족합니다. 반대로 생산자잉여가 커질수록 생산자가 만족합니다.

어떻게 하면 소비자잉여와 생산자잉여를 동시에 최대한으로 높일 수 있을까요? 생산자잉여와 소비자잉여가 높을수록 경제학에서는 효율적이라고 말합니다. 그러면 어떻게 해서 시장은 효율적인 가격을 만들 수 있을까요?

> A 소비자잉여
>
> = B 소비자가 원하는 기대 가격 − C 소비자가 실제 구입한 가격
>
> D 생산자잉여
>
> = E 생산자가 받은 금액 − F 생산자가 실제 생산을 위해 부담하는 비용
>
> A 소비자잉여 + D 생산자잉여 = 총잉여

총잉여를 높여 소비자와 생산자의 만족도를 높이는 방법은 아주 간단합니다.

위 공식에서 C소비자가 실제 구입한 가격=E생산자가 받은 금액입니다. 따라서 A+D=B−F라는 공식이 성립합니다. 다시 말해 총잉여를 높이려면(효율을 높이려면) A소비자잉여와 D생산자잉여의 합을 높여야 하는데, 이는 소비자가 원하는 가격을 높이거나 생산자가 실제 생산에 들이는 비용을 낮춰야 한다는 것을 의미합니다.

중국집의 경우 생산자가 F자장면 생산에 들어가는 비용을 낮추면 총잉여는 높아집니다. 역시 C소비자가 원하는 최대 지불 가격을 높

이면 총잉여는 높아집니다. 만약 소비자가 배가 고프다면 자장면의 최대 지불 가격은 더 높아집니다. 그래서 가장 배가 고픈 소비자가 자장면을 먹을 경우 소비자잉여도 가장 높아집니다.

이처럼 소비자의 만족도를 높이고 생산 원가를 절감하면 같은 가격에도 총잉여는 높아집니다. 즉, 원가를 낮춘 자장면을 가장 배고픈 소비자가 먹을 경우 소비자잉여와 생산자잉여가 가장 높아집니다. 비로소 효율적인 시장이 형성되는 것입니다. 반대로 저렴한 가격에 자장면을 생산하지 못하는 중국집이 있다면, 또 배부른 소비자가 자장면을 찾는다면 총잉여는 가장 낮은 값에 결정됩니다. 효율성이 떨어지는 것입니다.

이와 같이 잉여 이론은 한정된 재화를 어떻게 효율적으로 생산, 판매할 것인가라는 문제를 다루는 경제학의 기본입니다.

❖ 잉여의 관점에서 바라본 FTA의 맹점

무역도 같은 원리입니다. A라는 국가가 국제 평균가보다 더 높은 가격의 재화를 보유하고 있다면 수입국이 되고, 국제 평균가보다 더 낮은 가격의 재화를 갖고 있다면 수출국이 됩니다. 한국의 딸기 값이 국제 평균가보다 높으면 우리는 딸기 수입국이 되고, 낮으면 딸기 수출국이 됩니다.

미국으로부터 딸기를 수입한다면 같은 재화를 더 싸게 구입해서 소비자잉여가 높아집니다. 반면 수입 가격 때문에 국내 소비자가가 떨어져 생산자잉여는 감소합니다. 이렇게 소비자잉여와 생산자잉여가 합쳐서 0이 된다면 무역을 할 필요가 없겠죠. 그러나 수입한 만큼 시장에는 추가적인 잉여, 즉 미국 딸기 수출업자의 생산자잉여가 발생합니다. 따라서 한국의 딸기 소비자잉여가 +5, 한국의 딸기 생산자잉여가 -5, 미국의 딸기 수출업자의 생산자잉여가 +5라고 가정한다면 결국 시장의 잉여는 +로 돌아섭니다. 여기에 무역으로 딸기 값이 경쟁이 붙으면 시장의 딸기 균형가격은 더 하락하고 소비자들은 추가로 이익을 얻습니다.

한미 FTA의 논리도 비슷합니다. 일단 가격 차이 때문에 무역이 발생합니다. 한국의 소비자 가격을 10으로 봤을 때 미국에서 나이키 운동화는 5.6, 리바이스 청바지는 3.6에 불과합니다. 따라서 미국의 수출업자가 리바이스 청바지를 수출할 경우 미국 수출업자의 생산자잉여와 한국 소비자의 소비자잉여가 발생합니다.

여기에 한미 FTA로 관세를 철폐하면 미국의 수출업자는 더 이상 내지 않는 관세만큼 균형가격을 낮출 수 있습니다. 미국 수출업자의 잉여는 그대로지만, 한국의 소비자들의 잉여도 더 높아집니다. 정부는 관세를 철폐하면 국내 시장가격이 하락하면서 10조 4,056억이라는 기존의 생산자잉여가 소비자잉여로 이전된다고 추산했습니다. 이로 인해 소비자들은 15% 이상 구매력이 높아진다고 예측했습니다.

이론적으로는 맞는 이야기지만 정부의 예측에는 한 가지 숨겨진 진실이 있습니다. 관세 철폐로 무역이 늘면 미국의 생산자와 한국의 소비자의 잉여는 높아지지만 한국의 생산자(기업) 잉여는 줄어듭니다. 잉여가 줄어든 한국의 생산자는 그만큼 고용을 줄이거나 임금을 낮추려 들 것입니다.

결국 그 영향은 고스란히 한국의 소비자에게 돌아가 한국 소비자들의 주머니를 얇게 만듭니다. 가계는 소비자인 한편 생산자로부터 임금을 받는 경우가 대부분이기 때문입니다.

결국 가계는 소비자이면서 동시에 생산자입니다. 생산자(한국 기업)의 잉여가 줄어들면 소비자(한국 소비자)의 잉여도 줄어들 수밖에 없습니다.

물론 한국의 생산자들이 미국에 수출을 더 많이 할 경우, 소비자들은 수출 증가에 따른 비용 감소로 국내 가격 하락의 잉여와 함께 소득 증가를 누릴 수 있습니다. 하지만 미국에 수출하는 상당수 한국 기업들은 제품을 한국에서 만들지 않고 중국이나 동남아에서 만듭니다. 현대차는 아예 미국 앨라배마 현지에서 소나타를 만듭니다.

수출이 늘어도 기업만 배부르고 소비자들에게까지는 포만감이 전달되지 않는 이유도 여기 있습니다. 그래서 FTA의 많은 장점 속에는 이 같은 두려운 맹점이 숨어 있습니다.

04

로베스피에르가
우윳값을 내렸더니

 수요와 공급, 그리고 균형가격 결정의 원리

> 우윳값은 한 달 새 또 17.9%나 올랐습니다. 매일유업은 1리터짜리
> 흰 우유를 기존 1,900원에서 2,250원으로 서울우유는 1,850원에서
> 2,200원으로 인상했습니다. 산지 원유값이 오르면서 급등하기 시작
> 한 우윳값은 두 달 새 32.6%나 뛰어올랐습니다. 우윳값이 말해 주듯
> 이달 소비자물가는 5.1%나 올라 한국은행의 물가관리 목표 상한선
> 인 3.5%를 한참 웃돌았습니다.

　우유를 찾는 소비자가 늘어난 것도 아닌데 우윳값이 계속 오릅니
다. 축산농가들의 요구로 생산 원가가 높아졌기 때문입니다. 소비자
가격이 오르면 이론적으로는 수요가 줄어야 합니다. 하지만 아이들
의 필수 영양식인 우유의 소비를 줄이기는 쉽지 않으니, 결국 가격은
오른 채로 고정되기 십상입니다.

　그렇다면 꼭 필요한 재화의 가격을 안정시키기 위해 정부가 강제

로 가격을 내리게 하면 어떻게 될까요? 시장은 무리 없이 돌아갈까요? 시장에서 균형가격이 만들어지는 원리와 이 균형가격을 흔드는 외부 요소들을 들여다봅니다.

자코뱅당의 우윳값 인하

치맛바람을 일으키던 마리 앙투아네트와 함께 루이 16세는 단두대의 이슬로 사라졌습니다. 피가 강물처럼 흐르는 공포정치가 이어졌습니다. 교과서에서 배웠듯이 우파 지롱드당과 좌파 자코뱅당의 죽고 죽이는 싸움이 계속됐습니다.

1794년 프랑스혁명은 마침내 막을 내립니다. 그해는 자코뱅당의 당수 로베스피에르가 죽은 해이기도 합니다.

이때 혁명이 무르익으면서 파리를 중심으로 생필품 값이 급등했습니다. 혁명의 주인공인 서민들의 원성이 높아졌습니다. '좌파' 자코뱅의 당수였던 로베스피에르는 농민도 우유를 먹을 권리가 있다고 주장하고 우윳값을 올리는 상인은 단두대로 보내겠다고 선언합니다. 그러자 우윳값이 급락했습니다.

하지만 우윳값이 너무 많이 떨어지자 그해 여름 농민들이 젖소 사육에서 손을 떼기 시작했습니다. 이에 우유 공급량은 빠르게 줄었고 결국 우윳값은 암시장에서 천정부지로 뛰어오르기 시작했습니다.

화가 난 로베스피에르는 젖소가 먹는 건초 값에서 원인을 찾았습니다. 그래서 이번에는 건초 값을 내리라고 명령했습니다. 그러자 건초를 생산하던 농민들마저 건초 생산을 중단했습니다. 농민들이 건초 생산을 중단하자 젖소를 사육하기가 더욱 힘들어졌습니다. 공급

이 줄어든 우유의 가격은 치솟아, 우유는 귀족들만 마실 수 있는 귀한 음식이 되었습니다. 인플레는 계속됐고, 아이들에게 우유를 사주지 못하는 서민들은 더욱 분노했습니다. 결국 혁명 정부의 지도자들도 단두대로 '모셔'졌습니다.

가격은 수요와 공급에 따라 결정되지만, 정부의 규제와 같은 외부 요소가 개입하면 엉뚱한 가격이 형성되고 시장은 실패하기 쉽습니다.

로베스피에르는 평생을 검소하게 살며 농민과 노동자를 위해 공포 정치를 실행한 인물입니다. 하지만 그의 선한 의도는 결국 시장의 실패를 가져왔습니다. '천사가 지옥을 만든다'라는 영국 속담이 있습니다. 그가 보이지 않는 손의 시장 원리를 미리 알았더라면 프랑스혁명의 결과는 달라졌을지도 모릅니다.

⋮ 금값은 왜 계속 오르나

콜럼부스가 서인도를 찾아 나선 것도 금 때문이었고, 스페인 국왕이 이 여행을 선뜻 허락한 이유도 금이었습니다. 그가 인도인 줄 알았던 신대륙에서 가장 많이 약탈했던 것도 금이었습니다. 그들이 망쳐버린 잉카제국도 서양 사람들에게는 '황금으로 만든 도시(엘도라도)'로 알려져 있습니다.

2008년부터 국제 상품 시장에서 금값이 급등했습니다. 우유의 공급 축소가 가격 하락 때문이었다면, 금값이 고공 행진한 것은 수요가 늘었기 때문입니다. 선물 시장에 금의 가격이 1온스(283그램)당 1,000달러를 넘어섰습니다. 은행 이자보다 금이 몇 곱절 높은 수익률을 가져다준 것은 바로 수요 때문입니다.

금을 사려는 사람이 늘어난 이유는 무엇일까요? 먼저 금융 시장 불안으로 헤지펀드 같은 뭉칫돈을 든 투자자들이 외환 시장을 떠나 금이나 국제 원유 시장 같은 현물, 상품 시장으로 몰려들었기 때문입니다. 그래서 금값이 오르면 국제유가나 국제곡물시장의 밀이나 옥수수 같은 상품들이 덩달아 오르는 경우가 많습니다. 금값이 오르면 밀값도 오르는 것입니다. 그래서 금 1온스가 빵 350개와 같다는 이론도 있습니다.

게다가 금을 좋아하는 중국이나 홍콩 등 아시아 국가들의 성장이 계속되면서 이들 국가의 금 수요도 빠르게 늘고 있습니다. 찾는 사람이 늘어난 만큼 금값은 계속 올라갑니다. 원유나 화폐와 달리 금은 공급이 한정돼 있기 때문입니다.

또 하나, 선진국들의 낮은 금리를 이유로 드는 학자들도 있습니다. 금리가 낮으면 시중에 돈이 많이 풀리고, 주식 투자나 금 또는 부동산 같은 현물 투자를 늘리게 마련입니다. 장롱에만 돈을 넣어둘 수는 없으니까요. 그래서 미국이 금리를 1% 내리면 금값이 31% 오른다는 주장도 있습니다.

특히 금과 같은 안전 자산은 동서고금을 떠나 전쟁처럼 불안한 시기에 값이 오릅니다. 전쟁이 나면 국가는 지출이 늘고 화폐의 유통을 늘리기 때문에 화폐 가치는 떨어지게 마련입니다. 반면 금은 공급이 안정적이기 때문에 소비자들은 화폐보다 금 같은 안전 자산을 선호하게 됩니다. 나라가 망해 화폐가 휴지가 돼도, 금을 챙겨 이웃 나라로 떠나면 되니까요.

한편 금값이 1온스당 1,000달러를 넘어섰다는 말은 금을 구입하겠다는 수요와 팔겠다는 공급이 1,000달러에서 만났다는 뜻입니다. 이를 균형가격(equilibrium price)이라고 합니다. 균형가격은 이처럼 시장에서 경제 주체에 따라 다른 수요와 공급이 만나는 가격 지점을 말합니다.

⁚ 균형가격과 치킨 게임

시장은 재화나 서비스가 거래되는 곳입니다. 소비자 이호리는 딸기 한 바구니가 1만 원일 때 10개를 샀습니다. 가격이 5,000원으로 내리자 30개를, 1,000원으로 떨어지자 50개를 샀습니다. 가격이 내릴수록 수요는 늘어납니다(수요곡선).

반대로 상인 이호리는 딸기 한 바구니가 1,000원일 때 10개를 출하했습니다. 하지만 딸기 가격이 5,000원으로 오르자 30개를, 1만 원으로 오르자 50개를 출하했습니다. 이처럼 가격이 오르면 공급은 일반

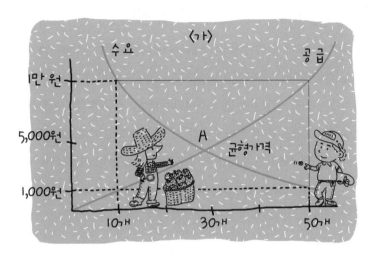

적으로 늘어납니다(공급곡선). 그리고 이 두 곡선이 만나는 지점이
바로 균형가격(A)입니다. 결국 균형가격 5,000원일 때 딸기는 30개가
팔립니다.(그래프 가)

만약 딸기 가격이 3,000원이라면 사겠다는 수요는 40개(B)지만 정
작 공급은 20개(C)밖에 되지 않습니다. 따라서 시장에서는 B-C만큼
의 공급이 부족해집니다. 반대로 딸기 가격이 7,000원이라면 시장에

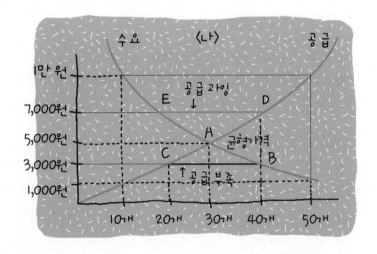

는 40개(D)의 딸기가 공급되지만 정작 수요는 20개(E)밖에 되지 않습니다. 20개의 공급 과잉이 발생하는 것입니다. 이를 표로 쉽게 이해할 수 있습니다.(그래프 나)

한편 이러한 균형가격 이론과 다르게 수요가 줄어드는데도 자꾸 공급을 늘리는 경우도 있습니다. 전 세계 D램 시장은 사실상 완전 포화 상태입니다. 그런데도 삼성전자는 저가 D램의 공급을 늘리고 있습니다. 아시아와 유럽의 후발 업체들이 공격적으로 경영하자, 이에 대응해 더욱 공격적으로 저가 D램의 공급을 늘린 것입니다.

결국 2009년 2월 독일의 키몬다 등 경쟁 업체들은 누적된 적자를 이기지 못하고 문을 닫았으며, 5위권의 대만 업체와 일본 업체의 인수 합병이 진행 중입니다. 1위 삼성의 입지는 더욱 굳어졌습니다.

업계에서는 이처럼 무모한 투자를 치킨 게임(chicken game)이라고 합니다. 마주 달리는 두 대의 차 중 어느 한쪽이 핸들을 돌리지 않으면 정면충돌해 공멸하는 이 게임에서는 끝까지 핸들을 돌리지 않는 운전자가 이깁니다. 반대로 핸들을 꺾은 사람은 치킨, 즉 겁쟁이로 몰리게 되죠. 더 무모할수록 승자가 되는 이 게임을 그래서 치킨 게임이라고 부릅니다.

어떤 면에서 북한은 치킨 게임의 선수입니다. 북핵을 둘러싼 게임에서 수세에 몰릴수록 더 강력한 승부수를 띄웁니다. (부시 대통령이 김정일 위원장을 믿을 수 없는 사람이라고 부르자, 부시 대통령에겐 불망나니라는 호칭이 되돌아왔습니다.) 유엔 안보리가 대북 결의안을 통과시키자 북한은 핵무기 발사 시험을 강행했습니다. 그리고 계속되는 서방 세계의 압박에 북한은 결국 2009년 4월 탄도 미사일 실험까지 강행합니다.

치킨 게임은 상대방도 핸들을 돌리지 말아야 한다는 조건이 있습니다. 그리고 충돌할 때까지 서로 마주 보고 달릴 수밖에 없습니다. 이 어리석은 게임이 길어지면서 핸들을 먼저 돌리자는 주장은 잦아들고 있습니다.

: 한계적인 욕구, 한계적인 가격 결정

수요와 공급 말고도 가격을 결정하는 또다른 요소가 욕구를 체감하는 인간의 심리입니다. 즉, 사람은 되풀이할수록 재화나 서비스가 계속 제공되면 욕구를 줄이는 경향이 있습니다. 자장면만 먹으면 당분간 자장면을 먹기 싫어지는 이유는 인간의 욕구가 한계적(marginal)이기 때문입니다.

물론 딸기의 균형가격도 한계적으로 만들어집니다. 이 원칙은 매우 중요합니다. 이호리가 한겨울에 큰 결심을 하고 10만 원에 10개짜리 딸기를 샀습니다. 딸기를 배불리 먹은 다음날 이호리가 다시 10만 원을 주고 딸기 10개를 사지는 않을 것입니다. 오히려 다음날은 3만 원에 10개를 줘도 딸기를 구입하지 않을 가능성이 높습니다. 그리고 새로운 재화나 서비스를 찾겠지요. 어쩌면 토마토나 수박을 구입할지도 모릅니다.

인간은 똑같은 재화나 서비스라 해도 늘 원하는 정도(need)를 바꾸며 생활합니다. 이처럼 사람들이 이미 하고 있는 소비의 패턴을 상황에 따라 바꾸는 것을 경제학에선 한계적 변화(marginal change)라고 합니다. 10만 원짜리 구명보트라고 해도 상어가 우글거리는 바닷가에서는 1천만 원의 값어치를 인정받습니다. 이는 소비자들이 한계적으로 생각하면서 값을 조정하기 때문입니다. 시장은 이처럼 합리적인 한계적 판단으로 형성됩니다.

이처럼 어떤 재화를 소비할 때 이를 통해 얻는 만족도를 효용이라고 합니다. 그리고 1단계 증가(감소)할 때마다 변하는 효용의 증가(감소)분을 '한계효용(marginal utility)'이라고 합니다.

생수가 10병이 있다면 1병, 2병, 3병…… 계속 마실수록(한 번에 마시는 생수의 양은 같지만) 만족도는 줄어들고 한계효용도 줄어들게 마련입니다. 이를 '한계효용 체감의 법칙'이라고 합니다.

일정한 기간 동안 소비되는 재화나 서비스는 반복해서 소비될수록 그 만족도가 떨어집니다. 같은 이유로 루브르 박물관도 10번, 20번 가면 감동이 줄어듭니다. 한계효용이 떨어지기 때문입니다.

한계효용이 낮아질수록 소비자는 더 적은 비용을 지급하려는 습성이 있습니다. 반대로 한계효용이 높아질수록 소비자는 더 높은 비용을 지급합니다.

인간의 행복도 한계효용이 체감됩니다. 인간이 일정한 기간 동안 만끽한 행복한 일상은 되풀이될수록 효용이 낮아집니다. 키스도 마찬가지입니다. 그녀와의 가장 행복한 키스는 첫키스입니다. 한계효용이 가장 높을 때 이뤄졌기 때문입니다. 반대로 바람둥이의 헤픈 키스는 그만큼 한계효용이 낮아지겠죠. 그 때문에 좀처럼 만족할 수 없는 바람둥이는 계속 더 짜릿한 키스를 찾아 헤맬 수밖에 없습니다.

효용은 이처럼 누군가 갖고 있는 재화의 크기에 반비례합니다. 보기에는 행복한 일상을 사는 사람이 정작 보이는 것만큼 행복하지 않은 이유도 한계효용이 체감되기 때문입니다. 이는 보기에는 불행한 일상을 사는 사람도 얼마든지 행복할 수 있다는 사실을 반증합니다.

쿨리지 효과

한 부부가 양계 농장을 방문했습니다. 부인이 양계 농장 주인에게 물었습니다. "수컷은 암컷과 하루에 관계를 몇 번이나 갖습니까?" 양계 농장 주인은 "하루에 10번 갖습니다"라고 답했습니다. 그러자 부인은 "이 이야기를 우리 남편에게 해주십시오"라고 부탁했습니다.

주인에게 이 이야기를 전해 들은 남편이 주인에게 되물었습니다 "수컷은 똑같은 암컷하고 관계를 갖나요?" 그러자 주인이 대답했습니다. "아닙니다. 10번 모두 다른 암탉과 관계를 갖습니다." 남편은 이 이야기를 부인에게 해달라고 부탁했습니다.

이 남편이 미국의 30대 대통령인 캘빈 쿨리지입니다. 수컷은 항상 새로운 암컷에게 더 많이 끌린다는 이론을 '쿨리지 효과(Coolidge Effect)'라고 부릅니다. 남성이 지나가는 여성에게 눈길을 돌린다면 쿨리지 효과 때문입니다. 오랫동안 함께해 왔던 여성에게 '한계효용'이 그만큼 줄어들었기 때문입니다. 그래서 사랑하는 사이에는 어제와 같은 즐거움보다는 새로운 즐거움이 더 효과적입니다.

쿨리지 효과는 광고에서도 그대로 드러납니다. 아무리 청중의 관심을 사로잡은 광고라고 해도 자꾸 보면 관심이 떨어지고 광고 효과도 줄어듭니다. 한계효용이 체감하기 때문입니다. 이를 마케팅에서 벽면 효과(Wall Effect)라고 부릅니다. 아무리 멋지고 새로운 광고도 자꾸 보면 방 안의 벽처럼 지겨워지고 효과도 그만큼 떨어진다는 것입니다.

상품의 가격은 수요와 공급에 의해 결정되지만, 요즘은 소비자들의 개인적인 욕구와 호감도에 따라 결정되는 경향이 갈수록 강해지고 있습니다. 즉, 효용의 크기에 따라 결정되는 것입니다.

가격은 시장에서 임금이나 지대, 환율, 주가, 이자 등 다른 이름으로 불리지만 모두 같은 원리로 결정됩니다. 외환 시장에서 원-달러 환율이 오르는 것은 달러의 수요가 늘었기 때문입니다. 달러의 수요가 늘어난 데는 외환 시장의 달러에 대한 욕구, 즉 한계효용이 커졌기 때문입니다.

달러가 부족해서 환율이 오를 때, 정부가 나서서 외환 보유고를 동원해 시장에 개입하겠다고 선언하는 일 자체가 환율 시장을 안정시키는 효과가 있습니다. 이를 구두 개입이라고 합니다. 하지만 이런 개입도 자꾸 반복되면 효과가 반감됩니다. 구두 개입의 한계효용이 줄어들기 때문입니다. 정부가 잇달아 주식 시장 부양 대책을 내놓으면 결국 증시 참여자들이 콧방귀를 뀌게 되는 것도 같은 맥락입니다.

극장에서 먹다 남은 팝콘을 저녁 식탁에 올릴 수는 없습니다. 한계효용은 극장에서 이미 바닥났을 테니까요. 대형 마트 시식 코너에서 주는 음식은 늘 맛있습니다. 한계효용이 높기 때문입니다. 하지만 매일 저녁 식탁에 올라온다면 그 맛있던 불고기도 어느새 식상한 반찬이 되게 마련입니다.

한계효용은 수요와 공급만큼이나 재화의 가치를 결정하는 기본적인 요소입니다. 한계효용이 높은 재화가 높은 가격을 받는 것은 당연합니다. 한계효용을 이해하셨죠? 그렇다면 아내의 생일 때마다 똑같은 선물을 건네는 잘못을 범하진 마시길 바랍니다.

05

원유 유출 사고로
낙지 값이 폭락했다는데…

 외부효과의 이해

> 다우존스가 또다시 폭락하면서 코스피를 비롯한 아시아 증시가 급락세를 보이고 있습니다. 유로와 엔화에 대한 달러 가치가 유례없이 하락세를 보이는 가운데 지난주 미국의 고용 지표 악화 소식까지 전해지면서 아시아 증시는 하루 종일 투매 현상을 보였습니다. 아시아 증시가 미국 증시에 연동되면서 아시아의 투자자들은 밤마다 미국의 각종 경기 지표에 귀를 세울 수밖에 없어졌습니다.

미국 경제의 거품을 포장했던 포장지가 하나둘 풀리면서 미국 증시가 폭락하고, 이 때문에 한국 등 아시아 증시도 덩달아 급락세를 거듭하고 있습니다. KDI 조사에 따르면 외환 위기 이후 외적인 요인이 우리 증시에 미친 영향은 무려 90.8%나 됩니다. 자본 시장이 통합되고 개방화되면서 우리 증시는 과거보다 2배 가까이 외국의 경제 정책과 금융 자본의 영향을 받고 있습니다.

코스피(KOSPI)지수가 미국 증시에 따라 춤을 추는 이유도 같은 맥락입니다. KDI의 보고서는 외국 경제(모든 외국 경제 변수의 묶음)가 우리 성장률에 미치는 외부효과를 58.0%로 전망했습니다. 시장은 이렇게 외부의 영향을 받을 수밖에 없고 그 영향력은 물론 시장의 규모가 커질수록 강해질 수밖에 없습니다.

: 외부효과와 나비효과

시장을 구성하는 모든 재화와 서비스는 크고 작은 외부효과의 영향을 받습니다. 2008년 초 여의도 식당가에서 낙지가 사라졌습니다. 태안 원유 유출 사고의 2차 오염이 현실화되면서 소비자들이 낙지를 찾지 않았기 때문입니다. 수요에 식품 오염이라는 외부 변수가 작용하면서 시장의 가격 결정 고리가 깨진 것입니다.

이처럼 수요와 공급의 보이지 않는 손이 작용하는 과정에서 또다른 손이 시장의 질서를 흔드는 것을 '외부효과'라고 합니다. 시장경제의 가장 소중한 기초는 사유재산권과 이를 통한 교환의 자유입니다. 하지만 외부효과가 발생하면 수요와 공급이 영향을 받고 자유로운 재화의 유통은 그만큼 어려워집니다.

외부효과가 시장가격에 어떤 영향을 미치는지는 그래프로도 쉽게 확인할 수 있습니다.

서해안산 낙지가 1만 원일 경우 10마리만 팔렸습니다. 하지만 2,000원으로 값이 떨어지자 100마리나 팔렸습니다(그래프 가). 서해안산 낙지가 마리당 2,000원일 때 공급자들은 10마리를 공급합니다. 하지만 1만 원으로 급등하자 너도나도 낙지를 출하해 공급은 100마

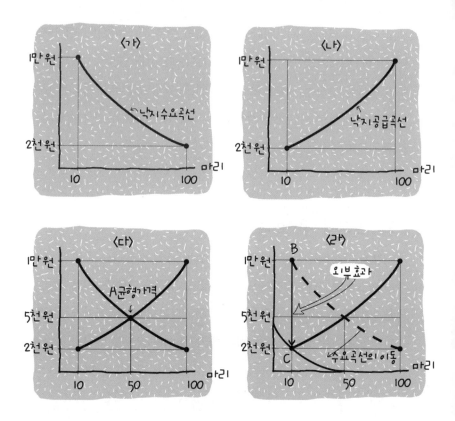

리로 늘어납니다(그래프 나). 따라서 이 두 곡선이 만나는 5,000원이
서해안 낙지의 균형가격입니다(그래프 다).

하지만 서해안 원유 유출 사고로 서해안 낙지를 찾는 손님이 뚝 끊
겼습니다. 이 경우 낙지가 10마리만 출하(공급)됐는데도 정작 가격은
마리당 2,000원으로 급락합니다. 외부효과가 당초 10마리가 출하될
경우의 낙지 가격인 점 B에서 점 C까지 낙지의 가격을 끌어내렸습니
다(그래프 라).

이처럼 외부효과란 외부의 예측하지 못한 작용(서해안 원유
유출)이 제3자(서해안 낙지의 수요와 공급)에게 의도하지 않은

이익이나 손해를 가져다주는데도 이에 대한 대가를 받지도 지불하지도 않는 현상입니다.

외부효과의 영향을 받으면 앞서 그래프에서 확인한 것처럼 시장은 적절한 가격을 형성하지 못하고, 이 때문에 재화와 서비스는 공정하게 분배되거나 판매되지 못합니다.

모든 경제 현상은 외부효과로부터 자유롭지 못합니다. 영화 산업의 매출이 올랐다면 이동 통신사의 할인이라는 외부효과가 영향을 미쳤을지 모릅니다. 올 여름 아이스크림 매출이 1천억 원을 돌파한 것은 9월까지 이어진 무더위라는 외부효과가, 하이마트의 올 상반기 PDP TV 판매량이 82%나 급증한 것은 베이징올림픽이라는 외부효과가 작용했기 때문일 것입니다.

⦂ 라면 가격을 올린 것은 중국 돼지?

중국인들이 돼지고기 소비를 늘리자, 사료로 쓰이는 밀의 수요가 늘었고, 밀의 수요가 늘자 밀 가격이 오르면서 덩달아 밀을 수입해서 만드는 국산 라면의 값이 올라갑니다. 결국 중국인들이 우리 라면 값을 올린 것입니다. 원유 값이 오르자 중국인들이 만드는 장난감의 수출 가격이 오르고, 뉴욕에서 팔리는 중국산 장난감의 소비자 가격이 오르는 식입니다.

외부효과는 모든 시장 활동과 맞물려 발생합니다. 중국에서는 100가구당 1가구 정도가 자동차를 소유한 반면, 미국에서는 100가구당 90가구가 차를 소유하고 있습니다. 그런데 지난 6년간 중국인들의 자동차 보급률은 300%나 급등했습니다. 중국인들이 앞다퉈 차를 소유할수

록 중국의 휘발유 소비량은 덩달아 늘어나 그만큼 국제 유가에 영향을 줍니다. 국제 유가 불안은 곧 우리가 타는 승용차의 유류비를 상승시킵니다. 이달 당신의 소비 지출 증가에 중국인들의 승용차 보급률이라는 외부효과가 작용한 것이지요.

이런 식으로 중국의 수출이 늘자 중국이 발주하는 대형 선박이 급증하자 지난 5년간 우리 조선업체의 매출이 폭증했습니다. 그래서 '중국발 나비효과'라는 용어가 생겨났습니다.

나비효과(Butterfly Effect)는 원래 브라질에서 나비가 날개를 퍼덕이면 미국 텍사스에서 토네이도가 일어날 수 있다는 과학 이론으로, 아무리 큰 현상도 그 시초는 아주 작은 현상에서 생겨난다는 과학 모델이지만 지금은 경제학 용어로 더 자주 등장합니다.

: 외부불경제와 외부경제

당신도 외부효과를 일으키는 주인공이 될 수 있습니다. 당신의 모든 시장 활동은 시장 안에서 다른 시장 참여자에게 영향을 미칩니다. 그래서 경제학에서는 생산은 물론 소비에도 책임이 있다고 강조합니다. 우리가 어떤 경제 행위를 하든 그것은 다른 경제 주체에게 외부효과로 작용합니다. 이를 통해 남에게 부당한 영향을 줄 경우 이를 외부불경제, 반대로 긍정적인 효과를 미치면 외부경제라고 표현합니다.

우리 집 담벼락을 허물고 마당에 잔디를 깔아 앞집 강아지까지 놀게 한다면 이는 외부경제입니다. 반면 우리 집이랍시고 높은 담을 치고 연일 시끄러운 음악을 틀어댄다면 이는 외부불경제입니다. 앞집 주민은 항의하다 못해 방음창을 다는 등 추가로 경비를 지출해야 합니다. 사무실에서 흡연은 당신의 선택이지만 이 때문에 다른 직원의 의료비 지출이 늘어날 수 있습니다.

외부효과는 보통 시장을 실패로 몰고 가 자원의 효율적 배분을 막지만, 특히 외부불경제는 사회적인 지출을 늘리는 더 큰 부작용이 있습니다.

반대로 전혀 외부효과의 영향을 받지 않는 시장을 완전경쟁 시장이라 부릅니다. 외부효과에 영향을 받지 않는 완전경쟁 시장은 현실적으로 존재하지 않지만, 정부와 시장 참여자들은 가급적 완전경쟁 시장을 만들어 공정한 게임을 하려고 노력합니다.

기업이 외모를 기준으로 여직원을 뽑자 성형외과 매출이 올라갑니다. 여기서 외부효과는 외모를 중시하는 사회적 풍토입니다. 하지만 이로 인해 신입사원 채용에서 떨어진 여성은 이를 보상받기도, 덕분에 매출이 올라간 성형외과가 이를 보답하기도 어렵습니다. 이처럼 외부효과로 인한 피해나 이득은 경제 주체가 보상받기도 보답하기도 어렵다는 특징이 있습니다.

외부효과로 인한 피해를 직접적으로 보상받을 수 있다면 더 이상 외부효과가 아닙니다.

이 문제와 관련하여 경제학에서 흔히 볼 수 있는 예가 과수원과 양봉업자입니다. 과수원 옆에 양봉장이 들어서자 꿀벌이 늘어 과수원의 과일이 더 많이 열리는 것은 대표적인 긍정적 외부효과입니다. 과수원 주인은 이득을 얻었지만 이에 대한 대가는 지불하지 않습니다. 반대로 과수원 옆으로 오염된 강이 흘러 나무의 생육이 악화돼 열매가 잘 열리지 않는 것이 부정적인 외부효과입니다.

이 경우 과수원 주인은 강을 오염시킨 가해자를 찾아 손해를 보상받을 길이 없습니다. 당연히 시장에는 혼선이 빚어집니다.

이렇게 외부효과는 시장의 실패를 가져옵니다. 정부가 외부효과에 적극적으로 개입하는 이유도 시장 실패를 최소화하기 위해서입니다.

정부는 강을 오염시킨 폐수 업자를 찾아내 배출하는 폐수의 양만큼 세금을 더 내도록 합니다. 폐수 업자는 세금이 아까워서 배출하는 폐수의 양을 줄이게 되고, 시장의 외부효과는 그만큼 줄어듭니다. 이처럼 부정적 외부효과를 해결하기 위해 매기는 세금을 '피구세(Pigouvian Tax)'라고 합니다.

피구세

피구세는 환경오염에 세금의 개념을 처음으로 도입한 경제학자 아서 피구의 이름에서 딴 것입니다. 아서 피구는 130년 전에 성장과 분배, 환경을 고민했던 영국 경제학의 또다른 거목입니다.

정부는 부정적 외부효과에 대해 세금을 부과합니다. 백화점 세일 기간에 백화점을 이용하는 차량으로 주변 도심이 큰 혼잡을 겪는다면 정부는 혼잡통행료를 물려 운전자들이 가급적 대중교통을 이용하도록 합니다. (비틀즈는 이 혼잡통행료를 〈택스맨(Taxman)〉이라는 노래에서 신랄하게 비판했습니다. "If you drive a car, I'll tax the street.(네가 차를 몬다면, 나는 거리에 세금을 매기리.)")

반대로 한 번 사용한 수돗물을 다시 정화해서 사용하면 정부는 보조금을 줘서 독려합니다. 그만큼 폐수 오염은 줄어듭니다.

탄소배출권의 거래는 피구세를 단적으로 보여줍니다. 각 나라마다 지구온난화를 유발하는 이산화탄소 등 온실 가스를 배출할 수 있는 양을 결정합니다. 그리고 온실 가스를 덜 배출하는 나라는 더 배출한 나라에 온실 가스를 배출할 수 있는 권리를 돈을 받고 팔 수 있습니다. 이 탄소배출권 거래 규모는 2005년 100억 달러에서 2010년에는 1,500억 달러까지 커질 전망입니다. 쉽게 말해 지구를 더 럽힐 권리를 사고파는 셈이죠. 하지만 이를 통해 국가나 기업은 온실 가스 배출량을 최소화하려 할 것이고, 그만큼 지구는 더 맑아질 것입니다.

:외부효과의 내부화, 코스의 법칙

한 시골 마을에 고라니가 빠르게 늘었습니다. 농가에 내려와 벼는 물론 콩, 옥수수 등 뭐든 가리지 않고 먹어치웁니다. 불만이 쌓인 농민들이 고라니를 포획합니다. 그러자 환경운동가들이 고라니 보호를 위해 마을에 모여듭니다. 농민과 환경운동가들의 대립이 불가피해졌습니다. 인간과 고라니가 함께 살 수는 없을까요? 농민들의 수확을 떨어뜨리는 고라니 증가라는 외부효과를 어떻게 해결할 수 있을까요?

정부는 농민들이 고라니로 인해 입은 피해에 대한 비용편익을 계산합니다. 그리고 그 손실만큼 보조금을 지급하고 대신 농민들에게 고라니를 포획하지 않겠다는 약속을 받아냅니다.

정부는 대신 오염 물질 배출 업소를 적발해 이들로부터 과징금을 거둬 농민에게 지급하는 보조금을 충당합니다. 경제학은 이런 경우, 외부효과를 내부화했다고 표현합니다. 정부가 오염 물질 배출 업소에 과징금 100만 원을 부과한다면 오염 물질 배출 업소는 생산 비용이 100만 원 늘어납니다. 오염 물질 배출 업소의 사장은 이를 최소화하기 위해 폐수 방출량을 조절할 것입니다.

이를 위해서는 농민들이 어떻게 피해를 입었는지 구체적으로 계량화하는 작업이 필요합니다. 미국의 경제학자 R. H. 코스는 농민들이 입은 환경적 피해는 개인의 소유권이 있다면 언제든 거래하고 계산할 수 있다고 밝혔습니다. 주민들은 얼마든지 이를 산술화해서 오염원인 기업과 보상 규모를 협상할 수 있습니다. 대화에 나선 기업은 환경 피해를 최소화하면서 이윤을 최대화하는 방법을 찾을 수밖에 없습니다.

이 경우 기업의 한계이윤과 주민의 한계피해는 한 지점에서 만나게 되고, 이 지점이 피해 보상의 균형점이 됩니다. 이처럼 시장 참여자들이 외부효과로 인한 시장의 불공정한 현상을 수치로 계량화해 스스로 해결할 수 있다고 밝힌 이론이 '코스의 법칙'입니다.

아파트 윗집의 아이가 밤마다 뛰어서 소음 때문에 잠들기 힘들다면, 해결 방법은 소송뿐일까요? 소송으론 소음의 강도를 측정해서 우리 집의 피해 정도를 산출하기 어렵고, 무엇보다 위층 주민과 얼굴

붉히는 싸움도 불사해야 하는 부담이 뒤따릅니다. 대신 위층 집주인은 마루에 두툼하게 장판을 깔고 아래층에 가끔 과일이나 케이크를 가져다주면 어떨까요? 위층 주민은 장판과 과일값에 대한 비용이 증가했지만 아이들이 뛰어놀 수 있는 환경을 조성할 수 있고, 아래층 주민도 어느 정도 소음이 줄어들면서 정신적인 보상도 받을 수 있게 됩니다. 외부효과가 내부화된 것입니다.

이처럼 자의적 해결에 따른 외부효과의 내부화가 코스의 원칙입니다. 코스는 외부효과가 만든 시장의 문제(비효율성)를 시장 참여자 스스로 얼마든지 해결할 수 있다고 설명했습니다. 이 간단한 원리로 당시 시카고대 교수였던 코스는 노벨 경제학상(1991년)을 탔습니다. 외부효과로 분쟁을 겪고 계신다고요? 코스의 법칙을 권해 드립니다. 어쩌면 해결책은 여러분 가까이에 있을지도 모릅니다.

06

트로피 와이프냐,
미스터 맘이냐

 기회비용 계산법

> 장애인 시민운동가로 최근 폴 매카트니와 이혼한 헤더 밀즈가 미
> 국 ABC의 인기 프로그램인 〈스타와 함께 춤을(*Dancing with The*
> *Stars*)〉에 출연했습니다. 왼쪽 발에 의족을 한 밀즈는 사람들이 자신
> 의 의족이 떨어져 나갈 것을 기대했지만 장애인들에게 꿈을 주기
> 위해 여기에 왔다고 말했습니다. 헤더 밀즈가 미국의 오락 프로그
> 램에 출연하는 날, 영국의 BBC는 최근 매카트니와 위자료 협상을
> 벌이고 있는 헤더 밀즈가 매카트니와의 이혼으로 최소 1천만 달러
> 이상의 위자료를 받을 것이라고 보도했습니다.

비틀즈의 멤버 폴 매카트니는 2001년에 헤더 밀즈를 만났습니다.
도발적인 눈매를 가진 슈퍼모델 헤더 밀즈는 1993년 갑작스러운 오
토바이 사고로 왼쪽 다리를 잃고 나서 지뢰 반대 운동에 투신합니다.
두 사람은 2002년 6월에 결혼했고, 4년 만인 2006년 5월 이혼에 합의

했습니다. 헤더 밀즈가 최종적으로 받은 재산 분할금은 4,860만 달러
(약 500억 원)나 됩니다.

: 모든 선택에는 기회비용이 따른다

폴이 4,860만 달러를 내고서라도 이혼을 결심했다면, 이혼을 위해
지불해야 하는 기회비용은 4,860만 달러인 셈입니다. 이처럼 기회비
용(opportunity cost)은 무엇인가를 위해 포기하는 것의 값어
치를 의미합니다.

여왕도 콘서트를 보러 갔다는 비틀즈는 1963년에 결성돼 1970년에
해체됐습니다. 그들의 해체에 존 레논의 부인 오노 요코가 큰 역할을
한 것은 잘 알려진 사실입니다. 요코는 특히 매카트니를 싫어했고,
레논은 결국 슈베르트 이후 최고의 작곡가라며 자신을 칭송했던 매
카트니를 떠납니다. 이렇게 인류가 낳은 가장 위대한 밴드 '비틀즈'
는, 존이 부인 오노를 위해 지불한 기회비용이 됐습니다.

또한 기회비용은 기업가가 은행에 예금을 해서 받을 수 있는 이자
가 있는데도, 굳이 사업을 벌여 포기하는 값어치를 말합니다. 사업가
이호리가 연리가 5%인 딸기나라에서 1년간 1억 원을 예금하면 앉은자
리에서 500만 원을 벌 수 있는데 1억 원으로 다른 사업을 벌였다면, 이
사업을 위해 이호리는 500만 원의 기회비용을 지급한 것입니다. 자장
면 대신 짬뽕을 선택했다면 자장면의 맛을 기회비용으로 지급하는
셈입니다.

인생이 그렇듯이 경제도 모든 출발은 선택입니다. 당연히 기업가
나 소비자나 가장 현명한 선택은 지급할 기회비용을 최소화하는 것

입니다.

지급하는 기회비용이 막연할수록 선택은 더 어려워집니다. 그 남자와 결혼을 할지 안 할지 고민이 된다고요? 당신이 지급하는 기회비용이 정확하게 산출되지 않기 때문입니다.

투자와 소비 등 모든 경제 현상은 기회비용을 낳습니다. 경제학에서 시작된 기회비용 원리는 사소하게는 점심시간에 어떤 메뉴를 선택할 것인가부터, 크게는 국가가 성장 대신 분배 정책을 선택할 것인가(이 경우 기회비용은 그만큼의 경제 성장)에 이르기까지 어느 한 군데도 빠지지 않는 감초 같은 존재가 됐습니다.

서울 시내를 지나치면서 한번쯤 숭례문을 바라본 적 있나요? 숭례문은 불타 사라졌지만 우리에게 문화유산을 어떻게 관리해야 하는지 소중한 교훈을 남겨줬습니다. 우리는 문화재의 소중함을 배우는 '쓰디쓴' 기회비용으로 숭례문을 지불했습니다.

∶ '세상에 공짜 점심은 없다'

인천공항이 새로 들어설 무렵 외환 위기가 닥쳤습니다. 그러자 공항이 위치한 영종도까지 전철을 건설하겠다는 정부의 계획은 실행이 어려워졌습니다. 그때 몇몇 건설사에서 자신들이 투자해 철도를 짓겠다고 나섰습니다. 이른바 민자 유치 사업입니다. 짓기도 기업들이 짓고, 승객들이 내는 요금도 기업이 챙기는 것입니다. 이렇게 정부 돈은 한 푼도 안 들이고 민간 기업의 투자로만 건설한 인천공항철도가 지난 2007년 3월 개통됐습니다.

그런데 하루 16만 명이 이용할 것으로 예측했던 공항철도를 겨우

1만 2,000여 명만이 이용하고 있습니다. 정부는 당초 예상 승객보다 탑승객이 부족해 적자가 날 경우, 적자의 90%를 대주기로 공항철도 (주)와 약속했습니다. 이 때문에 개통 첫해에만 1천억 원의 정부 예산을 공항철도에 지급했습니다. 승객이 획기적으로 늘지 않는다면 오는 2039년까지 해마다 이런 돈을 지급해야 합니다. 그 비용은 물론 정부 예산으로 공항철도를 짓는 것보다 많습니다.

국민의 세금을 아낀다며 시작한 민자 사업 대부분이 사실상 국민의 세금을 축내고 있습니다. 정부가 기회비용을 잘못 산출했기 때문입니다. 세상에 공짜는 없는데 말이죠. 그런데도 정부는 어떤 사업을 추진하면서 세금을 더 걷자고 국민들을 설득하기 어려워지면 민자 유치라는 카드를 빼 듭니다.

딸기나라가 관광객 유치를 위해 대형 인공 호수를 건설하기로 했습니다. 국민들은 지금도 호수가 많은데 왜 또 짓냐고 반대합니다. 그러자 정부는 민자 유치를 추진합니다. 기업들이 직접 투자해 대형 호수를 건설하고, 대신 낚시터를 차려 여기서 나오는 수익을 기업이 가져가는 방식입니다. 국민이 세금을 부담하지 않아도 정부는 또 하나의 대형 호수를 건설할 수 있습니다.

하지만 낚시터가 생기면 호수는 오염되게 마련입니다. 호수 오염 방지를 막기 위한 비용이나 이미 오염된 호수를 정화하는 비용은 결국 국민이 세금으로 부담할 수밖에 없습니다. 공짜인 줄 알고 먹었던 점심 값은 얼마 뒤 국민들에게 고스란히 청구됩니다.

시장에 기회비용을 지급하지 않는 공짜 점심은 없습니다. 정부가 기초노령연금을 지급하기 시작했다면 국민 누군가에게서 세금을 더 걷고 있기 때문이고, 2008년 장기요양보험이 도입된 것은 우리가 매달 내는 건강보험료가 3%나 인상됐기 때문입니다.

이처럼 경제학의 모든 담론에는 기회비용이 따릅니다. 그래서 노벨 경제학상을 받은 밀턴 프리드먼은 이 같은 기회비용을 꼬집어 '세상에 공짜 점심은 없다(TANSTAFL, There Ain't No Such Thing As a Free Lunch)'라고 말했습니다. 우리가 2008년에 겪은 혹독한 금융 위기도 과거 우리가 만든 거품 경제에 대한 기회비용일 뿐입니다. 당신이 경제 활동으로 얻는 이익과 편의는 반드시 나를 포함한 누군가가 대가를 지급한 것입니다.

기회비용 계산법

기회비용을 계산하기 위해서는 먼저 생산 가능 곡선을 이해해야 합니다. 어렵지 않습니다.

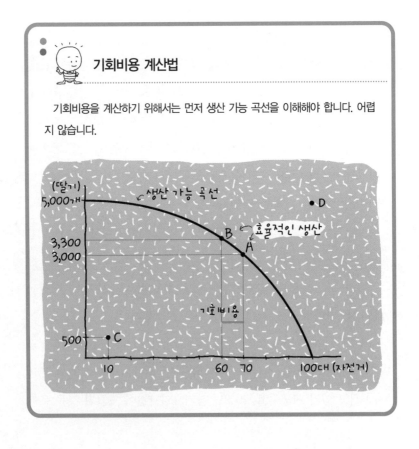

생산 가능한 재화가 딸기와 자전거뿐이라고 칩시다. 모든 자원을 딸기 재배에 쓴다면 딸기를 5,000개 생산할 수 있습니다. 반대로 모든 자원을 자전거 생산에 사용한다면 100대의 자전거를 생산할 수 있습니다. 그런데 자전거만 생산하면 국민들은 굶게 되고, 딸기만 생산하면 걸어 다녀야 합니다. 그래서 효율적이고 균형적으로 생산해야 합니다.

그래프에서 딸기 3,000개를 생산하고 자전거 70대를 생산하는 지점이 효율적입니다. 또 B 지점처럼 딸기 3,300개를 생산하고 자전거를 60대만 생산해도 효율적입니다. 이렇게 효율적인 생산이 가능한 점들을 연결한 것이 생산 가능 곡선입니다.

물론 생산 가능 곡선 안의 점 C도 얼마든지 가능합니다. 딸기를 500개 생산하고 자전거를 10대만 생산할 수도 있지만 이는 효율적인 생산이 아닙니다. 그래도 딸기 5,000개와 자전거 100대를 동시에 생산하는 D점은 존재할 수 없습니다. 자원은 한정돼 있기 때문입니다. 생산 가능 곡선에서 벗어난 점은 지금의 자원으로는 생산이 불가능한 영역입니다.

앞서 말한 것처럼 기회비용은 모든 선택에 대한 비용입니다. 따라서 A가 B로 움직인다는 것은 딸기를 300개 더 생산하기 위해 자전거 생산을 10대 줄여야 한다는 것을 의미합니다. 여기서 딸기 300개에 대한 기회비용은 자전거 10대입니다. 쉽죠?

: 경제학은 선택, 선택은 기회비용, 기회비용은 인생

역사상 어느 차르보다도 막대한 힘을 행사하고 있는 블라디미르 푸틴 러시아 대통령이 32살 연하의 국가대표 리듬체조 선수와 약혼했다는 보도가 터져 나왔습니다. 유럽이나 미국의 성공한 남자들은 조강지처를 버리고 30살쯤은 더 젊은 여성과 결혼하곤 합니다.

지난 1994년에는 89세의 억만장자 하워드 마셜이 손녀보다 더 어린 미인과 결혼했습니다.《플레이보이》모델이던 안나 니콜 스미스는

당시 26살로 마셜과 63살 차이였습니다.

　성공에 대한 보상으로 젊은 부인을 얻는다는 뜻으로 트로피 와이프(trophy wife)라는 말이 생겨났습니다. 트로피 와이프를 위해 남성들은 기꺼이 조강지처를 포기하고 거액의 위자료를 기회비용으로 지불합니다. 경제학에서 기대 수익은 기회비용보다 높을 수밖에 없습니다. 트로피 와이프를 선택하는 남성들은 조강지처와 기회비용을 합한 비용보다 젊은 새 부인에 대한 기대 수익이 높다고 판단한 것입니다.

　HP를 5년이나 경영했던 칼리 피오리나의 남편 프랭크는 아내가 CEO가 되자 60억 가까운 연봉을 받던 AT&T의 부사장직을 그만둡니다. 자녀를 돌보고 경영자가 된 아내를 내조하기 위해서입니다. 프랭크는 AT&T라는 미국 최고의 통신회사 부사장 자리를 아내의 내조를 위해 기회비용으로 내놓은 것입니다.

프랭크처럼 부인을 위해 가정을 돌보는 남편을 미스터 맘(Mr. Mom)이라고 합니다. 우리 통계청 조사에서도 가사에 전념하는 남성들이 해마다 10% 이상 급증하고 있습니다. 기꺼이 미스터 맘을 선택한 남편들은 부인에 대한 내조가 자신이 직장 생활에서 얻는 편익보다 높다고 판단한 것입니다.

경제학에서 자원이 무한하다면 기회비용은 필요 없는 이론입니다. 하지만 시장의 재화는 한정돼 있습니다. 그런데도 인간의 욕구는 한계가 없습니다. 그래서 공급자든 소비자든 시장 참여자는 누구나 선택해야만 합니다. 게다가 인간에게는 한정된 재화를 소비할 시간마저 한정돼 있습니다.

이렇듯 한정된 자원을 어떻게 잘 생산하고 분배하고 소비할 것인가를 고민하는 학문이 경제학입니다. 다행히 욕구가 무제한인 인간에게는 하루 24시간이라는 재화가 공평하게 분배됐습니다. 이제 선택은 시장 참여자 여러분의 몫입니다. 그 선택에 따라 기회비용도 다르게 지급될 것입니다.

다음은 잘 알려진 로버트 프로스트의 시 「가지 않은 길(*The Road Not Taken*)」의 마지막 구절입니다. 인생은 선택이고, 선택은 기회비용을 낳습니다.

먼 훗날 나는 어디선가 한숨을 쉬며 이야기할 것입니다.
숲 속에 두 갈래 길이 있었다고,
나는 사람들이 가지 않은 넝쿨 우거진 숲길을 택하였다고.
그리고 그것은 나의 모든 것을 달라지게 했다고.

07

박명수는 유재석의 보완재일까, 대체재일까

 보완재와 대체재, 가격탄력성

> KBS와 MBC가 국회 문광위에 제출한 2007년 외주 프로그램 진행자 출연료 지급 현황에 따르면 유재석과 박명수, 신동엽 등 일부 연예인들의 프로그램 출연료로 편당 800만 원에서 많게는 1,100만 원까지 지급한 것으로 나타났습니다. 방송 3사의 편성, 제작 관계자들은 이들 연예인들의 출연료에 상한선을 두기 위해 모임을 가졌지만, 이 같은 출연료 제한이 담합 행위로 공정거래법에 저촉될 수 있다는 우려 때문에 사실상 논의가 중단된 것으로 알려졌습니다.

최고의 인기로 최고의 몸값을 받고 있는 인기 개그맨 유재석이 훌쩍 여행을 떠났습니다. 프로그램을 대신 진행할 MC가 필요합니다. 누가 떠오르세요? 박명수? 그렇다면 박명수는 유재석의 대체재(substitute)입니다. 반면 유재석이 진행할 때 박명수가 옆에 있어야 시청률이 올라간다면 박명수는 유재석의 보완재(complement)입니다.

맥주 또는 소주, 유재석 혹은 박명수

맥주가 시장에서 동났다고 합시다. 술꾼들은 맥주 대신 소주나 막걸리를 마실 것입니다. 이처럼 특정 재화가 부족할 때 이를 대체할 수 있는 재화가 대체재입니다. 같은 이유로 소고기의 대체재는 돼지고기입니다. 대체재인지 아닌지는 간단하게 경제학으로 검증할 수 있습니다.

A라는 재화가 값이 떨어질 때 B라는 재화의 매출이 떨어지면 B는 A의 대체재입니다. 맥주의 가격이 크게 떨어지면 소주의 매출은 떨어질 것입니다. 사람들은 값싼 맥주를 더욱 많이 찾겠지요. 그래서 소주는 맥주의 대체재입니다.

반면 A라는 재화의 값이 떨어지면 B라는 재화의 수요가 급증하는 경우도 있습니다. 피자 값이 떨어진다면 사람들은 피자를 더 많이 구매할 것입니다. 피자 판매가 늘어나면 덩달아 피클의 판매도 늘어납

니다. 이 경우 피클은 피자의 보완재입니다. 대표적으로 PC가 많이 보급될수록 모니터의 매출도 늘어나겠지요. 그러니 모니터는 PC의 보완재입니다.

따라서 유재석의 몸값이 떨어지는데 박명수를 찾는 손길이 뜸해진 다면 박명수는 유재석의 대체재입니다. 반대로 유재석의 몸값이 떨어지는데 박명수를 찾는 손길은 늘어난다면 박명수는 유재석의 보완재가 되는 것입니다.

과거에는 유재석의 보완재로서 박명수가 출연하는 경우가 대부분이었습니다. 사실상 박명수는 유재석과 패키지였습니다. 하지만 박명수의 인기가 높아지면서 박명수는 유재석의 명실상부한 대체재가 됐습니다. 따라서 유재석의 프로그램 회당 출연 단가가 1천만 원 이하로 떨어진다면, 박명수의 단가도 떨어질 것입니다.

대마초는 담배의 대체재일까, 보완재일까?

대마초로 알려진 마리화나를 둘러싼 논란, 그 첫 번째는 중독성입니다. 마리화나를 합법화하자는 유럽과 미국의 애호가들은 마리화나가 콜라보다 중독성이 낮다고 주장합니다. 실제로 지난 1999년 미국 의약 연구소(AMI) 보고서에 따르면 담배의 중독성은 32%, 술의 중독성은 15%인 데 반해 대마초의 중독성은 9%에 불과했습니다.

그렇다면 대마초는 담배의 대체재일까요, 보완재일까요? 이를 확인하려면 담뱃값이 하락할 경우 대마초의 매출이 늘어나는지 줄어드는지를 따져봐야 합니다. 외국의 한 조사에 따르면 담뱃값을 10% 인상하면 대마초 수요는 4% 줄어드는 것으로 나타났습니다. 특히 10대 소비자들의 반응은 민감해서 담배 가격이 10% 오르면 대마초의 수요가 12%나 줄었습니다. 이 결과로 보면 대마초는 담배의 보완재인 셈입니다. 만약 담배 가격이 인상됐을 때 대마초의 수요가 늘었다면 대마초는 담배의 대체재였겠죠. 그래서 담배 수요를 억제한다고 해서 대마초의 수요가 늘어나지는 않는다고 추론할 수 있습니다.

그렇다면 중독성도 약하고 담배의 대체재도 아닌 대마초를 왜 엄격하게 규제하는 것일까요?

학자들은 관문 이론(Gate Theory)에 주목하고 있습니다. 담배를 통해 마리화나를 배우는 것처럼, 마리화나를 통해 코카인이나 헤로인 같은 더 강력한 마약에 손을 댄다는 주장이 이른바 '관문 이론'입니다. 헤로인 등 마약 사범을 대상으로 대마초 흡연 여부를 조사한 결과, 헤로인 중독자의 50% 이상이 대마초를 피웠다고 합니다. 하지만 이 역시 수십 년이 지난 이론입니다. 오히려 대마초 합법론자들은 헤로인 중독자 90%가 애용하는 담배나 술부터 금지시켜야 한다고 주장합니다.

: 대체재가 부족한 유재석

어떤 재화에 대한 수요량은 그 재화 가격이 오르면 감소하고, 내리면 증가합니다. 이때 가격이 내리고 오른 만큼 얼마나 수요가 변동하는지 그 정도를 가리키는 말이 가격탄력성입니다. 다시 말해 가격이 1% 변화했을 때 수요량은 몇 % 변화하는가를 절대치로 나타낸 크기입니다. 대체재가 많을수록 가격탄력성은 높아지고, 적을수록 가격탄력성은 낮아집니다.

예를 들어 원자재는 가격탄력성이 매우 낮습니다. 브라질이 철광석 가격을 크게 올려도 포스코는 철광석을 수입할 수밖에 없습니다. 구리나 진흙이 철을 대신할 수 없으니까요. 포스코가 강철의 판매가를 아무리 인상해도 현대자동차는 철을 구입할 수밖에 없습니다. 플라스틱으로 승용차를 만들 수는 없으니까요.

정부가 생활필수품 52가지를 지정해 가격을 관리하는 품목들도 대부분 가격탄력성이 낮다는 공통점이 있습니다. 쌀이나 양파, 돼지고기, 라면 등 식료품이나 버스 요금, 학원비 등은 아무리 가격이 치솟아도 구입할 수밖에 없는 재화나 서비스입니다. 따라서 정부는 이들 품목의 가격을 집중 관리 대상으로 선정하여 더욱 엄격하게 모니터링을 하고 있습니다.

반대로 얼굴만 예쁜 여자 MC의 가격탄력성은 높습니다. 예쁜 여자 MC가 너무 많다 보니 몸값이 올라가면 금방 대체재가 나타납니다. 그래서 예쁜 여자 MC의 출연료는 유재석과 박명수를 따라잡지 못합니다. 연예 프로그램의 여자 MC가 남자 MC보다 자주 바뀌는 이유도 이 때문입니다.

반면 좀처럼 다른 대안이 없으면 가격이 비싸더라도 소비자들은 계속 선택합니다. 유재석이나 박경림 같은 개성 있는 연예인이 오래 살아남는 이유도 이들의 개성을 대체할 만한 사람이 없기 때문입니다. 가족오락관의 MC 허참이나 전국노래자랑의 송해는 사실상 대체재가 없습니다. 그들이 없다면 해당 프로그램도 문을 닫을 가능성이 높습니다. 그래서 허참과 송해의 가격탄력성은 매우 낮다고 할 수 있습니다.

: 가격은 올라도 계속 팔린다? 베블런 효과

가격이 올라도 서민들이 찾을 수밖에 없는 소주는 한 연구 결과에 따르면 수요 가격탄력성이 0.06에 불과합니다. 정부가 국민 건강을 위해 소주의 세율을 20%나 올려도 소비는 1.2%밖에 줄지 않는다는 뜻입니다.

> ### 소주의 세율을 20% 올린다면?
> 0.06%(소주의 가격탄력성) × 20%(세율 인상)
> = 1.2%(소비 감소)

그러니 국민 건강을 위해 소주 세율을 올린다 해도 국가가 서민들의 호주머니만 터는 셈입니다. 반대로 사치품은 가격탄력성이 아주 높습니다. KTX의 요금이 오르자 새마을호나 무궁화호를 더 많이 이용하거나, 금값이 급등하자 돌잔치 때 돌반지 대신 현금이나 옷을 선물하는 이유도 이 때문입니다.

그런데 가격이 아무리 올라도 한 개에 200~300만 원씩 하는 루이비통이나 명품 핸드백이나 에르메스 스카프의 수요는 좀처럼 줄지 않습니다. 이는 소득의 양극화 때문이기도 하지만, 학자들은 베블런 효과(Veblen Effect)로 설명합니다.

100년 전 미국의 사회학자인 베블런이 『유한계급론(*The Theory of the Leisure Class*)』이라는 책에서 주장한 베블런 효과는 고가의 귀금속이나 의상은 필요에 의해서가 아니라 자신의 욕구나 허영을 충족시키기 위해 구입하기 때문에 가격탄력성의 원칙이 지켜지지 않는다고 설명합니다. 더 나아가 가격을 올릴수록 오히려 더 잘 팔린다고 분석했습니다.

그래서인지 경기가 안 좋다는데도 수입 차나 명품 브랜드의 국내 매출은 해마다 그 신기록을 갈아치우고 있습니다. BMW 750i 모델은

뉴욕에선 7만 달러, 도쿄에서 9만 달러인데 서울에서는 18만 달러에 팔립니다(KOTRA 조사). 그들은 한국에서는 비싼 수입 차에 가격탄력성의 원칙이 적용되지 않는다는 비밀을 눈치챘나 봅니다.

프랑스의 석학 장 보드리야르는 이런 현대 사회를 소비 사회로 분석했습니다. 소비자는 자신들이 구입하는 재화로 자신을 표현한다는 것입니다. 나이키를 입은 타이거 우즈의 골프 스윙을 보고 소비자들은 나이키 점퍼를 입고 필드에 선 자신의 모습을 상상합니다.

이런 식으로 상품이 이미지와 기호로 만들어지므로, 이를 구입하는 소비자는 상품의 이미지까지 소비한다고 규정했습니다. 그래서 2만 원짜리 가죽 신발에 나이키의 로고가 새겨지면 소비자는 12만 원을 지급합니다. 나이키라는 브랜드 이미지를 입기 위해 10만 원을 추가로 지불한 것입니다.

또한 보드리야르는 또 이미지로 포장된 상품은 인간의 욕망까지 지배한다고 설명합니다. 100년 전 베블런의 주장과 일맥상통하는 부분입니다. 황금색 메탈 장식이 있는 콴펜의 오렌지색 악어 핸드백을 매는 순간 당신이 탕웨이처럼 느껴지는 것도 이 때문일 것입니다. 그래서 1,000만 원짜리 핸드백은 1,200만 원이 돼도 좀처럼 수요가 줄지 않습니다. 가격탄력성이 형편없이 낮은 셈입니다.

된장녀들의 구매 패턴도 같은 맥락일 것입니다. 수요와 공급 법칙에서 수요 탄력성 이론, 그리고 귀족들의 사치품 심리를 설명한 베블런 효과까지 모든 경제학 이론을 무시하는 대중들의 명품 선호 현상은 경제라기보다는 사회적 현상으로 분석되는 경우가 많습니다.

: 당신의 가격탄력성

시장 참여자의 몸값을 결정하는 것도 결국은 대체재와 보완재의 문제입니다. 누군가가 자신의 역할을 얼마든지 대체할 수 있다면, 자신을 찾는 절실한 수요의 손길을 찾기 어렵습니다. 몸값을 올리려 시도하면 곧 다른 대체재로 대체될 것입니다.

앞서 재화의 부가가치를 높이기 위해서는 혁신적 사고가 필요하다고 배웠습니다. 혁신적이라는 것은 남과 다르다는 것을, 남과 다르다는 것은 대체재가 많지 않다는 것을 의미합니다. 대체재가 많지 않은 경쟁력 있는 시장 참여자가 되려면 혁신적 사고에 익숙해져야 합니다.

에르메스의 스카프처럼 화려하지도, 나이키의 러닝화처럼 대중적 인지도도 없다면 남과 다른 생각을 하는 수밖에 없습니다. 남과 다른 생각에 익숙해질 무렵, 대체재는 줄어들고 당신의 가격탄력성은 무섭게 낮아질 것입니다.

08

별로 친절하지 않은
금자 씨가 점령한 극장

 독과점과 롱 테일 법칙

> 박찬욱 감독의 신작 〈친절한 금자 씨〉가 개봉 첫 주말에만 146만 명의 관객을 동원한 것으로 나타났습니다. 〈친절한 금자 씨〉는 전국의 개봉관 460개를 차지하고 사실상 모든 극장에서 상영되면서 첫날 관객의 49.1%를 점유했습니다. 주말 극장을 찾은 관객 2명 중 1명이 〈친절한 금자 씨〉를 선택한 셈입니다. 극장가는 아직 해소되지 않은 관객들의 기대감과 위력적인 배급망 덕에 한동안 이런 점유율이 계속될 것으로 내다봤습니다.

지난 2005년 개봉한 이영애, 최민식 주연의 영화 〈친절한 금자 씨〉. 보잉 선글라스 안에 숨은 이영애의 얼음 같은 눈초리가 두고두고 기억에 남습니다. 출소한 직후 금자 씨에게 왜 이리 눈만 시뻘겋게 칠했냐고 물었더니 "친절해 보일까 봐"라는 친절한 멘트가 돌아옵니다. 당시 〈친절한 금자 씨〉는 전국 1,500여 개 스크린 중 460개를 차지하며 화려하게 개봉했습니다.

워낙 스크린을 많이 차지하다 보니 관객은 그만큼 선택의 여지가 줄었고, 결국 50% 가까운 점유율로 흥행을 이어갔습니다. 덕분에 〈친절한 금자 씨〉는 개봉 12일 만에 관객 300만을 돌파했지만, 극장에 걸리지도 못한 다른 영화에겐 〈친절한 금자 씨〉는 심히 친절하지 못했습니다. 당시 함께 개봉한 〈미스터 앤 미세스 스미스〉 같은 할리우드 블록버스터조차도 개봉관을 구하기가 힘들었습니다.

: 덩치 큰 기업의 횡포, 독과점의 폐해

영화 시장은 투자와 제작, 배급, 상영관으로 나뉩니다. 그런데 이 모든 과정을 한두 기업이 독차지한다면 어떻게 될까요? 실제 지난 몇 해 동안 우리 영화 시장의 독점 구조가 매우 심화됐습니다. CJ엔터테인먼트가 만들고 배급하며 계열사인 CGV에서 상영합니다. 〈친절한 금자 씨〉는 이렇게 만들어졌습니다.

CJ엔터테인먼트와 쇼박스, 시네마서비스 등 국내 3대 배급사(영화를 판매하는 회사)의 한국 영화 관객 점유율은 2008년 기준으로 87%(전체 개봉 영화의 56%)입니다. 공정거래법상 시장 지배적 사업자 추정 기준(3개 사업자)인 75%를 훌쩍 넘긴 수치입니다.

당연히 독과점의 폐해가 발생합니다. 계열사 극장에 자신들이 만들어 배급한 영화를 몇 개씩 걸 수 있겠죠. 또 자신들이 만든 인기 영화를 배급하면서 재미없는 영화도 함께 상영하라고 몽니를 부릴 수 있습니다.

게다가 CJ미디어는 채널 CGV, TvN, Mnet 등 잘나가는 9개의 케

이블 채널까지 거느리고 있습니다. 영화를 만들어 자신의 극장에서 상영하고 난 다음, 케이블 회사에서 또 방송하는 것입니다. 관객들이 다양한 영화를 선택할 수 있는 폭은 그만큼 줄어듭니다. 선택을 강요 당할 수밖에 없지요.

이렇게 대기업들이 영화의 제작과 배급을 나눠 갖다 보니 목돈 들어간 될성부른 영화만 살아남습니다. 2007년 상영된 영화 304편 가운데 절반가량인 156편은 전국적으로 스크린을 50개도 잡지 못한 반면, 16편은 400개 이상 잡았습니다(영화진흥위원회 자료). 〈캐리비안의 해적: 세상의 끝에서〉는 무려 912개관에서 개봉했습니다.

반면 대형 영화에 밀린 10개 중 9개의 영화는 단 10개의 개봉관도 잡지 못하고 장렬히 전사하고 맙니다. 이러다 보니 2007년 한국영화 개봉작 124편 가운데 단 13편만이 손익분기점을 넘어, 전체 개봉작

중 겨우 11%가 이익을 봤습니다.

시장 참여자들은 자신도 모르게 독과점의 피해를 봅니다. MS가 'Window' 가격을 올려도 어쩔 수 없이 비싼 값에 구입해야 합니다. 유재석과 강호동 같은 잘나가는 MC의 회당 출연료는 1천만 원을 넘습니다. 역시 시장에 경쟁력 있는 MC가 충분히 공급되지 못해서입니다. 비싼 출연료는 제작비를 올려 결국 시청자들의 주머니를 털어갑니다.

공급이 제한적이면 독점이나 과점이 발생합니다. 그리고 그 피해는 소비자가 고스란히 뒤집어씁니다. 어느 시골 할머니가 민사소송에서 승소하여 1천만 원을 받았지만 이 중 620만 원을 변호사에게 성공 사례비로 지급했다는 슬픈 사연도 결국은 변호사 공급이 한정된 데서 발생한 독과점 때문입니다. 시장은 독과점으로 상처받고 왜곡됩니다.

이처럼 한정된 공급이 시장을 좌지우지하는 것을 두고 과점(oligopoly), 한 개의 기업이 시장을 독차지하는 것을 독점(monopoly)이라고 합니다. 예를 들어 이동 통신 시장, 인터넷 포털 사이트 시장, 여의도 KBS 앞 식당이 과점입니다. 이곳의 소비자는 수만 명인데 재화를 공급하는 기업의 수가 제한적이기 때문에 소비자는 울며 겨자 먹기로 소비를 할 수밖에 없습니다.

그래서 과점 상태의 시장은 가격 인하 요인이 있어도 좀처럼 가격을 내리지 않습니다. 소비자들은 가격의 지독한 하방 경직성을 경험하며 망가진 시장에 적응합니다.

독과점이 발생하는 이유는 크게 3가지입니다. 첫째, 특정 기업이 원료를 독차지하는 경우입니다. 횡성한우는 횡성군민이 독점 생산합니다. 횡성한우를 제주도에서 생산할 수는 없겠죠. 둘째, 불가피하게 국가가 인정하는 경우입니다. 정보통신부가 우표 발행 업무를 독점하는 것도 한 예입니다. 셋째, 자연 발생한 독점 기업이 시장을 확대하는 것입니다. 시장 공급자가 하나뿐이면 소비자는 가격이나 품질과 상관없이 해당 기업을 선택할 수밖에 없습니다. 게다가 생산을 많이 할수록 생산 단가는 떨어지고 남은 이윤으로 기업은 신기술을 개발하여 독점 구조를 더욱 강화합니다.

꼭 공급자만 독점을 할까?

　수요독점도 있습니다. 프로 스포츠 시장의 드래프트제가 그 예입니다. 선수 숫자에 비해 한정된 프로 구단에서 선수들을 골라 영입할 경우 얼마든지 몸값을 담합할 수 있습니다. 선수들은 공급자이면서도 수요자인 구단에 끌려가는 경우가 다반사입니다. 네가 A선수를 1억원 내로 지명하면, 나는 B선수를 8천만 원 내에서 지명하겠다는 식의 담합이 가능해집니다. '파는' 사람이 아닌 '사는' 사람들이 가격을 결정하는 것입니다.

　물론 공급독점과 반대로 이 같은 수요독점에서는 공급자인 선수들에게 피해가 돌아갑니다. 공급독점과 수요독점에 모두 해당하는 경우도 있습니다.

　무인도에 김 과장과 미녀 10명이 표류하고 있다면 이 경우 김 과장은 공급도 독점, 수요도 독점할 수 있습니다. 부럽죠?

파레토 법칙과 공룡의 롱 테일 법칙

이탈리아의 경제학자인 빌 프레도 파레토는 상류층 20%가 나라 전체 재산의 80%를 소유하고 있다는 사실을 알아냈습니다. 그래서 20%가 80%를 해낸다는 것이 '파레토의 법칙'입니다. 한 공장 생산량의 80%는 똑똑한 20%의 인력이 만들고, 전체 매출의 80%는 20%의 돈 많은 소비자가 올린다는 뜻입니다. 실제 우리나라 백화점 매출의 80%는 상위 20%의 고객이 올리고 있습니다 (80%의 교통사고도 20%의 운전자가 냅니다).

그래서 똑똑한 직원과 고객 20%에게는 승진과 인센티브를, 나머지 80%에게는 채찍과 임금 삭감, 구조 조정의 칼날을 들이대야 한다는 마케팅 이론이 파레토의 법칙입니다. 참 냉정하지요. 그래서 상위 20% 은행 고객을 위해서는 PB 창구를 따로 개설하지만, 돈 안 되는 고객의 소액 계좌는 일정 시간이 지나면 폐쇄해 버리는 '선택과 집중'의 냉정한 마케팅이 자리를 잡았습니다(누군가 무엇을 독점하는 것은 늘 이렇게 부작용을 낳습니다).

그래서 우리 영화 시장도 어설프게 돈 되는 100개의 영화보다 한 번에 대박나는 똑똑한 몇몇 영화만이 살아남는 파레토 법칙의 무대가 됐습니다.

심지어 영국의 과학 저널 《네이처》지(황우석 교수의 논문을 처음 의심했던 세계 3대 학술지)에는 매력적인 사람 20%가 이성의 80%와 성관계를 독차지한다는 스톡홀름 대학 릴제로스 박사의 연구 결과가 실린 적도 있습니다.

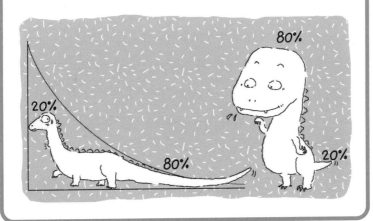

하지만 파레토 법칙을 반박하는 이론도 있습니다. 세계 최고의 인터넷 서점 아마존에서 매출을 조사해 봤더니 1년에 책 한두 권 사는 사람들의 매출의 합계가 책을 10권 이상씩 사는 상위 20%의 매출을 훌쩍 넘는다는 사실이 확인됐습니다. 어쩌다 1권씩 팔리는 수많은 책의 합계가 무더기로 팔리는 일부 책보다 많은 매출을 올리는 것입니다. 공룡의 몸통보다 꼬리가 길다는 말이죠. 그래서 최근엔 다시 롱 테일 법칙에 관심이 모아지고 있습니다.

우리 영화 시장처럼 저비용, 고효율만 추구하는 시장이 꼭 시장 성공을 의미하지는 않는다는 뜻입니다. 바꿔 말하면 지금 우리 영화 시장이 똑똑한 몇몇 영화로 대박을 내는 것 같지만, 이로 인해 장렬히 전사한 작은 영화들이 더 많은 관객을, 더 많은 수익을 가져다줄 수도 있다는 뜻입니다.

：착한 독점, 독점의 순기능을 둘러싼 논란

독점이 꼭 나쁜 것만은 아닙니다. 일반 우편 시장을 독점하고 있는 우체국이 그 예입니다. 시장 원리에 따라 첩첩산골로 보내는 우편물의 값이 정해진다면 집배원의 인건비 등을 감안해 수만 원이 넘을 것입니다. 이 수익성 떨어지는 사업을 하겠다는 기업도 없을 테고요. 편지에 우표 하나만 붙이면 첩첩산골까지 보낼 수 있는 것은 정부가 그 독점 시스템을 지원해 주기 때문입니다.

우편서비스 시장은 누구도 하지 않아서 어쩔 수 없이 정부가 대신하는 자연독점 시장입니다. 이처럼 사업의 성격상 누구도 이 업종의 사업을 하지 못해서 특정 주체가 대신하는 경우 자연독점이라고 합니다.

21세기 경제학은 이처럼 독점의 순기능 때문에 갈등하고 있습니다. 그중 하나가 바로 영창악기와 삼익악기입니다. 지난 2004년에 국내 두 번째 피아노 제조업체였던 영창악기가 부도가 나자 당시 국내 최고의 악기 회사인 삼익악기가 영창악기의 주식을 48%까지 사들였습니다. 당연히 피아노 시장의 독점이 우려됐습니다. 합병이 이뤄질 경우 두 회사의 국내 시장 점유율은 99%가 됩니다.

하지만 공정거래법에서는 한 기업의 시장 점유율이 50%를 넘거나, 3개사 합산 점유율이 75%를 넘으면 시장 지배적 사업자, 즉 독과점 기업으로 분류합니다. 결국 이 M&A는 법정으로 이어졌고, 대법원은 지난 2006년 이들의 결합이 독점이라고 결정했습니다. M&A는 무산됐습니다.

그러나 경제계는 당시 세계 피아노 시장에서 15%의 점유율을 차지하던 영창악기가 삼익악기에 인수되지 못하면서 세계 피아노 시장을 석권할 수 있는 기회를 놓쳤다고 지적합니다. 독점을 둘러싼 경제학자들의 고민이 여기 있습니다.

점점 많은 경제학자들이 독점의 순기능에 대해 이야기합니다. 기업이 시장을 독점하며 얻은 엄청난 이윤을 기술 개발 등에 투자하게 되면 기술력도 높이고 시장의 규모도 키운다는 것입니다. 실제로 세계 시장에서 선두를 달리는 우리 기업의 상당수가 과거에 독점을 보장받으며 성장했습니다. 무선 통신 시장을 독점한 한국이동통신은 SK텔레콤을, 고속도로 건설 시장을 독점한 정주영 회장은 현대건설을 만들었습니다. MS가 PC 운용 시장을 독점하지 않았으면 오늘날 'Window' 같은 편리한 상품이 나왔을까요?

같은 맥락에서 경제학자들은 여전히 독점의 폐해를 의심합니다. 그래서 하버드대를 중심으로 한 구조주의 학자들은 독점의 폐해를, 슘페터를 대표로 한 자유주의 학자들은 독점을 통한 기술 혁신을 주장합니다. 구조주의 학자들은 시장에서의 독점을 사회악으로 규정하지만, 자유주의 학자들은 시장의 독점이 이윤을 독식해 기술 혁신을 불러오며, 결국 시장이 넓어져 궁극적으로 더 많은 기업이나 소비자가 시장에 참여할 수 있다고 믿습니다.

그래서 상당수 선진국에서는 독점의 긍정적인 면을 인정해 시장 독점의 기준을 완화하는 추세입니다. 대신 신규 사업자가 쉽게 시장에 진입할 수 있는 환경을 조성하는 쪽으로 바뀌고 있습니다. 독점을 인정하되 시장 진입의 장벽을 걷는 것입니다.

독점의 반대말은 공유입니다. 함께 소유하는 것이죠. 더 쉬운 말로 나눔입니다. 독점이 나쁜 이유는 혼자서 가지려 하기 때문입니다. 굳이 경제학으로 설명하지 않아도 알 수 있습니다. 모든 경제 현상이 양극화라는 한 단어로 설명되는 시대, 경쟁력을 이유로 시장이 독점을 인정해 주는 사이에 파이를 나눠주는 방법이 점점 잊혀지는 것은 아닌지 되돌아볼 때입니다.

2장

경제는 이자다

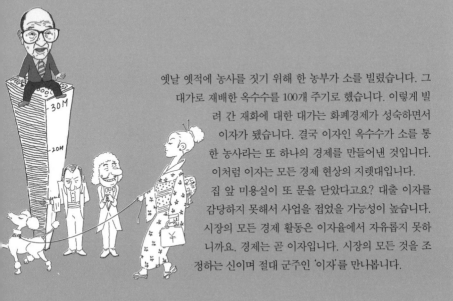

옛날 옛적에 농사를 짓기 위해 한 농부가 소를 빌렸습니다. 그 대가로 재배한 옥수수를 100개 주기로 했습니다. 이렇게 빌려 간 재화에 대한 대가는 화폐경제가 성숙하면서 이자가 됐습니다. 결국 이자인 옥수수가 소를 통한 농사라는 또 하나의 경제를 만들어낸 것입니다. 이처럼 이자는 모든 경제 현상의 지렛대입니다.

집 앞 미용실이 또 문을 닫았다고요? 대출 이자를 감당하지 못해서 사업을 접었을 가능성이 높습니다. 시장의 모든 경제 활동은 이자율에서 자유롭지 못하니까요. 경제는 곧 이자입니다. 시장의 모든 것을 조정하는 신이며 절대 군주인 '이자'를 만나봅니다.

09 그녀는 신용불량자?

 이자와 금융업, 신용소외

> 경찰은 지난 4월부터 무등록 대부업체를 차린 뒤 전단지를 보고 찾아온 320명에게 1인당 100만 원에서 1천만 원을 최고 80일까지 빌려주는 조건으로, 8%에서 12%의 선이자를 뗀 뒤 매일 2만 원에서 12만 원씩의 이자를 받아 챙긴 29살 조 모씨 등 2명에 대해 구속 영장을 신청했습니다. 이들이 받은 이자는 연 최고 200%에서 많게는 898%에 달했습니다. 실제 43살 김 모 씨의 경우 200만 원을 빌리면서 선이자를 떼고 174만 원을 받은 뒤, 매달 180만 원씩 1년 동안 모두 2천만여 원을 갚은 것으로 드러났습니다.

그는 왜 위험을 무릅쓰고 그토록 비싼 사채를 빌렸을까요? 은행이 더 이상 그에게 대출을 해주지 않기 때문입니다. 신용이 바닥난 그는 가슴살이라도 도려내겠다는 심정으로 사채업자를 찾아갑니다. 우리 국민 20명 중 1명이 오늘도 불법 사채를 이용합니다.

한국인 이지호 감독이 만든 영화 〈내가 숨쉬는 공기〉에서 사설 경마장을 운영하는 앤디 가르시아는 사채 이자를 내지 않는 채무자의 손가락을 자릅니다. 이자 대신 채무자들의 손가락을 받는다는 이유로 그의 별명은 '핑거스'입니다. 모든 자본의 지불에는 이처럼 이자라는 대가가 붙습니다.

이자는 간혹 혹독한 대가를 요구하기도 합니다. 셰익스피어의 희곡 『베니스의 상인』에서 주인공 안토니오가 고리대금업자에게 빚을 제때 못 갚으면 주기로 한 이자는 다름아닌 '자신의 가슴살 1파운드'였습니다.

정부는 법으로 대부업의 이자율을 엄격하게 규정하고 있지만 경기가 악화되면서 샤일록처럼 사람 살도 뜯어 갈 듯한 불법 대부업체가 기승을 부리고 있습니다. 비싼 대가를 치를 줄 알면서도 돈을 빌리는 이유는 등록된 대부업체에서 돈을 빌려주지 않기 때문입니다.

반대로 이렇게 신용이 낮은 소비자에게 불법 대부업체에서 돈을 빌려주는 이유는 역시 높은 이자를 받을 수 있기 때문입니다. 이처럼 이자는 빌려 간 돈의 크기와 돈을 빌려준 기간 그리고 돈을 떼일 위험에 비례합니다.

경기가 빠르게 가라앉으면서 서민들은 더 이상 돈을 빌릴 곳이 없습니다. 어쩔 수 없이 대부업체를 찾는 서민들이 빠르게 늘고 있습니다. 2008년 8월에 금감원과 행정안전부가 등록된 1만 8천여 개 대부업체를 조사한 결과, 합법적인 대부업체의 대출 총액은 7조 191억 원으로, 지난 2006년 말 3조 5천억 원에 비해 2배 이상 늘어난 것으로 조사됐습니다. 대부업체 거래자수도 지난 2006년 말 83만여 명에서 2008년 8월에는 182만여 명으로 2배 이상 늘었습니다.

여기에 비싼 이자를 주며 불법 대부업체를 이용하는 숨은 소비자들까지 더하면 이용자 수는 더욱 늘어날 것입니다.

⋮ 자모정식법에서 이자제한법까지, 이자와의 전쟁

이자의 역사는 인류의 역사입니다. 고대 그리스 사람들마저 돈을 빌려주고 높은 이자를 받는 자를 경시했다고 하니까요. 13세기의 신학자 토마스 아퀴나스는 돈을 빌려주고 이자를 받을 수 있는 3가지 원칙을 제시했습니다. 돈을 빌려준 사람이 손해를 볼 때와 돈을 빌려간 사람이 너무 많은 이익을 남길 때, 그리고 채권자가 돈을 갚기로 한 시한을 넘겼을 때만 이자를 받도록 말이죠.

고려 시대에도 정부는 대부업 이자율을 고민했습니다. 광학보라는 불교 기관에서도 운영 경비를 위해 1년에 쌀 3두당 1두의 이자를 받았습니다(지금 이자율로 치면 무려 연리 33%입니다). 조선 시대엔 봄에 쌀 2말을 빌려 가면 가을 추수 때 쌀 1말을 갚는 게 관행이었습니다. 역시 연리로 치면 50%의 고리입니다(『뜻밖의 한국사』, 김경훈).

시대가 들썩여서 지금처럼 서민들의 삶이 힘들어지면 고리대금은 더욱 성행했습니다. 고려 성종은 '자모정식법'을 도입했습니다. 자(子)가 모(母)를 넘지 못하는 법률로, 이자율을 제한하는 대신 지금까지 낸 이자가 원금 총액을 넘어설 경우 더 이상 이자를 받지 못하도록 법으로 규정한 것입니다. 하지만 효과는 없었을 테지요. 시장은 돈이 다급한 소비자일수록 더 높은 이자를 감수하도록 부추기고, 규제는 끝내 시장을 이길 수 없습니다.

세종대왕도 강력한 이자 제한법을 도입하여 월 이자가 3%를 넘지 못하도록 했습니다. '자모정식법'도 다시 시행했습니다. 하지만 효과가 크지 않았습니다. 아주 낮은 이자로 곡물을 빌려주던 의창(義倉) 제도가 그나마 현실적인 보완책이었습니다.

조선 후기에 접어들어 영조도 이자가 연 20%를 넘지 못하도록 하는 이자 제한법을 실시했지만, 돈을 빌리려는 자, 돈을 빌려주려는 자 모두 막지 못했습니다.

그로부터 250년이 흐른 2007년, 정부는 66%였던 등록 대부업체의 최대 이자율을 49%로 내렸습니다. 대부업체는 49% 이상의 이자를 받으면 불법입니다. 그러자 한 일본계 대부업체는 마치 고객을 위해 이자율을 내린 것처럼 TV에서 CF를 연신 틀어댑니다.

법을 개정하며 정부는 서민들의 사금융 피해를 줄이기 위해서라는 친절한 설명을 덧붙였습니다. 그렇지만 49% 이자율에도 돈을 빌리지 못한 낮은 신용의 소비자는 오늘 손가락이라도 맡길 태세로 불법 사금융 시장을 찾고 있습니다. 안토니오가 가슴살이라도 베어 가라며 샤일록에게 돈을 빌릴 때처럼 말이죠.

BIS 비율 보고 저축은행 고르기

저축은행이 시중은행보다 더 높은 이자를 주는 이유는 다른 예금 기관보다 파산할 가능성이 높기 때문입니다. 이처럼 높은 수익은 높은 위험을 동반합니다.

특히 2008년 가을, 자금난을 겪고 있는 건설사들이 늘면서 덩달아 저축은행의 부실이 도마에 올랐습니다. 제1금융권에서 더 이상 대출을 연장받지 못한 일부 건설사들이 저축은행에 비싼 이자를 주며 추가로 대출을 받았기 때문입니다. 저축은행은 건설사들이 담보로 제공한 택지나 미분양 아파트를 믿었지만 부동산 가격이 속절없이 추락하면서 대출액이 담보액을 넘어서서 부실 채권이 된 것입니다. 결국 건설사들의 부실이 저축은행의 부실로 번지고 있습니다. 이자를 많이 준다는 저축은행의 옥석 가리기가 그래서 더 중요해졌습니다.

현행 예금자 보호법은 금융 기관이 문을 닫아도 5천만 원까지 원리금을 보호해 줍니다. 따라서 4,500만 원씩 쪼개 저축은행에 예금하면 안전하면서도 비교적 높은 수익률을 올릴 수 있습니다. 이 경우에도 저축은행이 망하면 금융 당국으로부터 원리금을 돌려받기까지 2~3개월의 시간이 걸린다는 단점이 있습니다. 그래서 상대적으로 안전한 저축은행을 고르는 것이 좋습니다. 상호저축은행 홈페이지에서 경영 공시 창을 통해 시중은행의 BIS 비율을 검색하면 됩니다.

BIS(Bank for International Settlement, 국제결제은행) 비율은 1988년에 국제결제은행이 각 나라 은행의 위험자산(빌려주고 받기 어려운 돈) 대비 자기자본 비율을 규정한 것으로, 은행의 재무 건전성을 살피는 가장 믿음직한 척도입니다. 이 기준에 따르면 각 은행은 위험자산에 대해 최소 8% 이상 자기자본을 보유해야 합니다.

자기자본 비율 = (자기자본/빌려줘서 받기 힘든 자산)×100

: 이자, 금융업의 토대가 되다

자본을 빌려주고 이자를 받는 경제 활동은 금융업의 기초입니다. 따지고 보면 은행도 결국 돈 빌려주고 이자 받는 곳입니다. 18세기에 자본주의가 빠르게 발전하면서 중세 고리대금업은 금융업으로 발전했습니다. 금융업은 곧 돈을 많이 벌어들이는 기업에 투자하는 증서인 증권을 사고파는 증권업으로, 증권업은 이 권리를 다시 사고파는 파생상품과 투자은행(IB)을 만들며 거대한 금융 시장을 형성했습니다.

이론적으로 이자율이 0이 되면 시장은 멈춰 서고 더 이상 커지지 않습니다. 이자율이 높아지면 재화에 대한 구매 욕구가 낮아지고, 시장은 더 천천히 굴러가게 됩니다. 이자는 시장을 굴리는 에너지로, 모든 경제 활동 인구는 이자를 받거나 갚기 위해 시장에 참여합니다.

돈을 발행하는 기관에서도 통제할 수 없을 만큼 시장에 화폐가 늘어나면 이자율을 내리거나 올려서 시장의 화폐량을 조절합니다. 아파트 값이 계속 오르면 소비자들은 은행에서 돈을 빌려서라도 아파트를 구입합니다. 그러면 금융 당국은 은행에서 함부로 돈을 빌릴 수 없도록 이자율을 높입니다. 주택 대출은 줄어들고 아파트 값은 안정을 찾습니다.

시장 참여자들은 이처럼 경제 활동(주택 구입)에서 얻는 이익이 부담해야 하는 이자보다 높은지를 따져봅니다. 부담해야 하는 이자가 더 높다면 새로운 경제 활동에 참여하지 않습니다.

이를 이용해 금융 당국은 말고삐처럼 이자율을 부여잡고 시장의 뜨거움과 차가움을 조절합니다. 이자율은 특히 개인의 신용(credit)에 민감하게 반응합니다. 돈을 떼일 가능성이 높을수록 이자율은 높아지고,

이 원칙에 따라 은행→제2금융권→대부업체→불법 대부업체라는 차등적인 금융 기관이 생겨나며, 순차적으로 이자율이 발생합니다.

∶ 신용소외자 720만 시대, 마이크로 크레딧 운동

금융 회사는 보통 신용을 1등급에서 10등급까지 분류합니다. 이 중 8, 9, 10등급은 제대로 된 은행이나 보험사에서 대출을 받기 어렵습니다. 흔히 이들을 신용소외자라고 합니다. 2008년 통계청의 통계에 따르면 신용소외자는 720만 명에 육박했습니다. 2006년 말에 564만 명이었는데 156만 명이나 늘었습니다. 이들은 돈을 빌려 이자를 갚고 싶어도 쉽지 않습니다. 따라서 신용소외자 대부분이 경제 활동에 참여하고 싶어도 참여하지 못하게 됩니다. 시장은 그만큼 참여자를 잃는 것입니다.

실제로 이들이 금융권 대출에서 차지하는 비율은 2006년 3분기에 15%에서 2007년 2분기에 13.4%로 줄어들었습니다. 신용이 낮은 사람에게 대출해 주기를 꺼리는 것입니다. 우리 인구에서 경제 활동 인구(만 15세 이상 인구 중 일하는 사람과 일할 의사가 있는 사람)는 2,800만 명인데, 이 중 564만 명이 은행 대출이 어려운, 다시 말해 정상적인 경제 활동이 어려운 계층입니다. 당신이 올해 들어 5번의 소개팅에 나갔다면 그중 1명은 신용소외 계층이라는 뜻입니다. 지금 만나는 그녀가 신용소외자일지도 모릅니다.

신용소외자가 늘면 소비가 줄고, 소비가 줄면 기업의 매출이 줄고, 기업은 결국 고용을 줄여 실업자를 만들어냅니다. 신용소외자는 더 늘어나고 시장은 악순환에 빠져듭니다. 정부가 이들의 빚을 대신 갚아서라도 악착같이 시장으로 진입시키려 하는 이유도 이 때문입니다.

그래서 시장은 조선 시대 의창처럼 신용의 늪에 빠진 이들을 구해 줄 제도를 고민하고 있습니다. 마이크로 크레딧은 이렇게 생겨난 운동으로, '아주 작은'이라는 뜻의 'micro'와 '신용'을 의미하는 'credit'이 합쳐진 단어입니다. 이는 은행 등 제도권 금융에서 대출을 받지 못하는 저소득 신용소외 계층에게 특별한 담보 없이 소액의 창업 자금을 아주 낮은 이자율로 대출해 주는 금융 기법입니다. 이를 통해 영세 서민들은 자영업 기반을 마련하고, 여기서 얻는 수익을 다시 마이크로 크레딧 운동에 투자하는 것이지요.

방글라데시의 경제학자 무하마드 유누스는 1974년 신용소외자들에게 무담보로 대출해 주는 '그라민'은행을 만들었습니다(그라민은 방글라데시어로 '시골'이라는 뜻입니다). 수십만 명의 방글라데시 서민들이 이를 통해 신용 사회로 진입했고, 마이크로 크레딧 운동은 세계 50개국으로 퍼졌습니다. 우리도 지난 2003년 사회연대은행을 시작으로 도시 서민을 상대로 한 마이크로 크레딧 운동이 시작됐습니다. 개인당 2천만 원 한도에서 지원되는 이 운동은 해마다 100억 원의 소액 대출과 100억 원의 창업 지원 사업을 진행합니다.

마이크로 크레딧을 통해 돈을 빌려 간 채무자들의 채권 상환률은 놀라웠습니다. 2007년 5월 기준으로 방글라데시 그라민은행의 상환률은 98.85%입니다. 마이크로 크레딧 중 하나인 미국 엑시온은행 채무자들의 창업 성공률은 96%를 넘었고, 대부분이 제때 상환하고 있습니다.

위험한 만큼 높은 이자를 받지 않는, 지극히 반경제학적인 착한 자본의 성공을 증명한 무하마드 유누스는 2007년 노벨 경제학상이 아닌 노벨 평화상을 받았습니다.

: '낮은 이자'를 조심해야 하는 이유

지금의 금융 위기를 불러온 주범은 낮은 이자율입니다. 미국에서는 낮은 금리로 부자들이 집을 사고, 이어 너도나도 집을 사자 주택 가격이 해마다 치솟았습니다. 정부는 서브프라임 모기지라는 서민들을 위한 대출 제도까지 만들어 주택 구입을 부추겼습니다.

하지만 영원히 오를 줄만 알았던 미국의 주택 가격은 어느 날 급락했고, 마땅한 소득이나 자산이 없던 서민들은 원리금을 갚을 방법이 없어졌습니다. 이들이 빚을 갚지 못하자 이들에게 돈을 빌려준 금융 기관들이 하나둘 넘어가기 시작했습니다.

이자는 이처럼 모든 시장의 창조자며 관리자이지만, 어느 순간 시장이 과열되면 시장의 정리자가 돼 시장 참여자들의 욕심을 책망합니다.

정부는 각종 대출 규제를 풀고 금리를 낮춰 미분양 주택 문제를 해소할 계획입니다. 분양가를 낮춰 구매력이 낮은 서민들이 주택을 구입할 수 있도록 하는 게 아니라, 구매력이 높은 기존의 주택 소유자들이 대출을 통해 추가로 구입하는 식으로 이 문제를 풀겠단 뜻입니다. 하지만 주거를 위한 주택이 아닌 투자나 투기를 위한 주택 정책이라는 지적이 이어지고 있습니다. 이 과정에서 낮은 금리가 투자의 탈을 쓴 투기의 도구로 변질될 수 있다는 우려도 커지고 있습니다.

정부는 지난 10년 동안 미국에서 머물다 이제는 파도가 돼 세계 금융 시장을 덮친 '저금리 주택 대출'이라는 전가의 보도를 또 빼들었습니다. 이자가 시장을 살리는 명약이지만 과하면 시장을 죽이는 독약이라는 사실을 우리 정부가 간과한 것은 아닐는지요.

짐바브웨에서는
닭 한 마리가 1,500만 달러

 돈을 마구 찍어내면 안 되는 이유

> 자고 일어나면 물가가 오르면서 짐바브웨의 달러 가치는 일주일 전보다도 40% 이상 급락했습니다. 수도 하라레에서는 굶주린 어린 아이들도 길에 떨어진 100짐바브웨달러를 줍지 않는다고 현지 UN 관계자가 전했습니다. 총선이 다가오면서 집권 여당은 화폐 발행 속도를 더욱 높일 것으로 전망돼, 짐바브웨의 인플레이션은 당분간 경제 기록을 계속 갈아치울 것으로 보입니다.

가난한 딸기나라가 마구 돈을 찍어냅니다. 시중에 돈(유동성)이 마구 풀립니다. 이 돈으로 학교도 세우고 도로도 건설하고, 주머니가 두둑해진 국민들은 옷도 음식도 승용차도 마음껏 살 수 있습니다. 딸기나라는 곧 부자가 되겠군요?

불행히도 그렇지 않습니다(그랬으면 경제학자들은 모두 실업자가 되거나 성직자가 됐겠죠). 그럴 수 없다는 평범한 경제 원리를 아프리카 남부의 작은 나라 짐바브웨가 말해 줍니다.

2008년 2월 AP통신은 아프리카 남부 짐바브웨의 소비자물가 상승률이 2007년 12월의 6만 6,212%에서 10만 580%로 폭등했다고 전했습니다. 불과 2개월 사이에 돈의 가치가 절반 가까이 떨어진 것입니다. 식품점에서 미화 기준으로 2달러짜리 닭고기 1킬로그램을 구입하려면 1,500만 짐바브웨달러를 지급해야 합니다. 닭고기 1킬로그램을 위해 수레에 돈을 쌓아야 할 형편입니다. 지금 짐바브웨에서는 호텔에서 아침 식사로 프렌치프라이와 에그롤을 주문할 경우 450만 짐바브웨달러를 내야 합니다. 이처럼 돈의 가치가 떨어져 물가가 계속 오르는 것을 인플레이션(inflation)이라 합니다.

살인적인 인플레라는 이라크의 물가인상률이 60%에 불과한 것에 비춰보면 짐바브웨의 인플레는 기록적입니다. 돈의 가치가 한없이 추락하면서 1달 월급으로 버스 한 번 타기 힘든 상황이 됐습니다. 화폐 가치가 떨어지면서 지난 1996년에 200달러였던 짐바브웨의 1인당 국내 총생산은 2007년 말에는 9달러까지 추락했습니다.

그런데도 짐바브웨 정부의 공식 환율은 미국 돈 1달러＝10만 짐바브웨달러입니다. 실질 환율보다 수십 배 높습니다. 따라서 짐바브웨달러를 갖고 있지 않아서 미화나 신용카드로 계산한다면 자칫 택시비로 수백 달러를 지급할 수도 있습니다.

⁛ "지갑은 두툼한데 살 게 없어요"

시중의 통화량이 너무 넘치면 돈의 가치가 그에 비례해서 떨어집니다. 화폐도 수요와 공급의 법칙을 따르기 때문입니다. 화폐의 유통량이 2배가 되면 소비자는 소비를 늘리고 공급자는 이에 맞춰 가격을 올립니다. 예전엔 1만 원으로 딸기 100개를 샀지만 이제 1만 원으로 50개밖에 못 삽니다. 따라서 소비자의 구매력은 사실상 달라지는 게 없습니다. 그만큼 물가가 오르기 때문입니다. 그래서 딸기나라가 아무리 돈을 찍어내 봤자 말짱 도루묵입니다.

2008년, 서울의 물가도 남부럽지 않게 치솟았습니다. 자동차와 휘발유 가격은 물론 주택에서 의류까지 서울의 물가는 이미 뉴욕의 물가지수를 뛰어넘었습니다. 리바이스 청바지는 뉴욕보다 비싸고, 밀가루는 세계 도시 평균의 2.5배, 쇠고기 등심은 4.2배, 올리브 오일은 2배나 높습니다(KOTRA/2008년 9월).

하지만 소득은 제자리걸음을 하면서 소비자들의 구매력은 뒷걸음질치고 있습니다. 실질 구매력을 나타내는 2008년 3분기 실질 GNI(통계청)는 지난해 같은 기간보다 3.5% 줄어서 1998년 외환 위기(-9.6) 이후 최악을 기록했습니다. 두툼해진 지갑은 알고 보면 얇아진 셈입니다.

1921년 1월에 독일 일간신문 가격은 0.3마르크였습니다. 1차대전 후 미국 등 승전국들은 패전국 독일에 1,300억 마르크라는 천문학적인 전쟁 보상금을 요구합니다. 이를 위해 독일은 엄청나게 화폐를 발행했습니다. 그러자 시중의 화폐 가치도 빠르게 떨어졌습니다. 2년이 채 안 된 1922년 11월에는 신문 1장 값이 7,000만 마르크가 됐습니다. 노동자들의 월급이 100마르크에서 10만 마르크로 뛰었지만, 100마르크로 살 수 있던 감자 1킬로그램을 10만 마르크를 주고 사야 했습니다. 유통되는 화폐는 늘었지만 소비자의 형편은 전혀 나아지지 않았습니다. 지독한 인플레이션이 찾아온 것입니다.

당시 독일의 농부가 수레에 돈을 가득 싣고 시장에 물건을 사러 갔습니다. 잠시 장을 보고 돌아왔더니 돈은 두고 수레만 가져갔더랍니다. 이 일화는 경제학에서 화폐 가치의 하락을 설명할 때 늘 등장하는 사례입니다. 실제로 지난 1999년 인도네시아가 외환 위기를 겪을 때 돈으로 벽지를 사는 것보다 차라리 돈으로 벽을 바르는 편이 더 싸게 먹혔다고 합니다. 그만큼 화폐 가치가 떨어진 것이죠.

이처럼 돈이 너무 풀려서 돈의 가치가 떨어지는 것을 막기 위해 나라마다 중앙은행을 만들어 시중의 화폐량을 조절합니다. 지나치게 돈이 많이 풀리면 소비자는 딸기가 1킬로그램당 100만 원이라 해도 사려고 할 것입니다. 딸기 농장의 주인 역시 비싸게 내놓아도 잘 팔리니까 자꾸 값을 올리려 들 것입니다. 재화뿐 아니라 서비스도 마찬가지입니다. 시중에 돈이 많이 풀리면 동네 목욕탕 값이 2배로 올라도 소비자들이 몰려들겠죠.

이렇게 화폐 가치의 하락으로 지속적으로 물가가 오르는 것을 인플레이션이라고 합니다. 너도나도 부자가 된 것 같지만 사실은 자기도 모르게 가난해지는 것입니다.

인플레이션으로 물가가 치솟으면 현금을 갖고 있는 사람은 손해를 봅니다. 1달 전에는 1,000원에 딸기 5개를 샀는데 물가가 올라서 3개밖에 안 주니까요.

재산은 보통 실물자산과 화폐자산으로 구분합니다. 실물자산은 집이나 자동차, 쌀 같은 재화를 말합니다. 화폐자산은 말 그대로 현금이나 수표 같은 돈을 말합니다. 보통 인플레이션이 발생하면 화폐 가치가 떨어집니다. 따라서 돈을 쥐고 있는 사람은 손해를 봅니다. 예를 들어 채권자는 손해를 보고 빚을 진 채무자는 이득을 봅니다. 화폐 가치가 하락하면 소비자는 예금을 줄입니다. 이처럼 소비자는 인플레가 오면 화폐자산을 처분하고 실물자산을 취득하려 듭니다.

이 때문에 실질자산의 수요가 높아지고 가격은 급등합니다. 실질 가치가 유지되면서 명목 가치가 오르는 자산을 사려 하기 때문입니다. 인플레가 오면 대표적인 실질자산인 아파트 값이 급등하는 이유도 이 때문입니다. 소비자들은 화폐자산인 예금을 찾아 실질자산인 부동산에 투자합니다.

: 인플레이션의 악순환

100만 원을 연 이자율 10%짜리 적금에 넣어둔 이호리의 통장, 1년 뒤 110만 원으로 불었습니다. 그런데 그동안 인플레가 심해져서 물가가 10% 올랐습니다. 따라서 이호리 통장의 110만 원은 1년 전 100만 원과 똑같은 셈입니다. 이호리는 적금을 해약해 100만 원은 피아노를 사고 10만 원은 저축하려 했지만, 피아노의 가격이 10% 올라 110만 원이 됐습니다. 이호리의 구매력은 나아진 게 없습니다. 이처럼 구매력은 물가상승률과 실질이자율에 의해 좌우됩니다.

국제 원자재의 급등으로 물가가 치솟으면서 2008년 4월의 물가상 승률은 4%였습니다. 정부가 제시한 평균이자율(명목이자율)은 5% 정도입니다.

실질이자율 = 명목이자율 - 물가상승률

따라서 실질이자율은 1%(5%(명목이자율)-4%(물가상승률))입니다. 따라서 이호리가 100만 원을 1년간 예금해도 실제 얻을 수 있는 수익은 1만 원에 불과하다는 뜻입니다. 만약 물가가 더 치솟아 2008년 한 해 동안 물가상승률이 6%를 넘는다면 1년 간 100만 원을 예금해도 사실은 1만 원의 손해를 보게 됩니다. 예금을 할수록 손해를 보는 것입니다.

같은 이유로 매월 수십만 원의 보험료를 내고 30년 후 1억

원의 보험금을 받는다고 해도, 물가가 해마다 5%씩 오른다면 그 가치는 지금의 1,500만 원 수준으로 떨어집니다. 이처럼 실질이자율은 명목이자율에 비례하고 물가상승률에 반비례합니다. 물가가 높아질수록 실질이자율은 떨어진다는 뜻입니다. 따라서 실질이자율을 높게 유지하려면 물가를 관리해야 합니다.

현금의 가치가 떨어지면 소비자들은 저축을 하지 않게 됩니다. 저축을 하지 않으면 은행이 기업에 빌려줄 돈이 없어지고, 은행은 더 높은 이자를 받게 됩니다. 기업은 돈을 빌려 투자를 못하니 일자리를 늘릴 수도 없습니다. 일자리가 줄어드니 실업이 늘고 소비자들의 주머니는 더 가벼워져 소비는 줄어들고 시장은 더욱 위축됩니다.

인플레이션은 화폐 가치를 떨어뜨려 근로자의 월급 봉투를 더 얇아지게 만듭니다. 그렇게 되면 근로자들의 임금 상승 요구는 더 거세집니다. 그만큼 물가는 올라갑니다. 구매력이 떨어진 소비자는 당연히 소비를 줄이겠죠. 경기 침체가 시작되는 것입니다. 그래서 정부는 악착같이 물가를 잡으려 듭니다.

⦂ 인플레이션의 원인

인플레이션은 보통 시중 통화량이 늘어서 발생합니다. 이를 화폐 수량적 인플레이션이라고 합니다. 물가상승의 근본 원인이 통화량 증가에 있다고 보는 것입니다. 늘어난 화폐는 가수요를 부르고 불필요한 소비를 가져옵니다. 이를 수요 견인형(demand-pull) 물가인상이라고 합니다.

반대로 공급 측면에서 물가가 오를 수도 있습니다. 캘리포니아의 가뭄으로 산지 오렌지 값이 올라서 국내 오렌지주스 값이 오르거나, 또는 국제 유가가 올라서 국내 휘발유 값이 올라가는 경우도 공급으로 인한 물가인상입니다. 이를 비용 인상형(cost-push) 물가인상이라고 합니다.

여기서 통화량의 증가는 시중 화폐량의 증가 또는 시중 화폐의 유통량 증가를 의미합니다. 계산해 볼까요? 시장에 1원짜리 전체 화폐가 1,000장이 풀렸고 이 화폐들이 모두 50회 유통됐다면, 전체 시장의 화폐 거래 금액은 1×1,000×50회=5만 원입니다. 이를 기호로 바꾸어 화폐의 수량을 M(1,000장), 물가 수준을 P(1), 화폐의 총량을 T(5만 원), 화폐가 유통된 횟수를 V(50)라고 하면 일정한 기간에 거래된 총 화폐의 거래 금액(PT)은 총 화폐 지출 금액(MV)과 같습니다. 어빙 피셔는 이를 화폐의 교환 방정식으로 다음과 같이 간단하게 풀어냈습니다.

화폐의 교환 방정식

MV(1,000장×50) = PT(1×5만 원), 따라서 P = MV/T

따라서 화폐의 수량(M)이나 화폐가 유통된 횟수(V)가 많을수록 물가 수준(P)이 높아진다는 설명이 가능해집니다. 다시 말해 시중의 화폐량이 늘어도 유통되는 횟수가 준다면 총 통화량은 늘어나지 않고 인플레이션도 오지 않습니다. 하지만 보통 화폐량이 늘면 화폐의 유통량(화폐가 거래되는 횟수)도 늘게 마련입니다. 그래서 소비자의 지출이 증가해도 인플레이션이 올 수 있습니다. 경제학은 이처럼 통화량이 늘면 인플레이션이 온다고 설명합니다. 정부가 통

화량을 통해 인플레이션을 조절하는 이유도 이 때문입니다.

　비용 인상형 인플레이션으로 대표적인 것이 임금 인상입니다. 기업의 입장에서 임금은 일종의 비용이므로 비용이 증가하면 제품의 가격이 오르고 이 때문에 인플레이션이 온다는 것입니다. 물론 임금이 오른다고 반드시 물가가 인상되는 것은 아닙니다. 다만 임금 인상률이 노동 생산성보다 높을 때 인플레이션이 발생합니다. 근로자들이 늘어난 임금보다 많이 생산하면, 또는 더 좋은 제품을 생산하면, 기업은 제품 가격을 내리고 물가는 오히려 떨어집니다.

　같은 논리로 기업이 기술 혁신 없이 똑같은 제품에 이윤을 더 붙여 가격을 높여도 인플레이션의 원인이 될 수 있습니다.

필립스 곡선

　필립스 다리미의 아름다운 곡선이 아니라, 영국의 학자 필립스가 1958년 자신의 논문에서 발표한 이론입니다. 경기가 침체되면 물가가 내리고, 경기가 좋아지면 물가도 오르기 마련입니다. 시중에 돈이 많이 풀리면 기업은 더 많이 고용하려 하기 때문에 실업률이 낮아지고, 반대로 실업률이 높아지면 소비자들은 수요를 줄여 물가가 오히려 낮아지며 인플레이션도 그만큼 잦아든다는 이론입니다. 경제 활황기에는 실업률이 감소하고 소득이 증가하지만 결국 시중에는 점차 통화량이 늘어나고 인플레이션을 일으키게 됩니다.

　반대로 경기 침체 시에는 소비가 위축되고 기업의 생산이 줄어 실업률이 높아지지만 통화량이 줄어 인플레이션의 위험이 줄어듭니다. 이 때문에 경제 당국은 인플레이션을 피하자니 실업률이 올라가고, 실업을 피하려니 인플레이션이 심해지는 딜레마에 빠집니다. 예를 들어 미국은 공화당이 집권하면 실업률보다는 인플레이션을 잡는 데, 민주당이 집권하면 인플레이션보다는 실업률을 잡는 데 정책을 집중합니다. 경제가 지속적으로 성장한다면 실업률도 '0', 인플레이션도 '0'인 지점이 가능해집니다. (하지만 이론일 뿐이죠. 실업률이 0인 사회가 가능하겠어요?)

하지만 세월이 흐르면서 필립스 곡선은 설득력을 잃고 있습니다. 1970년대 세계 경기가 크게 후퇴했는데도 물가는 계속 올랐습니다. 필립스 곡선 이론은 크게 흔들렸고, 경제학자들은 이를 스태그플레이션(stagflation)이라는 단어로 설명했습니다. 유가와 원자재 그리고 각종 비용이 뛰는 상황에서는 경기가 악화돼도 물가가 오를 수 있다는 이론을 만들어냈습니다. 2008년에는 경기 침체로 실업률이 높아지는데도 물가가 계속 올랐습니다. 물가가 오르면 명목소득은 오르지만 매출이 한계에 다다른 기업은 고용을 오히려 줄일 수도 있습니다. 반대로 고용을 늘려 실업률이 낮아져도 인플레이션이 심해지기는커녕 소득이 높아진 소비자들 덕분에 인플레이션 없이 성장률이 높아지기도 합니다.

시카고 학파의 태두 밀턴 프리드먼 교수는 이미 40년 전에 필립스 곡선은 환상이라고 지적했습니다. 불가피한 실업률이 존재하는데도 정부가 이를 줄이기 위해 시중에 계속 돈을 풀면 인플레이션만 심해질 것이라고 설명했습니다(자연 실업률 가설). 실제로 70년대에 인플레와 실업률이 같이 오르면서 결국 필립스 곡선은 교과서 속으로 사라졌습니다.

유동성의 달콤한 유혹

미국 금융 시장의 위기가 이어지면서 금융 위기가 실물경제로 빠르게 번지고 있습니다. 2008년 9월 리먼 브라더스의 파산은 월스트리트라는 생물(生物)에게 사실상 사망 선고를 내렸습니다. 100년 가까운 역사를 가진 미국의 내로라하는 은행들이 차례로 파산했습니다. 원인은 저금리로 풀린 엄청난 유동성이었습니다.

2008년 10월, 미국 정부는 돈이 필요하다고 아우성치는 은행과 기업에 7천억 달러라는 천문학적 현금을 공급하기로 했습니다(한국 정부 1년 예산의 30배 수준입니다). 이미 돈이 넘쳐 병든 시장에 그 치료약으로 다시 엄청난 유동성을 공급하기로 한 것입니다.

이도 모자라 금리를 속절없이 낮추고 있습니다. 시장에는 더 많은 현금이 유통될 것입니다. 덕분에 미국 정부는 2009년 한 해에만 2,600조 원의 빚을 떠안게 됐습니다.

그렇다면 지난 20년 동안 시장에 공급한 유동성은 모두 어디로 사라진 것일까요? 그 많은 현금은 왜 내 지갑에는 없는 것일까요?

앞서 배운 화폐의 교환 방정식(103쪽 참고)에서 해답을 찾을 수 있습니다. 시장 전체에 유통되는 화폐의 총량(T)이 일정하고 사람들의 소비(화폐의 유통 속도 V)도 일정하다고 가정할 때 시장에 공급되는 통화량(M)이 늘면 당연히 가격(P)이 통화량에 비례해서 올라야 합니다. 따라서 FRB가 시장에 계속 현금(M)을 공급할 경우 가격(P)은 그에 비례해서 올라야 합니다. 지나친 유동성이 인플레이션을 유발하는 이유도 이 때문입니다.

그런데 미국 경제에 인플레이션이 생기지 않는 이유는 무엇일까요? 이유는 화폐의 거래 속도(V)에 있습니다. 소비자들이 재화나 서비스를 사고팔지 않으면서 화폐가 거래되는 빈도가 크게 줄어든 것입니다.

경제 규모는 재화나 서비스가 거래된 횟수와 크기로 결정됩니다. 한 나라의 GDP도 결국은 재화와 서비스의 거래 횟수입니다. 경기가 침체되면서 결국 화폐의 거래 속도(V)가 줄어들면 가격(P)도 낮아질 수밖에 없습니다. 돈이 아무리 풀려도 돌지 않는 것입니다. 이 때문에 미국 시장에 엄청난 유동성이 공급돼도 인플레이션이 생기지 않는 것입니다.

우리 시장의 인플레이션 위험이 상대적으로 덜한 이유도 이 때문입니다. 미국 경제와의 연동화로 미국의 금융 위기가 우리 실물 위기로 번지고 있지만, 우리 시장 역시 화폐의 거래 속도(V)가 빠르게 줄면서 물가인상, 인플레이션의 위험은 그만큼 덜해졌습니다.

하지만 언젠가 소비가 늘어 경기가 좋아지고 시장에 웃는 소비자들이 늘어날 무렵, 천문학적인 유동성은 언제든 성장의 가면을 쓰고 인플레이션을 불러올 수 있습니다. 금융 당국은 또 금리를 낮추며 불붙은 시장을 진정시키려 하겠지만 한번 붙은 불꽃은 사그라질 때까지 그 거품의 빛을 다 태우겠죠.

시장엔 또 지금처럼 요란한 분석과 자책이 남겠지만 후회는 늘 늦는 법. 우리가 지금 겪는 쓰라린 시장 실패의 경험을 그때도 고스란히 되풀이할 것입니다.

2008년을 1개월 앞두고 미국 정부는 금융권에 대한 유동성 지원과 별도로, 저물어가는 GM 등 자동차 빅3에 다시금 250억 달러를 지원할 계획이라고 발표했습니다. 110여 개 미국의 시중은행들이 구제금융을 신청한 지 불과 1달 만입니다. 그 많은 달러를 삼키고도 체하지 않는 미국 경제의 소화력이 참 대단해 보입니다.

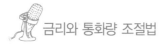

문제는 인플레야,
이 바보야!

 금리와 통화량 조절법

> 사뿐히 내려앉은 S-3B 바이킹 전투기에서 부시 대통령이 모습
> 을 드러냈습니다. 부시 대통령은 장병들과 일일이 악수하며 밝은 표
> 정으로 전쟁은 끝났다고 전했습니다. 부시 대통령의 종전 선언은 간
> 단했지만 뚜렷했고, 백악관의 정치적 제스처는 그의 취임 이후 가장
> 성공적이었다고 외신은 전했습니다. 핵 항공모함 링컨호에서 진행된
> 부시 대통령의 오늘 회견은 생방송으로 미국 전역에 방송됐습니다.

전쟁처럼 돈을 많이 쓰는 이벤트가 또 있을까요? 테러와의 전쟁으
로 너무 많은 달러를 쓴 미국 정부의 곳간은 이미 오래전에 적자로
돌아섰습니다. 미국은 갑자기 찾아온 금융 위기도 다시 유동성을 공
급하는 수법으로 돌파구를 찾고 있습니다. 경상 수지 적자와 재정 적
자로 세계에서 가장 빚을 많이 진 적자 국가 미국의 '돈 보따리 풀기
전법'이 언제까지 유효할까요?

2003년 5월 1일, 부시 대통령이 전투기에 탄 채로 핵 항공모함 링컨호에 착륙합니다. '충격과 공포'의 무차별 공습으로 이라크 침공을 개시한 지 43일 만에 종전을 선언했습니다. 그후로 5년이 흘렀지만 전쟁은 끝나지 않았습니다. 그사이 미군 4,000여 명이 이라크에서 숨졌습니다(9 · 11 테러로 숨진 미국인은 2,749명입니다).

전쟁으로 인한 지출은 눈덩이처럼 불어 2008년 미국의 국방비는 7천억 달러를 돌파할 것으로 보입니다(클린턴 행정부 시절 한 해 국방비는 2,700억 달러). 이 전쟁에서만 미국은 지난 5년간 7,051억 달러를 썼고, 미 정부의 빚은 10조 달러에 육박하고 있습니다. 전쟁은 끝나지 않았고 미국은 사실상 상환이 불가능한 빚쟁이로 변해 가고 있습니다.

⁝ 경제의 아킬레스건 인플레이션은 어떻게 잡지?

국가는 재정을 세금으로 충당합니다. 하지만 세금 수입보다 지출이 늘면 재정 적자가 심해집니다. 2008년 미국의 재정 적자는 4,100억 달러를 돌파할 것으로 예상됩니다. 이렇게 적자가 심해지면 국가는 채권을 발행해 현금을 마련합니다.

하지만 채권은 만기가 되면 돌려줘야 하는 일종의 빚입니다. 갈수록 빚쟁이가 돼가는 미국 정부는 결국 달러를 더 찍어내고 있습니다. 하지만 달러를 너무 찍어내다 보니 시중에 통화량이 늘어납니다. 인플레이션에 대한 우려가 커집니다.

시중에 너무 많이 풀린 달러는 결국 2007년 겨울 서브프라임 모기지 사태를 불러왔습니다. 은행들은 앞다퉈 소비자를 유혹했고, 유혹에 넘어간 소비자들은 대출을 받아 집을 사들였습니다. 거품은 터졌고 집값은 급락하고 있습니다. 집이 경매로 넘어가는 소비자들이 늘자 이번엔 너도나도 소비를 줄입니다. 경기 침체가 뚜렷해졌습니다.

2008년 가을, 서브프라임 모기지로 인해 사실상 월스트리트가 사망선고를 받자 금융 당국인 FRB는 경기 침체를 막기 위해 2004년 이후 최저 수준인 1%까지 금리를 내렸습니다(FRB는 지난 14개월 동안 모두 9차례에 걸쳐 금리 인하를 단행했습니다). 5.75%였던 미국의 금리는 2008년 크리스마스를 앞두고 사실상 제로 금리가 됐습니다.

그런데도 주택 경기는 계속 가라앉고 경기 침체는 가속화됩니다. 넉넉한 유동성에 익숙해진 미국 경제는 더 많은 달러 공급을 원하지만 적자가 심해진 정부는 더 이상 달러를 찍어내기 힘들어졌습니다. 미국 중앙은행이 선택할 만한 재정 정책은 없고 미국 경제는 외통수에 몰렸습니다.

자, 그렇다면 각국 정부는 어떻게 경기를 조절해 나갈까요?

1. **경기가 너무 과열될 경우** 중앙은행이 기준 금리를 올립니다. 이자율이 높아지면 기업은 투자보다는 저축을 선호하게 됩니다. 시중의 여유 자금이 은행으로 흡수돼 물가가 안정됩니다. 반대로 금리가 오르면 대출을 받아 투자한 기업은 이자 부담이 늘어나 투자 규모를 줄입니다. 그리고 물건 값을 내려서라도 더 팔려고 합니다. 이렇게 뛰는 물가를 잡는 것입니다.

2. **경기가 너무 침체될 경우** 중앙은행이 기준 금리를 내립니다. 은행에 저축해 봤자 이자도 조금밖에 안 주니까 차라리 소비를 선택합니다. 물가가 낮아지면 시장의 소비가 늘어납니다. 기업도 싼 은행 이자를 이용하니까 돈을 더 빌려 신입사원도 새로 뽑고(신규 고용) 장

비도 새로 들여옵니다(설비 투자). 소비가 늘고 매출도 늘고 생산도 늘고 고용도 늘어납니다. 한마디로 경기가 살아납니다.

금리를 이용해 통화량과 물가를 잡는 방법 말고도, 정부는 세금을 줄이거나 늘려서, 또 정부의 지출을 늘리거나 줄여서 시중의 통화량을 조절합니다.

시장에 대한 정부의 개입을 늘려야 한다는 케인즈의 이론처럼 신케인즈 학파는 인플레이션이 발생하면 정부의 개입을 늘려 통화량을 줄이고 정부의 지출을 줄여야 한다고 주장합니다.

⠿ 금리 조절법

그렇다면 금리는 어떻게 조절할까요? 몇 가지 방법이 있습니다.

1. **중앙은행이 콜금리를 인상합니다.** 금융 당국이 콜금리를 올리면 당연히 시중금리가 올라가게 됩니다.

2. **1을 재할인율로도 해석할 수 있습니다.** 재할인율은 중앙은행이 시중은행에 돈을 빌려줄 때 적용하는 이자율입니다. 당연히 재할인율을 높이면 시중은행은 이를 만회하기 위해 일반 소비자에게 더 높은 이자를 받아야 하므로 시중금리가 오를 수밖에 없습니다.

3. **지급준비율을 올리는 방법도 있습니다.** 지난 2007년 한국은행은 지급준비율을 5%에서 7%로 올렸습니다. 이는 고객들이 언제든 몰려와 예금한 돈을 찾아갈 수 있으니 예금 총액 7%만큼은 곳간에 보유하고 있으라는 뜻입니다. 이렇게 빌려줄 돈이 한정될수록 은행은 돈이 부족하니 더 높은 금리로 대출하겠죠. 결국 시중금리가 높아집니다. 이자를 더 주게 되니 소비자들은 저축을 더 많이 하겠죠. 이렇게 지급

준비율을 2%만 올려도 시중 여유 자금이 100조 원 정도 은행으로 흡수됩니다.

4. 또 하나 공개시장 조작입니다. 말 그대로 중앙은행이 공개적으로 시장에 돈을 푸는 방법입니다. 중앙은행이 시중은행을 통해 시장에 돈을 공급하는 방법은 두 가지입니다. 현금을 주거나(현금을 조폐공사에서 만들어주는 것) 시중은행이 발행하는 채권을 사주는 것입니다. 시중은행의 채권을 사주면 시중은행은 중앙은행으로부터 받은 채권 값(현금)으로 금고가 채워져 더 많이 대출할 수 있습니다. 당연히 금리는 내려갑니다. 반대로 중앙은행이 채권을 팔면 시장에 돈이 줄어들기 때문에 금리는 오를 수밖에 없습니다.

⁝ FRB와 인플레의 100년 싸움

미국은 90년 전에 연방준비제도이사회 FRB를 만들어 물가와 금리를 조절하고 있습니다. FRB 산하 공개시장위원회에서 금리를 결정하고, 이를 통해 미국과 국외에서 사용되는 달러의 통화량을 조절합니다.

미국의 금리는 곧 세계 경제에 영향을 미치기 때문에 FRB의 금리 결정은 월스트리트는 물론 전 세계 금융 시장에서 초미의 관심사입니다. FRB 의장의 말 한마디가 증시에 큰 영향을 미치는 이유도 이 때문입니다. 공개시장위원회의 회의를 앞두고 기자들은 FRB 의장의 표정까지 살핍니다.

앨런 그린스펀 전 FRB 의장의 말은 모호하고 어눌해 늘 기자들의 호기심 대상이었습니다. 그의 말 한마디가 시장 금리와 유동성 그리

고 증시의 척도가 됐습니다. 그래서 '그린스펀 효과'라는 말까지 생겨났습니다. 기자들은 그의 말이 늘 방패와 갑옷으로 둘러싸여 있다고 평가했습니다. 그린스펀은 지난 2006년 1월, "내 말이 지나치게 알기 쉬우면 오해하기 쉬울 것"이라는 말로 FRB 의장직을 사직했습니다.

그는 재임한 18년 동안 인플레이션과 싸움을 벌였고, 2000년대 초 미국 경제가 크게 살아나면서 결과적으로 승리한 장수로 기억됐습니다. 지난 1998년에는 다우존스가 곤두박질치자 금리를 극단적으로 떨어뜨리면서 반전시키기도 했습니다.

하지만 그의 초저금리 정책은 오늘날 유동성 과잉의 단초가 됐고, 그의 명성은 시장 부양을 이끈 명장에서 거품 경기의 주범으로 곤두박질치고 있습니다.

그린스펀의 청혼

1923년에 태어난 앨런 그린스펀은 지난 1987년부터 FRB의 의장을 맡아 미국 경제와 세계 경제의 조타수 역할을 했습니다. 미국의 대통령은 5년마다 바뀌었지만 이 '경제 대통령'은 20년 가까이(1987~2005) 집권한 셈이지요. 18년간 미국 경제를 잘 지켜왔지만, (세계 경제를 쥐고 흔들었던 그의 연봉은 1억 7천만 원 수준이었습니다) 엄청난 재정 적자와 달러화 가치 하락을 다음 의장인 버냉키에게 물려주면서 독이 든 성배를 물려줬다는 평가를 받고 있습니다.

그린스펀이 줄리어드 음대 출신이라는 사실을 아는 사람은 드뭅니다. 그는 음대에서 클라리넷을 전공했으며 대학원에 가서야 경제학을 공부하기 시작했습니다. 그의 탁월한 수리력과 경제적 직관은 증권 브로커였던 아버지에게서 물려받은 것 같습니다. 그는 특히 어눌한 말, 행간을 비껴 가는 말로도 유명합니다. 경기가 풀릴 것 같느냐는 질문에 "춥긴 추운데……"라는 식으로 답하곤 했습니다. 심지어 기자 출신인 그의 아내는 그린스펀이 3번이나 청혼한 뒤에야 무슨 뜻인지 알아차렸다고 하니까요.

그런 그가 2006년 FRB 의장 자리를 벤 버냉키에게 넘겨준 뒤, 직설 화법으로 돌변한 것을 두고 미 언론의 해석이 여러 가지입니다. 최근 중국의 증시를 놓고도 거품이 가득하다고 직격탄을 날렸더군요. 그가 혹시 대중들로부터 잊혀지는 것을 두려워하는 것은 아니냐는 지적입니다. 그래서인지 그는 자서전에서 이라크전은 석유 때문이었다고 고백하며, 자신을 믿어줬던 부시 대통령에게 또다시 직격탄을 날립니다. 그가 이 자서전으로 받은 인세는 900만 달러입니다.

⦂ 세계 금융 시장을 움직이는 리보 금리와 TB

금리는 이처럼 경제의 나침반입니다. 각 나라가 기준 금리를 갖고 있듯이 전 세계 은행의 금리 기준은 보통 리보(LIBOR, London Inter Bank Offered Rate) 금리를 사용합니다. 리보 금리는 영국 런던에서 우량 은행들끼리 돈을 빌려줄 때 사용하는 금리를 말합니다(2008년 10월 뉴욕 금융 시장에서 3개월물 리보 금리는 4.5% 정도입니다). 우리로 말하면 콜금리입니다. 따라서 국제 금융 기관 간의 돈거래에서는 보통 리보 금리가 기준이 되는 경우가 많습니다.

예를 들어 우리 기업이 외국 은행에서 돈을 빌릴 때도 리보 금리가 기준이 됩니다(물론 우리 같은 아시아 신흥 국가들은 선진국보다 조금 더 비싼 이자를 주고 빌려 옵니다). 따라서 리보 금리가 올라갈수록 기업의 부담도 높아집니다.

또 하나 국제 금리의 기준이 되는 것은 TB(Treasury Bond, 미 재무부 채권)입니다. 미 재무부가 발행하는 채권으로 1년짜리부터 20년 짜리도 있습니다. 2008년 말 기준 2년 만기 TB의 수익률은 2% 정도입니다(금융 시장 위기로 너도나도 안전한 미국 정부의 채권을 사려 하면서 당연히 TB의 이자율이 급락했습니다. 채권은 인수하려는 사람이 많으면 그만큼 이자율이 떨어집니다). TB는 미국 정부가 발행하는 채권인 만큼 안전하기 때문에 금융 기관과 기업들의 경제 활동에서 사용되는 금리의 기준처럼 적용됩니다.

우리 정부가 해외에서 돈을 융통하기 위해 채권을 발행할 경우 보통 TB 금리보다 1%포인트 높은 금리로 발행합니다. 아무래도 우리 정부 채권을 팔려면 미국보다 이자를 더 줘야겠죠.

보통 금융 시장이 불안하면 돈을 빌려주는 은행은 금리를 높입니다. 안전하고 믿을 만한 은행이나 기업에만 돈을 빌려주기 때문입니다. 따라서 서브프라임 모기지 사태 같은 금융 불안이 찾아오면 리보 금리는 급등하게 마련입니다. 하지만 오히려 TB는 반대입니다. 금융 시장이 불안해지면 뭉칫돈들이 안전한 TB 시장으로 몰립니다(미국은 망할 염려가 없는 나라니까요. 망하더라도 가장 나중에 망하겠죠).

따라서 금융 시장이 불안해지면 TB의 수요가 오히려 높아집니다. 그러면 미 재무부는 이자율을 더 낮출 것입니다. 이자를 조금만 줘도 채권을 사려 하니까요. 결국 금융 시장이 불안할수록 TB 금리는 내려갑니다. 따라서 리보 금리와 TB 금리는 거꾸로 가기 쉽습니다. 리먼 브라더스가 파산한 2008년 9월, 하루짜리 달러 리보는 3.33% 급등한 6.44%까지 치솟았지만, 2년 만기 TB 수익률은 급락하여 1.82%까지 떨어졌습니다.

미국의 금리는 세계 금융 시장에 영향을 미칩니다. 미국이 금리를 내리면 미국의 기업은 더 싸게 돈을 빌려 우리 증시에 투자할 수 있습니다. 그래서 미국이 금리를 내리면 우리 증시의 주가가 올라갑니다. 또 금리를 내리면 경기가 좋아지기 때문에 미국의 수입이 늘어나고, 우리 기업의 수출 실적이 좋아져 우리 증시에는 호재가 됩니다. 게다가 우리 기업들이 미국에서 싼 이자로 돈을 빌려 오기도 쉬워지기 때문에 미국이 금리를 내리면 증시가 더 유리해집니다.

또 하나, 미국이 금리를 내리면 달러 값이 떨어지고 그만큼 달러화 자산의 값어치가 떨어집니다. 세계 시장에 떠도는 뭉칫돈들은 당연히 달러화 표시 자산을 떠나서 다른 나라로 발길을 돌리게 됩니다. 역시 우리 증시 환경에 도움이 됩니다.

물론 금리를 내린다고 꼭 증시가 오르라는 법은 없습니다. 경제에는 늘 시장 참여자들의 심리라는 변수가 작용합니다. 2008년 초 서브프라임 모기지 문제가 갈수록 심각해지자 FRB가 또다시 금리를 2%대까지 낮췄습니다. 금리를 내리면 대개는 은행에서 빠져나온 돈이 시장에 풀려 경기도 살아나고 증시도 살아나는 것이 원칙입니다. 하지만 FRB가 금리를 내린다고 발표하던 날, 미 증시는 기다렸다는 듯이 폭락했습니다. 왜일까요?

의사가 환자에게 더 강도 높은 주사를 놓겠다고 통보하면 환자 보호자는 병세가 나아지겠지라고 받아들입니다. 그런데 이런 일이 몇 차례 반복되면 보호자는 병세가 더 악화됐구나라고 해석합니다. 잇따른 FRB의 금리 인하를 놓고, 경제가 호전되겠지라는 기대감 대신 경제가 악화됐구나라는 불안감이 미국 시장에 작용한 것입니다.

⦂ "외팔이 경제학자는 어디에?"

금리를 내리고 올리기에 따라서, 또 통화량을 늘리고 줄이기에 따라서, 시장의 돈 흐름은 그 방향이 바뀝니다. 하지만 경제 정책은 늘 양날의 칼 같은 장단점이 있습니다. 금리를 올리면 물가는 안정되지

만 경기는 침체되기 쉽습니다. 그래서 미국 33대 대통령인 트루먼은 백악관으로 '외팔이 경제학자'를 불러오라고 했답니다. 모든 경제학자들이 대통령에게 경제 정책을 설명하면서 "한편으로는(on the hand)"이라며 장점을 말하고, "또다른 한편으로는(on the other hand)"이라며 단점을 늘어놓으니 정답이 궁금한 대통령은 외팔이 경제학자가 간절했을 것입니다.

만약 그린스펀이 저금리를 이용해 경기 부양을 하지 않았으면, 오늘날 금융 위기는 오지 않았을까요? 미국 경제가 궁지에 몰리면서 시장은 그동안 미국의 금융 정책을 지휘했던 앨런 그린스펀에게 그 책임을 미루고 있습니다. 이 혹독한 금융 위기의 원인을 찾고 싶었던 미국 언론은 그린스펀에게 경제 대통령이라는 별명 대신 '버블 그린스펀'이라는 새 이름을 안겨줬습니다.

그의 저금리 정책은 증시와 부동산 시장을 부양하여 다우존스 1만 4,000 시대를 만들고, 미국의 주택 소유자들에게 한때나마 부자의 꿈을 안겨줬습니다. 그가 만든 버블은 사실 시장 참여자들 모두가 원했던 것입니다. 펀드 투자자들과 주택 대출자들은 모두 대박을 꿈꾸며 대출을 받았고, 그들을 위해 금융 회사들은 앞다퉈 대출 서류에 도장을 찍어줬습니다. 그린스펀은 그런 환경을 제공해 줬을 뿐입니다. 소비자와 은행 그리고 그린스펀은 지난 20년간 우리가 함께 누린 화려한 파티의 공범일지 모릅니다.

후임자 버냉키 FRB 의장은 한발 더 나아가 제로 금리 카드를 빼들었습니다. 지난 20여 년 동안 경험했던 것보다 더 거대한 유동성이 시장에 공급될 것입니다. 먼 훗날 경기가 나아지고 또다시 거품의 책임론이 불거지면 그때는 그 뭇매를 버냉키가 맞을지도 모르겠습니다.

이자율 2% 오르니
33만 원 더 내야

금리의 제왕 CD 금리와 대출

> 한국은행이 유동성을 늘리기 위해 공격적으로 금리를 내렸지만 시중금리는 좀처럼 내리지 않고 있습니다. 은행들이 아직도 현금 구하기에 매달리면서 기업들의 현금 부족도 심화되고 있습니다. 대통령까지 나서서 금리가 너무 높다고 지적했지만 시중 자금은 높은 금리 탓으로 여전히 풀리지 않고 있습니다. 고금리로 인한 기업들의 아우성이 계속되는 가운데 한 은행 관계자는 대통령의 언급만으로 풀리기엔 신용 경색의 정도가 너무 심하다고 전했습니다.

2008년 11월, 한국은행이 목표로 정한 기준 금리는 연 4%였습니다. 실물경제가 빠르게 위축되자 정부는 2월 초 5.25%였던 기준 금리를 세 차례나 공격적으로 인하했습니다. 하지만 시중금리는 요지부동입니다. 주택 담보 대출로 돈을 빌린 소비자들은 여전히 높은 이자를 감당해야 하고, 기업들의 연체율은 올라갑니다. 시중 주택 대출

금리가 8%를 넘으면서 지난해 6%의 변동금리로 1억 원을 빌린 소비자들은 이제 매달 이자로만 20만 원, 1년이면 240만 원을 더 부담해야 합니다.

: 시중금리가 자꾸 오르는 이유

은행은 예금을 받아 곳간을 채웁니다. 그런데 2007년에 너도나도 펀드에 투자하면서 예금하는 소비자가 급감했습니다. '적금 든다'라는 말이 생소해졌습니다. 오히려 예금이나 적금을 깨서 펀드에 투자하는 소비자들도 많았습니다. 2007년에만 15조 원이 은행을 떠나 증시로 향했습니다. 그러자 은행 곳간에 현금이 마릅니다.

은행은 항상 예금자에게 돌려줄 현금을 일정 비율 이상 확보해 놓아야 합니다. 이 비율이 깨지면 은행장이 금감원에 불려 들어가 혼나고, 행여 은행 돈이 바닥났다는 소문이라도 돌면 예금주들이 들이닥칠 수 있습니다. 이 경우 은행은 문을 닫아야겠죠. 정말 큰일 납니다.

게다가 미국발 신용 경색 여파도 더해져 자금 수급 시장의 불확실성이 커졌습니다. 세계 금융 시장의 기본이 되는 리보 금리가 급등하면서 외국에서 돈을 빌려 오기도 어려워졌습니다. 그래서 2007년 말 은행들은 앞다퉈 금리를 높였습니다. 이자율을 높여 돈을 끌어 모으기 위해서입니다.

시중 예금 금리가 7%를 넘나들었습니다. 우리나라 제조업의 한 해 평균 영업 이익률은 6% 정도. 공장을 돌리는 것보다 투자금을 은행에 맡긴 뒤 이자만 받아도 더 이익을 볼 만큼 이자율이 높아졌습니다.

그런데 이자를 이렇게 많이 준다는데도 은행으로 현금이 들어오지

않습니다. 은행은 예금을 받아 대출을 많이 해줘야 돈을 버는데, 빌려줄 돈이 부족합니다. 그러니 은행이 채권을 발행해 현금을 흡수하는 방법뿐입니다. 그 대표적인 방법이 양도성 예금 증서(CD, Certificate of Deposit)입니다. 2007년 말 시중은행의 CD 발행이 급증한 이유입니다.

안정을 찾아가던 시중금리는 2008년 가을 월스트리트발 금융 위기로 다시 급등하기 시작했습니다. 신용 경색으로 너도나도 신용이 위태로워졌습니다. 미국의 은행들이 서로의 곳간을 의심합니다. 은행들이 기업에 빌려준 돈을 회수하기 시작하면서 금리는 순식간에 올라갑니다(이자를 많이 줘야 현금이 들어오니까요).

금리가 가파르게 오르면 시장에서는 소비가 줄어듭니다. 미국 금융 당국도, 우리 금융통화위원회도 부랴부랴 기준 금리를 내렸습니다. 하지만 시중금리가 내려가지는 않습니다.

2008년 봄, 주택 담보 대출 금리의 시금석인 CD 금리는 0.34%포인트, 3년 만기 국고채 금리는 0.39%포인트 내리는 데 그쳐 여전히 2~4% 대를 유지하고 있습니다. 대출금리는 여전히 8~9% 대를 오르내립니다.

글로벌 신용 경색으로 은행들이 여전히 자석처럼 현금을 끌어 모으고 있습니다. 자금난이 의심되는 기업에는 여지없이 만기 연장을 거부하고 있습니다. 게다가 신용경색으로 은행채 발행이 막힌 은행들은 예금 금리를 7~8% 대까지 높여 소비자들을 유혹했습니다. 예금 금리를 8% 가까이 주다 보니 대출 금리를 낮출 수가 없습니다.

금리가 고공행진을 계속하면 대출을 받은 가계나 기업들의 금리 부담이 높아져 고스란히 서민들에게 그 피해가 돌아갈 수밖에 없습니다. 정부는 은행이나 보험사의 국고채를 사주는 방식으로 10조 원 이상의 현금을 풀 묘안을 짜고 있습니다. 하지만 근본적인 해결책은 역시 얼어붙은 신용이 풀리는 것입니다. 은행과 기업 개인에게 묶여 있는 돈이 풀려야 지금의 금융 위기가 눈 녹듯 풀릴 것 같은데요.

⦂ 사고팔 수 있는 정기예금, CD

CD는 적힌 금액만큼 은행이 예금으로 보관한 뒤 만기 때 증서를 갖고 오는 사람에게 그만큼의 금액을 이자와 함께 돌려준다는 약속 증서쯤으로 이해하면 됩니다. 정기예금과 비슷하지만 대신 예금주의 이름을 적지 않아도 됩니다. CD를 발행하면 CD를 인수한 소비자로부터 현금이 은행으로 들어오겠죠. 돈을 많이 융통하려면 그만큼 CD를 많이 발행해야 하고, 이를 위해 CD의 금리를 높여야 합니다. 이자를 많이 줄수록 CD가 많이 팔리겠죠.

이렇게 CD는 지금 적용되는 시중금리를 정확히 반영합니다. CD 금리를 3%에서 5%로 올렸다면 은행은 이를 만회하기 위해 당연히 대출 금리나 예금 금리에도 그만큼의 차이를 반영할 것입니다. 이 때문에 CD 금리가 올라가면 은행의 주택 대출 금리가 덩달아 올라가는 것입니다.

그런데 현금이 부족한 은행들이 앞다퉈 CD를 발행하다 보니 갈수록 CD 금리도 높아집니다. 금융감독원이 지나친 CD 발행을 자제하라고 해도, 현금이 급한 은행에서는 너도나도 높은 금리의 CD를 발행합니다. 이렇게 되면 중앙은행이 아무리 콜금리를 조절해도 약효가 잘 듣지 않습니다.

결국 보다 못한 중앙은행이 시중은행에 긴급 자금을 빌려주기 시작했습니다. 은행들이 갖고 있는 국채를 사주는 것입니다. 말이 그렇지 사실상 강매입니다. 금리 인상으로 국채 값도 오르고 있지만, 현금이 부족한 은행들은 울며 겨자 먹기 식으로 채권을 중앙은행에 팝니다.

은행은 창고에 일정 비율의 현금을 채워놓아야 합니다. 이를 '원화 유동성 비율'이라고 하는데, 은행이 3개월 이내에 상환해야 하는 부채나 예금에 대해 항시 지급할 수 있는 자금을 얼마나 보유하고 있는가를 나타내는 것입니다. 은행이 지나치게 돈을 많이 빌려줘서 은행 창고가 텅 비는 것을 막기 위한 제도로, 금융감독원은 매월 시중은행이 원화 유동성 비율을 100% 이상 유지하도록 관리합니다.

다시 말하면, 3개월치 예금자들이 모두 몰려들어도 돌려줄 수 있을 만큼 은행 창고를 채워놓으라는 말입니다. 이를 지키기 위해 2007년 말 은행들은 필사적으로 CD를 발행했고, 이렇게 높아진 CD 금리 때문에 주택 대출자들의 부담도 껑충 높아졌습니다.

> **원화 유동성 비율**
> = 3개월 이내 만기 도래 부채/3개월 이내 만기 도래 자산

CD가 특히 예금자들의 사랑을 받는 이유는 무기명이기 때문입니다. 첫 통장 발행자와 만기일에 돈을 찾는 사람만 확인되므로, 돈을 찾기 전 누가 어떻게 거래했는지는 확인할 수 없습니다. 증여세를 피하고 싶다면 아버지에게 CD를 증여받고 사채 시장에서 현금으로 바꿔버리면 됩니다.

이처럼 무기명 CD는 증여와 탈세, 자금 세탁용으로 악용돼 금융실명제를 퇴색시킵니다. 거액의 비자금 사건엔 언제나 CD가 등장합니다. CD 계좌를 마련하려면 보통 100만 원을 1달 이상 예금해야 하지만, 금융 기관이나 기업에서 거래하는 CD는 보통 10억 원 단위가 넘습니다.

: 금리 결정 주인공은 콜금리 or CD 금리?

시중금리는 매월 열리는 금융통화위원회의 콜금리로 결정된다는데 은행은 또 CD 금리로 주택 대출 금리를 결정한다고 하니, 도대체 금리 결정은 누가 하는 것일까요?

이를 이해하려면 먼저 콜금리의 개념부터 정확하게 이해해야 합니다. 콜금리는 은행끼리 단기간에(보통 하루) 돈을 꾸고 꿔줄 때 적용

하는 금리입니다. 은행끼리 돈을 빌려달라며 요청(call)하기 때문에 콜금리입니다.

콜금리를 높게 빌린 은행은 당연히 대출 이자나 예금 이자도 높게 적용할 것입니다. 가령 콜금리를 결정하는 금통위가 이달 콜금리를 0.25%포인트 올려 5.00%로 올렸다는 말은 정확히 표현하면 콜금리 '목표치'를 0.25% 올렸단 뜻입니다. 다시 말해 금통위가 콜금리를 올린다고 해서 시중은행들 간의 콜금리가 곧바로 올라가지는 않습니다.

그래서 금융 당국은 콜금리를 올리기 위해 몇 가지 정책(공개 시장 조작)을 펼칩니다. 예를 들어 시중 콜금리를 올리기 위해서는 국고채 (보통 통화안정증권)를 시장에 내다 팝니다.

국고채가 팔리면 시중의 현금이 한국은행으로 들어오고 현금이 줄 어든 시장은 자연스럽게 금리가 올라갑니다. 결국 은행 간 콜금리도 올라가는 것입니다.

반대로 금융 당국이 콜금리를 내리기로 마음먹었다면 국고채를 사 들이면 됩니다. 이 경우 시장에 현금이 풀리고, 풀린 현금으로 금리 는 내려가게 마련입니다. 결국 은행 간 콜금리도 내려갑니다.

은행들이 발행하는 CD 금리도 당연히 콜금리에 따라 결정됩니다. 콜금리가 내렸는데도 은행이 CD금리를 내리지 않는다면, 소비자는 콜금리 수준으로 현금을 빌려 이자율이 높은 CD를 매입해 그 차익을 챙길 것입니다. 그래서 은행은 당연히 콜금리를 봐가면서 CD 금리 (CD 수익률)를 조절합니다.

그런데 최근 몇 년 사이 금융 시장의 변동성이 강화되면서 콜금리 를 통한 금리 조절이 점점 더 어려워졌습니다. 콜금리가 5%인데, 더 오래 묵혀두는 3년 만기 국고채가 4%가 되는 등 시중금리가 시장경제의 원칙을 거스르는 경우가 많습니다.

그래서 금융 당국은 지금의 콜금리를 통한 금리 조절이 과거만큼 효과가 없다고 판단하여, 콜금리 대신 환매 조건부 채권(RP, Repurchase Agreement)을 통해 금리를 조절하려 합니다. RP는 금융 기관이 일정 기간 후에 다시 사기로 약속한 채권으로, 원래 채권이 만기 전에는 현금으로 바꾸기 어렵다는 단점을 보완하기 위해 만들어진 것입니다. 다시 말해 언제든 다시 사주겠다고 약속한 채권인 셈입니다.

금융 당국은 콜금리와 같은 원리로 목표 금리를 올리기 위해서 RP를 내다 팔아 시중의 현금을 흡수하거나, 목표 금리를 내리기 위해 RP를 사들여 시중에 유동성을 공급하는 방식으로 금리 조절을 시도하고 있습니다.

이처럼 콜금리가 적용되는 콜시장은 물론 CD 그리고 RP 등 경제 주체들이 짧은 기간 동안 일시적으로 부족한 자금을 융통하거나 여유 자금을 빌려주는 시장을 단기 금융 시장이라고 합니다.

⋮ 대출 이자 줄이기 비법?

단기 금융 시장의 변동성이 커지면서 변동금리로 목돈을 대출받아 내 집을 마련한 소비자들의 걱정이 커지고 있습니다. 언제든 다시 대출 금리가 튀어오를 수 있기 때문입니다. 하지만 이런 소비자들을 위해 대출 금리가 일정 한도를 넘지 못하도록 묶어놓은 상품이 잇달아 출시되고 있습니다. 기존의 고정금리 대출 상품과 변동금리의 장점을 합쳐놓은 상품인 셈입니다. 기존의 변동금리형 상품처럼 대출 금리를 3개월물 CD 금리에 맞춰 이자를 지급하되, 해마다 금리의 인상폭을 1%나 1.5% 안에서 묶어놓은 것이 특징입니다.

대출자가 1% 인상폭의 대출 상품을 선택했다면 해당 대출금의 이자는 1년 안에 최대 1% 안에서만 인상됩니다. 그만큼 대출자는 금융 시장이 불안해도 안심할 수 있습니다. 물론 대출 금리가 떨어지면 그만큼은 이자를 덜 낼 수 있습니다. 대신 그만큼의 수수료를 내야 합니다. 1억 원을 대출받을 경우 금리 상한을 적용한 대가로 내는 수수료는 1년에 20만 원 정도입니다. 이자로 환산하면 0.2% 정도로, 대출자는 0.2%포인트 정도의 이자를 더 내는 대신 금리가 급등할지 모른다는 걱정을 묶어둘 수 있습니다.

대출 이자 때문에 고민이 많으시다고요? 제가 말씀드렸죠? 경제는 이자라고요.

알고 보니
'일본 돈'이셨군요

엔 캐리 트레이드와 세계 금융 위기

> 경찰은 이씨가 지나친 채무 때문에 잠적한 것으로 보고 수사를 벌이고 있습니다. 이씨는 2년 전 병원 개원 자금으로 빌린 6억 원가량의 엔화 대출금을 갚지 못해 사채를 끌어 쓴 것으로 드러났습니다. 병원 관계자들은 이씨가 월 300만 원 정도인 이자를 180만 원으로 줄일 수 있다는 은행의 권유로 엔화 대출을 받았다고 전했습니다. 하지만 이씨가 대출받은 6억 원가량의 엔화 대출금은 원-엔화 환율이 폭등하면서 11억 원을 넘어 결국 병원 운영에 큰 어려움을 겪은 것으로 알려졌습니다.

2007년 10월, 10만 엔을 한국에서 환전하면 79만 원을 받을 수 있었습니다. 1년이 지난 2008년 10월, 10만 엔을 환전하면 149만 원을 돌려줍니다. 우리 돈의 가치가 떨어지고 엔화의 가치가 급등한 것입니다. 당연히 엔화로 돈을 빌린 소비자들의 원금이 눈덩이처럼 불어났습니다.

2008년 11월 기준으로 국민은행 등 시중 6개 은행의 엔화 대출 잔액은 모두 1조 1천억 엔(15조 원)입니다. 엔화 대출은 원-엔 환율이 100엔당 800원대 초반이던 2~3년 전 주로 고소득 자영업자나 중소기업체 등을 대상으로 이뤄졌습니다. 일본의 금리는 사실상 '0'으로 국내 은행이 일본에서 뭉칫돈을 빌려와 수수료와 이자를 붙여도 금리가 연 2%를 넘지 않았습니다. 이른바 '엔 캐리 트레이드' 자금을 사용한 것입니다.

하지만 원-엔화의 환율이 2008년 들어 급등하면서 엔화 대출 원금이 몇 개월 만에 2배 가까이 늘었습니다. 만약 강남의 한 성형외과가 2007년 7월 엔화로 10억 원을 대출했다면 2008년 12월 원금만 21억 5천만 원을 갚아야 합니다. 특히 엔화 자금을 끌어 쓴 고급 식당과 강남의 병원은 엔화 대출의 직격탄을 맞고 있습니다.

게다가 시중 대출 금리까지 높아지면서 부담은 더욱 커졌습니다. 중소기업 사장인 이호리는 최장 10년까지 대출 연장이 가능하다는 은행의 설명을 듣고 2년 전 엔화의 환율이 850원일 때 연 2.1%의 금리로 11억 원을 빌렸습니다. 하지만 환율이 크게 오르면서 원금은 17억 원 정도로 불어났고, 대출 은행의 이자율도 연 7%로 올랐습니다. 연체가 이어지자 은행은 대출 연장이 어렵다고 통보했고, 회사는 도산이 불가피해졌습니다.

정부는 이호리 같은 중소기업의 피해를 최소화하기 위해 각 시중은행에 엔화 대출의 만기 연장을 독려했지만, 가뜩이나 신용 경색을 겪고 있는 시중은행들은 여전히 채권 회수를 계속하고 있습니다.

저축하면 손해 보는 나라, 일본

새천년이 밝았지만 일본 경제는 나아질 기미가 보이지 않았습니다. 국민소득이 4만 달러나 되는데도 일본 시민들은 여전히 지갑을 열지 않았습니다. 10년간의 경기 침체로 절약이 몸에 밴 일본의 소비자들은 더욱 소비를 줄였습니다. 성장률이 3%를 넘나들 만큼 경제가 호전 기미를 보여도 시민들은 외식을 줄이고 주행 거리가 10만 킬로미터 넘는 자가용을 계속 몹니다. 기업들의 투자는 다시 움츠러들었습니다. 열릴 듯싶었던 일본 소비자들의 지갑은 다시 닫혔습니다.

2000년 8월 일본중앙은행은 금리로 시중 통화량을 조절하지 않고 직접 돈을 시장에 퍼주기로 결정합니다. 무한 현금 공급 정책이라고나 할까요. 일본의 이 같은 독특한 금리 조절 방식을 양적 완화(quantitative ease) 정책이라고 합니다. 이를 위해 중앙은행은 필요할 때마다 민간 은행의 국채나 어음을 사주는 방법으로 시장에 돈을 풀어줍니다. 반대로 시장에 돈이 너무 많이 풀리면 국채나 어음을 되팔아 돈을 회수하는 것입니다.

원시적이지만 그 효과가 시장에서 왜곡될 가능성이 적다는 장점이 있습니다. 일본은 9·11테러 등으로 경기가 불안해질 때마다 이런 식으로 시중은행에 돈을 공급해서(양적 완화) 경기를 부양했습니다.

그리고 5년 만인 지난 2006년 3월, 일본은 양적 완화 정책을 포기합니다. 일본중앙은행은 4달 후인 2006년 7월, 기준 금리를 0.25%로 올렸습니다. 이제 기준 금리를 올려도 될 만큼 시중에 돈이 돌고 있다고 판단한 것입니다. 일본만의 독특한 통화량 조절 방식에는 시중에 돈이 넘쳐도 도무지 지갑을 열지 않는 일본 소비자들의 지나친 절약 정신이 숨어 있습니다.

그러나 겨우 13개월 만인 2008년 10월, 다시 금리를 0.3%로 낮췄습니다. 역시 미국발 금융 위기 때문에 빠르게 위축되고 있는 통화량을 늘리기 위해서였습니다. 금리 0.3%라는 말은 은행에 1억 원을 예금하면 연 이자가 30만 원, 1달 이자가 2만 5,000원 정도라는 뜻입니다. 그런데 물가가 해마다 3% 정도 오릅니다. 이는 곧 저축해 놓은 1억 원의 가치가 해마다 300만 원씩 떨어진다는 뜻입니다. 그래서 일본은 저축하면 가장 많이 손해 보는 나라입니다.

금리가 이렇게 낮을 때 저축하면 손해지만, 대출을 받으면 그만큼 이익입니다. 이자가 공짜나 다름없으니까요. 그래서 세계의 큰손들이, 특히 헤지펀드들이 90년대 후반부터 일본에서 돈을 빌려 세계 여기저기에 투자했습니다. 그래서 이를 '엔 캐리 트레이드(Yen Carry Trade)'라고 합니다. 굳이 우리말로 하면 '일본 돈 끌어 투자'쯤 되겠죠. 뉴욕 증시는 물론 홍콩의 빌딩, 브라질의 철광석과 호주의 양떼 목장까지 저금리로 빌려온 엔 캐리 자금으로 세계 경제가 흠뻑 젖어들었습니다. 일본인들이 몰려와 하와이와 LA의 다운타운을 마구 사들였습니다. 1989년에는 미국인들의 자존심 같은 록펠러센터가 결국 일본인에게 넘어갔습니다.

위태로운 엔 캐리 버블

2007년 유명 연예인들이 CF에 출연해 물의를 빚은 대부업체들도 이렇게 값싼 금리로 들어온 일본 자금이 대부분입니다. 80년대에 일본 대부업체는 5만 개에 달할 만큼 대중들에게 큰 인기를 누렸습니다. 90년대 중반 은행의 소액 대출 잔고가 8조 원 수준인 데 반해 대부업체를 통한 대출 잔고는 11조 원이 넘었습니다. 서민들이 은행보다는 대부업체를 더 많이 이용한 셈입니다. 일본 최대 대부업체인 아이후루의 경우 직원만 5,000명이 넘었습니다(외환은행 직원이 7,000명 정도).

하지만 2006년 일본최고재판소가 이자 제한법의 해석을 달리하면서 대부업체들은 된서리를 맞았습니다. 법원은 연 최고 이자율 29%까지 빌려주던 대부업체의 관행에 철퇴를 내리고 그 이상으로 받은 이자를 모두 돌려주라는 판결을 내렸습니다. 중소 대부업체가 줄줄이 도산하면서 2008년 초 일본의 대부업체 수는 9,000개로 줄었습니다. 길이 막힌 일본의 대부업체들은 결국 한국 시장으로 눈을 돌렸습니다.

케이블 TV 등에 광고하는 국내 대형 대부업체 10곳 중 4곳은 엔 캐리 자금을 사용하는 일본계 대부회사들입니다. 국내 대부업 시장에서 1, 2위를 다투는 러시앤캐시와 산와머니도 일본계 대부업체입니다. 이들은 사실상 마이너스나 다름없는 일본 은행으로부터 돈을 빌려 와 국내 신용소외자들을 대상으로 연 최대 49%까지 대출을 해줍니다.

막대한 금리 차이 덕분에 일본 대부업체들의 성장은 두드러졌습니다. 2007년 15개 일본계 대부업체의 단기 순이익은 2,670억 원에 달합니다(자료/금융감독원). 배우 최민수가 광고 모델로 등장해 논란을 빚은 러시앤캐시의 경우 1년 만에 자산이 5,549억 원이나 늘었습니다. 국내 진출 일본 대부업체는 3년 만에 14배 정도 자산이 늘었습니다.

이런 식으로 전 세계에 뿌려진 엔 캐리 자금은 1조 달러 정도로 추산됩니다. 우리 돈으로 하면 1,500조 원에 달하니 그 규모를 아시겠죠? 특히 국적 불명의 해외 투기 자본이 앞다퉈 엔 캐리 자금을 빌려 투자를 합니다. 라스베이거스 호텔에서 두바이의 쇼핑몰까지 돈이 되는 곳이면 어디든 달려갑니다. 공짜로 빌린 뭉칫돈으로 이 나라 저 나라의 증시에 투자해서 벌고, 기업 사냥해서 벌고……. 이렇게 자꾸 엔화를 빌려서 여러 나라에 거품을 만드는 것을 엔 캐리 버블이라고 합니다. 말 그대로 '엔화가 만든 거품'입니다.

와타나베 부인들

2007년 가을, 엔 캐리 트레이드의 청산 가능성이 높아지면서 세계 경제가 또 한 번 요동쳤습니다. 국제 유가가 떨어져도, 미국 주가가 떨어져도, 심지어 브라질의 리우데자네이루 부동산 값이 하락해도 엔 캐리 자금이 빠져나갔기 때문이라는 분석이 이어졌습니다.

같은 시기에 우리 증시에서도 외국인들의 매도가 이어졌습니다. 역시 같은 분석이 이어졌습니다. 특히 와타나베 부인(Mrs. Watanabe)들이 보따리를 싸는 것 아니냐는 우려가 여기저기에서 터져 나왔습니다.

일본의 초저금리를 이용한 대출을 통해 해외에 투자하는 일본의 투자자들, 특히 주부들을 가리켜 '와타나베 부인'이라고 부릅니다. 실제 일본 금융 당국은 지난해 와타나베 부인들이 사고판 외환의 규모가 200조 엔에 달할 것으로 추산했습니다. 도쿄 외환 시장 거래의 30%는 와타나베 부인들에 의해 이뤄지는 것입니다. 이론과 실물경제에 밝은 이들이 외환 시장에서 엔화를 사들이기 시작하면 달러, 엔화의 환율이 요동을 칩니다. 아시아 특정 증시나 외환 시장에서 자금을 회수해도 마찬가지입니다. 지난해 엔화 대 원화의 환율이 급등할 때도 증시 전문가들은 글로벌 외환 시장의 '큰손'으로 통하는 '와타나베 부인'들이 엔 캐리 트레이드를 청산하면서 환율이 급등세로 돌아섰다고 분석했습니다.

와타나베 부인의 탄생 배경은 물론 일본의 기록적인 저금리 때문입니다. 기준 금리가 낮은 일본은 모든 금융 상품의 수익률이 낮을 수밖에 없습니다. 10년 만기 일본 국채의 수익률은 고작 2% 정도입니다. 심지어 지난 20년간 일본 닛케이 증시에 투자하는 것보다 안전한 독일의 채권 시장에 투자하는 것이 4배의 수익을 올린다는 분석도 있습니다. 일본의 투자자들이 바다 건너로 관심을 갖는 것은 당연해 보입니다.

: 엔 캐리 트레이드의 청산

문제는 엔 캐리 트레이드가 끝나가고 있다는 것입니다. 미국 등 선진국들이 앞다퉈 기준 금리를 사실상 제로 가까이 끌어내리면서 엔화의 싼 이자라는 매력은 거의 사라졌습니다.

엔 캐리 자금의 귀향은 곧 이를 빌려 투자한 세계의 투자자들에겐 돈 갚을 날이 멀지 않았단 뜻입니다. 세계 금융 시장은 엔 캐리 버블이 순식간에 꺼질까 봐 걱정하고 있습니다. 거품이 꺼지면서 글로벌 증시가 폭락하고 이로 인해 민간 소비와 기업 투자 위축, 경기 침체 등 실물 경제까지 피해를 입는다는 시나리오입니다. 글로벌 유동성 위기는 더 악화될지도 모릅니다.

엔 캐리 자금의 청산은 우리 금융 시장은 물론 베트남 증시나 인도의 산업에까지 영향을 미칩니다. 일본의 금리 변동을 영국 신문에서 크게 다루는 이유도 이 때문입니다. 실제 지난 2007년 가을, 엔 캐리 자금이 썰물처럼 세계 증시에서 빠져나가고 있다는 분석이 나오자 세계 증시는 급락했습니다. 일본 증시는 6년 만에 최대치로 떨어졌습니다. 엔화의 환율이 급등했습니다. 달러 대 엔화의 환율이 111엔까지 밀렸고 세계 금융 시장은 FRB 대신 일본중앙은행에 눈을 부라렸습니다.

이처럼 엔 캐리 트레이드가 줄면 엔화를 빌려 세계 곳곳에 투자해놓은 엔화가 빠져나갑니다. 전 세계에 투자된 엔화는 엔화 약세를 불러왔지만, 갑자기 세계 시장에서 엔화가 줄어들면 엔화의 가치가 올라갈 수밖에 없습니다(애덤 스미스가 알아차린 것처럼 모든 재화는 공급이 줄면 값이 올라갑니다). 달러화가 너무 넘쳐서 값이 떨어지듯, 엔 캐리가 청산된다고 하면 엔화의 가치는 자꾸 올라갑니다. 특히 미국발 금융 위기는 미움을 사고 있는 달러보다 엔화의 인기를 더욱 높이고 있습니다. 2008년 8월 110엔 정도였던 엔, 달러 환율은 3개월 후에는 11월 90엔 대까지 추락했습니다.

엔 캐리의 청산이 지속될수록 엔화가 팔고 나간 자산들은 값이 떨어질 것입니다. 세계 곳곳에서 엔화를 빌려 마구 사들이면서 값을 올려놓은 주식이나 땅, 집값 같은 것 말입니다.

골드만삭스는 2007년 9월 기준, 한국에 아직도 270억 달러 정도의 엔 캐리 투자 자금이 남아 있다고 밝혔습니다. 우리가 엔화로 일본은행에서 빌린 돈과 일본 사람들이 금융 시장이나 부동산 같은 실물에

투자한 엔화를 모두 합친 규모입니다.

물론 엔 캐리의 청산이 꼭 부정적인 영향만 주는 것은 아닙니다. 엔 캐리 자금이 회수되면 엔화의 가치가 올라서 일본 기업의 수출이 상대적으로 어려워집니다. 그만큼 우리는 수출이 유리해집니다. 특히 일본과 경쟁하고 있는 전자와 자동차, 통신 관련 기업들의 수출을 늘릴 기회입니다. 2008년 하반기부터는 엔화에 대한 우리 돈의 가치가 급락하면서 일본 관광객들이 밀려들고 있습니다. 엔화의 이상 고공 행진으로 명동 거리는 일본인 관광객들로 인산인해입니다.

세계가 엔 캐리 자금이 떠난 포스트 엔 캐리 시대를 걱정하는 지금, 그 불확실성이 우리에게 가져다줄 기회를 잡을 채비를 서둘러야겠습니다.

: 3장

국가와 시장의 한판 승부

대형 마트가 늘면서 재래 시장은 갈수록 설 땅이 줄어듭니다. 그래서 정부는 전국의 재래 시장을 지원합니다. 같은 시각, 편의점에 점령당한 영세한 구멍가게들이 하나둘 사라져갑니다. 정부는 왜 재래 시장은 지원하고 동네 구멍가게는 지원하지 않을까요? 정부는 시장에 어디까지 얼마나 개입해야 할까요? 철의 여인 대처가 탄광 노동자들을 대량으로 해고하지 않았다면 오늘날 영국의 산업은 어떤 얼굴을 하고 있을까요? 경제학자들의 일용할 양식인 '정부의 시장 개입' 문제를 들여다봅니다.

14

디오클레시아누스의 가격상한제

작은 정부와 큰 정부

> '빠르면 빠를수록 좋다.' 위기에 빠진 저축은행들을 살리기 위해 결국 정부가 나서는 수밖에 없다는 것이 대다수 전문가들의 견해입니다. 지난달 저축은행의 부동산 PF 대출금 연체율은 14.3%, 7개 건설사 중 1곳이 저축은행의 채무를 갚지 못하고 있는 상황입니다. 하지만 정부가 부실 저축은행에 대해 공적 자금 투입을 검토하면서, 결국 세금으로 부실한 저축은행을 살려준다는 지적도 덩달아 불거지고 있습니다.

2008년 가을, 단풍이 채 물들기도 전에 중견 건설사들의 채무 연체율이 급등하기 시작했습니다. 오늘은 D건설사, 이번엔 W건설사가, 또 H건설사가 망한다는 소문이 증권가에 하루가 멀다 하고 퍼져나갔습니다. 2008년 10월 건설사들의 저축은행 연체율이 16%를 넘어섰습니다. 그러자 시장에서 건설사들의 회사채가 얼어붙었습니다. 건설사와 관련된 채권의 만기를 더 이상 연장해 주지 않는 은행들이 점차 늘어납니다.

: 정부의 부실 건설 회사 살리기

건설사가 도산하면 저축은행의 자기자본 비율이 크게 낮아지고, 저축은행의 부실은 또다시 금융권의 시한폭탄이 될 가능성이 커집니다. 결국 2008년 11월 정부는 건설사를 살리기 위해 '대주단 협약' 제도를 만들어 건설사들을 가입시켰습니다. 협약에 가입하면 대출도 연장해 주고 신규 대출도 가능해진다며 가입을 권장(또는 협박)했습니다. 협약에 가입하지 않아도 되는 상당수 건설사들까지 울며 겨자 먹기로 가입해 채권은행의 회초리 맞을 준비를 마쳤습니다.

12월, 정부는 급기야 저축은행들이 건설사에 빌려주고 떼일 가능성이 높은 예비 부실 채권을 10조 원 가까이 사주기로 했습니다. 이제 건설사들이 문을 닫으면 은행 대신 정부가 손해를 떠안게 됩니다.

그런데 궁금한 게 하나 있습니다. 비싼 분양가로 아파트를 마구 분양해 부실해진 건설사를 정부가 살려주는 것이 과연 정답일까요? 손님이 줄어 문을 닫은 동네 전파상은 살려주지 않고 투기를 부추긴 건설사는 왜 살려주는 것일까요?

무엇보다 도덕적 해이에 대한 우려가 커지고 있습니다. 살아난 부실 건설사들은 경기가 풀리면 다시 막대한 수익을 올리며 사업을 무차별로 확장할지도 모릅니다. 언제든 금융 지원을 받으면 된다는 믿음으로 금융 대출을 늘릴 수도 있습니다.

몸집이 커질수록 부실 건설사를 시장에서 퇴출하기는 그만큼 어려워집니다. 은행은 건설사에 떼인 돈은 정부가 대신 갚아줄 것이라며 대출 심사에 무딘 칼날을 적용하겠지요.

그렇다고 위기의 건설사를 모른 척하기엔 우리 금융 시장이 너무 허약해 보입니다. 정부가 부실 기업 지원의 폭과 범위를 놓고 갈팡질 팡하는 사이에, 증시는 급락하고 금융 시장은 불안해지고 한국의 대외 신용도는 추락합니다. 정부는 시장에 어디까지 개입해야 이 위기를 극복할 수 있을까요?

:시장 개입과 규제의 역사

서기 286년, 2년에 1번꼴로 왕이 바뀌던 로마에 강력한 왕이 등장 했습니다. 말단 사병으로 시작해 장군을 거쳐 마침내 황제가 된 디오 클레시아누스는 집권과 동시에 재정과 세제 개혁을 단행했습니다. 당시 로마의 왕들은 필요할 때마다 금화를 찍어냈고, 화폐가 흔해지 자 화폐 가치가 떨어지는 악순환이 계속됐습니다. 결국 더 많은 화폐 가 필요했고 왕들은 금화의 순도를 떨어뜨리면서까지 화폐를 마구 발행했습니다.

하지만 물가는 계속해서 올랐고(지금이라면 FRB가 금리를 올렸을 텐데), 디오클레시아누스는 생필품의 가격을 더 이상 올리지 못하게 하는 칙령을 내렸습니다. 그가 내린 칙령의 머리말에는 물가 상승의 원인을 상인에게 돌리며, 이윤밖에 모르는 상인들의 탐욕을 벌하겠 다는 의지가 담겨 있었습니다. 1,387개 제품의 가격상한선이 결정되 고, 그 이상을 받는 상인에게는 처벌이 내려졌습니다.

물론 결과는 실패였습니다. 수요만큼 높은 가격을 받지 못한 생산자들이 공급을 줄였고, 공급이 줄어든 재화는 암시장에서 가격이 치솟았습니다.

'인간의 탐욕'이 시장에 피를 돌리는 심장 같은 존재라는 사실을 몰랐던 시절, 디오클레시아누스 황제의 규제는 이미 예견된 실패였는지도 모릅니다.

이처럼 시장이 헛돌 때마다, 혹은 시장이 멈춰 서거나 시장이 과열될 때마다 정부는 역할을 찾고 그때마다 규제를 만듭니다. 그러나 이렇게 만들어진 규제는 도리어 제대로 된 시장 활동까지 방해하는 걸림돌이 되기 십상입니다. 시장의 순기능은 줄어들고 명약으로 태어난 규제는 독약으로 변질됩니다. 규제가 없는 시장이 어지럽듯, 규제가 넘치는 시장은 위험해집니다.

가격상한제의 시험은 실패로 돌아가고, 19년간 로마를 다스린 디오클레시아누스는 고향으로 돌아가 농부로 생을 마쳤습니다.

시장 자율의 역사만큼이나 정부가 시장에 얼마나 개입할 것이냐하는 문제도 오래된 고민입니다. 그런 고민들은 시장에서 다음과 같은 제도로 만들어졌습니다.

- 여성도 남성과 비슷한 임금을 받도록 해주는 것
- 노동자들이 단결해 파업할 수 있도록 해주는 것
- 미국과 모든 상품 및 서비스의 교역에 관세를 받지 않도록 약속하는 것(FTA 체결)
- 한 업종을 한 기업이 독식하지 못하도록 하는 것
- 1달에 1번 여성들에게 생리 휴가를 주는 것
- 수도권에는 굴뚝이 있는 공장의 신축을 더 이상 금지하는 것

- 퇴근하면서 교통사고를 당한 직원의 병원비를 회사에게
  부담하도록 하는 것

이처럼 규제는 시장의 오작동을 방지하지만, 반대로 시장 자율이라는 순기능을 해칠 수도 있습니다. 여성도 남성과 똑같은 임금을 받게 하면 기업이 여성의 고용을 꺼리면서 여성의 취업이 더 힘들어질 수도 있습니다. 수도권에 공장을 못 짓도록 규제했더니, 기업주들이 새 공장을 지방이 아닌 중국에다가 짓습니다.

시장의 오작동을 막기 위해 도입한 규제가 또다른 오작동을 불러오는 것입니다. 그래서 규제를 더 만들 것이냐 하는 문제는 시장의 순기능을 어떻게 보장할 것이냐의 문제가 됐습니다.

작은 정부와 큰 정부, 정부와 시장의 투쟁 역사

정부가 규제를 더 할 것이냐 덜 할 것이냐의 문제는, 결국 큰 정부를 만들 것이냐 작은 정부를 만들 것이냐의 문제입니다. 그래서 시장에서 평등을 강화하자는 학자들은 큰 정부로 규제를 늘리려 하고, 자율을 중시하는 학자들은 작은 정부로 규제를 줄이려 합니다. 보통 진보 정당은 큰 정부를, 보수 정당은 작은 정부를 추구합니다. 현 정부가 작은 정부를 추진하는 이유도 같은 맥락입니다.

궁극적으로 이렇게 발전한 작은 정부는 무정부주의를, 큰 정부는 공산주의를 만들었습니다. 이 대립의 역사가 시장 경제학의 역사입니다. 유명한 경제학자 다니엘 예르긴은 자신의 책『시장 대 국가(Commanding Heights)』에서 지난 100년의 역사를 시장과 정부

의 투쟁의 역사로 규정했습니다.

세계 경제의 발전은 정부의 개입과 간섭의 역사입니다. 1870년대에 전 세계가 대불황(The Great Depression)에 빠지자 세계 각국은 자유무역을 버리고 보호무역의 장벽을 쌓았습니다. 시장 원리보다 정부의 개입과 간섭이 더 필요해졌습니다. 하지만 1920년대에 들어서 세계 경제가 호황을 보이자 정부의 간섭은 불필요해졌습니다. 정부의 규제와 개입은 크게 축소됐습니다.

1929년 미국에서 대공황이 터지자 시장에는 다시 정부의 개입이 필요해졌습니다. 규제와 시장 개입의 역사는 이처럼 세계 경제의 호황과 불황의 역사와 맥을 같이합니다.

⋮ 철의 여인과 영국 탄광 노조의 대결

현대 경제사에 가장 대표적인 규제의 역사는 영국의 대처 수상과 노동 조합과의 대결입니다. 대처가 취임하던 1970년대, 영국은 '영국병' 말기 증세에 신음하고 있었습니다. 파업이 계속되면서 발전소와 병원, 학교까지 문을 닫았고, 요람에서 무덤까지 보장된 복지의 나라에는 점점 일하지 않는(또는 일자리가 없는) 젊은이가 늘어갔습니다.

기업에 대한 규제가 늘면서 노조의 힘도 커졌습니다. 조합원들의 정치력은 해마다 커졌지만, 조합원이 되지 못한 노동자들의 월급 봉투는 해마다 얇아졌습니다. 1973~1979년 영국의 노동 생산성은 연간 1.1%가 늘어났지만, 노조원들의 임금은 해마다 22.0%씩 상승했습니다.

영국 언론은 이 시기를 '불만의 밤'이라고 불렀습니다. 불만의 밤이 깊어갈 무렵 대처 총리는 작은 정부를 선택하고 노조와의 결사 항전을 선언했습니다. 영국 최초의 여성 총리인 54세의 대처는 '나는 합의가 아닌 대결을 원한다'며 노조를 상대로 싸움을 시작했습니다. 20개 탄광을 폐쇄하고 2만 명의 노조원을 해고했습니다. 노조는 즉각 파업에 돌입했고 영국 정부도 주저 없이 공권력을 투입했습니다.

영국인들은 11개월 동안 석탄 없이 추운 밤을 보내야 했습니다. 결국 노조는 손을 들었고, 대처의 작은 정부는 시장 개혁의 주도권을 잡고 규제 완화와 재정 축소 정책을 적극적으로 펼쳤습니다. 규제가 줄어들자 외국 자본이 들어왔고, 노조의 힘이 약화되자 기업은 다시 고용을 늘렸습니다. 줄어든 세금 때문인지 소비도 늘었습니다.

하지만 규제가 풀리면서 시장에는 그만큼의 그늘이 드리워졌습니다. 계층간 소득 격차는 더욱 커졌고, 특히 하위 10% 영국 서민들의 소득은 17%나 줄었습니다. 규제가 풀린 금융 시장으로 산업의 틀이 옮겨지면서 제조업의 기반도 크게 좁아졌습니다. 경제의 파이는 커졌지만 제조업 고용은 줄었고, 특히 저학력, 저임금 젊은이들의 직장은 더 많이 줄었습니다.

대처는 노조와의 싸움에서 승리했지만, '작은 정부, 큰 시장'이 낳은 선악과는 30년간 학자들의 논란을 불러왔습니다.

⦂ 퇴출 위기에 몰린 작은 정부, 큰 시장

승승장구하던 작은 정부, 큰 시장의 신화는 결국 미국발 금융 위기로 막을 내리고 있습니다. 미국은 지난 1990년 '소외된 지역의 지원을 위한 법안(Community Reinvestment Act)'을 기초로 은행이 저소득층에 좀더 쉽게 대출을 해주도록 관련 규제를 풀었습니다. 그러자 은행들이 소득이나 재산을 자세히 따지지 않고 무작정 대출해 주기 시작했고, 결국 이 자금은 부동산 시장으로 흘러 집값 급등의 부작용을 낳았습니다.

그러자 은행들은 취약한 대출의 흔적을 지우기 위해 저소득층에게 빌려준 대출(서브프라임 모기지)을 새로운 금융 상품으로 포장해 다른 금융 회사로 팔아치웠습니다. 이 부실한 대출의 기억은 대출 은행들의 포트폴리오에서 잠시 사라져 채무자와 채권자 모두를 행복하게 해줬습니다. 미국은 전 세계에 미국식 자본주의를 설파하며 금융 시장 개방과 무한 경쟁을 독려했습니다.

하지만 결국 주택 가격이 추락하면서 연체가 늘어났고 곳간이 바

146 :

닥난 은행들의 신용도 모두 거짓이었음이 드러났습니다. 여러 포장지로 몇 겹씩 감춰져 있던 부실 대출의 흔적도 하나둘 드러나고 이들을 서로 묶고 있던 금융 기관들과의 연결 고리도 서서히 모습을 드러내고 있습니다. 이 역시 정부의 '대출 규제 완화'라는 허술한 시장 개입이 불러온 재앙입니다.

우리 정부가 선택한 많은 정책이 30년 전 대처가 선택했던 방식과 비슷합니다. 기업의 시장 활동을 보장하고, 기업의 세금을 줄이고, 공기업을 민영화하고, 정부의 지출을 줄이는 등 말입니다.

정부의 개입을 최소화하고 작은 정부를 꾸리겠다며, '비즈니스 프렌들리(business friendly)'의 깃발을 들고 일사천리로 규제를 완화하고 있습니다. 학원의 영업 시간도, 기업의 출자 제한도 규제가 풀리고 있습니다. 임대 아파트를 짓지 않아도 재건축을 할 수 있게 됐고, 상수원에 더 많은 공장을 지을 수 있게 됐습니다.

하지만 시장 지상주의자들이 만든 시장에 의한, 시장을 위한, 시장의 경제 정책이라는 지적도 덩달아 커지고 있습니다. 선진국이 그동안 너무 시장을 믿었다며 반성하는 사이, 우리만 시장만이 살 길이라는 확신에 빠져드는 건 아닌지 돌아볼 시점입니다.

미국이 3곳의 대형 투자은행을 국유화하기로 결정한 2008년 11월 말, 한나라당은 금산 분리 규제를 추가로 완화해 삼성을 지주사로 허용할 수 있게 하는 방안을 검토 중이라고 밝혔습니다. 경제학자들에게 100년의 고민거리를 던진 정부의 시장 개입 문제를, 우리 정부는 너무 한쪽의 도그마로만 바라보는 것은 아닌지 우려하는 목소리가 이어지고 있습니다.

국가가 최저임금을 규제했더니

2008년 정부가 정한 최저임금은 시간당 4,000원입니다. 월 단위로 환산(226시간)해도 90만 4,000원입니다. 최저임금을 받고 1년 내내 일해도 임금은 1,000만 원을 넘지 않습니다. 최저임금을 올리면 어떻게 될까요? 근로자들의 지갑이 두둑해질까요?

직원 1명을 고용해서 늘어나는 기업의 생산성보다 최저임금이 더 많이 오르면, 그래서 최저임금을 줘도 그만큼 생산성이 늘어나지 않는다면 기업은 더 이상 직원을 뽑지 않을 것입니다. 아파트 경비원에게 최저임금을 도입하자 각 아파트 단지마다 경비원 고용을 크게 줄인 것이 대표적인 예입니다. 실제 광주광역시에서는 지난 2007년 아파트 830곳에서 경비원 5,000여 명이 근무했지만 최저임금제를 확대 적용하면서 1년 만에 경비원의 15%가 해고됐습니다. 이것이 최저임금제의 맹점입니다. 이를 그래프로 확인할 수 있습니다.

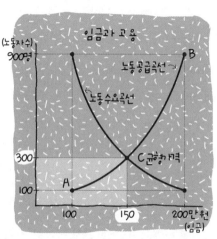

① 공급곡선에서 보면 임금을 100만 원 주는 시장에서 이 시장에 뛰어든 노동자는 100명(A)이었습니다. 하지만 임금이 200만 원으로 급등하자 너도나도 시장에 뛰어들어 노동자 공급곡선이 900명(B)으로 늘었습니다. ② 수요곡선에서 보면 임금이 200만 원일 때 각 기업은 노동자를 100명 고용했습니다. 하지만 임금이 100만 원으로 낮아지자 각 기업은 900명이나 노동자를 고용했습니다. 따라서 이 노동 시장의 균형가격은 두 곡선이 만나는 C지점입니다. 이 경우 150만 원에 모두 300명의 노동자가 고용됐습니다.

그런데 정부가 인위적으로 최저임금제를 도입했습니다. 임금을 170만 원 이하로 줘서는 안 된다고 법으로 규정한 것입니다. 이 경우 600명(E)의 근로자들이 170만 원의 임금을 받고 일하겠다고 손을 들었지만, 기업은 200명(D)만 고용하겠다는 입

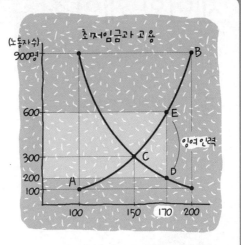

장입니다. 따라서 400명(E에서 D까지)의 잉여 인력이 일자리를 구하지 못합니다. 최저임금이 어떤 식으로 실업을 낳는지 그래프를 통해 쉽게 알 수 있습니다. 시장을 시장에만 맡겨둘 수 없지만 정부의 시장 개입은 이처럼 부작용을 가져올 수 있습니다.

15

세이와 케인즈, 그리고 프리드먼

 정부의 시장 개입 역사

> 타워팰리스에 양도세가 부과되지 않는 이유는 정부가 발표한 건설 경기 부양책 때문입니다. 지난 2000년 정부는 외환 위기로 침체된 부동산 시장을 부양하기 위해 전용 면적 165m² 이하 신규 분양 아파트에 대해 양도세를 면제해 주기로 했습니다. 이 때문에 타워팰리스를 팔면서 10억 원이 넘는 시세 차익을 남겨도 최초 계약자는 양도세를 한 푼도 내지 않아도 됩니다. 하지만 부동산 시장은 1999년 말부터 기름에 불이 붙듯이 살아났고, 정부는 그 이듬해 부랴부랴 이번엔 부동산 투기 억제 대책을 내놓기 시작했습니다.

목욕탕에서 수도를 틀자 뜨거운 물이 쏟아집니다. 얼른 찬물을 틀었더니 이번엔 찬물이 쏟아집니다. 놀라서 다시 뜨거운 쪽으로 수도 꼭지를 돌리자 다시 뜨거운 물이, 또다시 돌리자 차가운 물이 쏟아집니다. 케인즈 이후 경제학을 주도하고 있는 프리드먼 교수는 이처럼 일관성 없이 오락가락하는 정책을 가리켜 '목욕탕의 바보(Fool in the shower)'라고 설명했습니다. 정부의 오락가락 정책이 시장에서 어떤 식으로 실패하게 되는지, 지난 10년간의 강남 부동산 시장에서 쉽게 확인할 수 있습니다.

목욕탕의 바보와 세이의 법칙

부동산을 사고팔면서 남는 소득에는 양도소득세가 부과됩니다. 하지만 부동산 경기가 가라앉아 미분양 아파트가 늘자 정부는 조세특례법을 만들어 2000년 11월부터 2003년 6월에 취득한 아파트의 경우 5년간 발생한 양도 차익을 면제해 주기로 했습니다. 타워팰리스는 물론 삼성동 아이파크와 동부 센트레빌 등 잇달아 분양된 초고가 아파트의 경우 최초 계약자에게는 양도세를 물릴 수 없게 됐습니다. 남은 미분양 물량은 빠르게 소진됐고, 그 이듬해부터 집값은 치솟기 시작했습니다. 곧 10억 원 이상의 양도 차익을 남기고 아파트를 팔아도 정부는 단 한 푼의 양도세를 부과할 수 없었습니다.

2003년이 지나면서 결국 부동산 시장은 끓는 냄비처럼 과열됐고, 정부는 2007년까지 모두 12번의 크고 작은 부동산 시장 규제 대책을 내놓아야 했습니다. 규제라는 소방 호스를 잇달아 맞은 부동산 시장은 2007년을 고비로 안정됐지만, 이번엔 곧바로 미분양 아파트가 쌓이고 있습니다. 시장은 또 얼어붙었습니다.

춤추는 부동산 시장에서 정부는 목욕탕의 바보처럼 오락가락 정책을 남발하고 있습니다. 정부 정책을 놓고 시계추 정책이라는 새 단어가 생겨났습니다. 그사이 일하지 않고 엄청난

부를 축적한 시장 참여자들만 늘어났고, 중산층은 더 좋은 주
거 여건을 갖춘 지역으로 이사 가기가 그만큼 어려워졌습니다.

이 같은 정책의 실패는 정부의 시장 참여에 대한 깊이와 범위를 고
민하게 만듭니다. 그 고민은 크게 3명의 경제학자로부터 출발합니다.
정부의 시장 개입 역사는 250년 전에 태어난 J. B. 세이(1767~1832)라
는 프랑스 경제학자로부터 시작됐습니다.

20세기 초까지는 시장에 물건이 부족하던 시절이었습니다. 당연히
물건을 만들어 내놓으면 팔렸으므로, 안 팔릴까 봐 고민하는 제조업
자는 없었습니다. 무엇이나 만들면 팔렸고, 공급이 수요를 창출했습
니다. 이를 이론으로 입증한 사람은 세이입니다. 1767년 프랑스 리옹
에서 태어난 그는 공급이 수요를 결정한다는 이론을 정립해 근대 경
제학의 기틀을 잡았습니다. '기업가(entrepreneur)'라는 용어도 그가
처음 사용했습니다. 기업가들은 재화가 없어서 못 팔았습니다. 당연

히 수요, 공급의 고민이 없었습니다.

하지만 만들면 팔린다는 세이의 이론은 1929년에 시작된 대공황으로 경제학에서 퇴출됩니다. 만들면 팔리던 세계 경제는 소비가 줄어들면 불황이 온다는 사실에 크게 당황했습니다. 가계 위기를 느낀 소비자들이 주머니를 닫자 창고엔 재고가 쌓여갔습니다. 결국 세이의 이론은 막을 내렸습니다.

: 케인즈 이론과 뉴딜 정책

이제는 수요가 있어야 공급이 있다는 이론이 대세가 됐습니다. 이를 '유효 수요 이론(케인즈 경제학)'이라고 합니다. 미국을 비롯해 불황에 빠진 전 세계는 억지로라도 소비를 유도해 소비자들이 주머니를 열어야 공장 굴뚝에 연기가 나고, 그래야 나라 경제가 굴러 간다는 사실을 깨달았습니다. 그러려면 정부는 지켜만 봐서는 안 된다는 생각을 해낸 사람이 케인즈입니다.

1883년에 영국의 조용한 시골 마을에서 태어난 이 천재는 소비자들의 주머니를 열기 위해선 정부가 재정 지출을 늘려야 한다는 사실을 알아차렸습니다. 어항에 물을 붓듯 정부가 시장에 돈을 풀어줘야 한다는 것입니다. 루스벨트 미 대통령은 케인즈 이론을 도입하여 1930년대 초 뉴딜 정책을 실시했습니다. 소비자들은 돈을 쓰기 시작했고 미국의 경기는 살아났습니다.

이후 닉슨 대통령은 "우리는 모두 케인즈주의자다"라며 본격적인 시장 개입의 역사를 선언했습니다. 그래서 시장의 실패를 인정하며 정부 개입을 요구하는 경제학자를 케인즈학파라고 하고, 시장의 조정 기능을 중시하며 정부 개입을 최소화해야 한다고 주장하는 경제학자를 신고전학파(시카고학파)라고 합니다.

선진국 경제학자들의 가장 큰 고민은 특정 경제 현상에 정부가 얼마나 개입할 것이냐 하는 점입니다. 영국의 복지 시스템인 '요람에서 무덤까지' 정책도 이 무렵 케인즈학파로부터 만들어졌습니다. 시장 개입에 자신감이 붙은 영국 정부는 국민을 태어날 때부터 죽을 때까지 책임지는 정책을 만들어냈습니다.

정부가 많이 개입할수록 규제가 늘어나고 시장의 자율성과 조정 기능은 축소되고 왜곡될 수 있습니다. 왜곡된 시장은 일하려는 의지를 약화시켜 생산성 하락을 부추깁니다.

반대로 시장을 그대로 내버려두면 자본주의의 모순에 빠져 시장은

럭비공처럼 어디로 튈지 모르는 결과를 불러옵니다. 불공정과 독점, 차별이 늘어납니다. 그래서 정부가 어느 정도 시장에 개입할 것인가는 이제 전 세계 모든 경제학자의 먹을거리가 됐습니다. 정부의 적극적인 시장 개입을 주장한 케인즈가 태어난 해는 1883년입니다. 1883년은 정부의 개입이 가장 극대화된 제도인 공산주의를 만든 마르크스가 죽은 해이기도 합니다.

뉴딜 정책은 케인즈 이론이 만들어낸 대표적인 정부의 시장 개입 정책입니다. 20세기 초 물가 정책이 자리 잡지 않은 미국에서는 생산이 최고의 미덕이었습니다. 생산 시장이 고용을 이끌면서 소비를 걱정하는 생산자는 드물었습니다.

하지만 구매력이 더 이상 생산을 따라가지 못하자 순식간에 불황이 찾아왔습니다. 1929년 뉴욕 증시가 폭락하면서 촉발된 대공황으로 은행들이 잇달아 파산하고 물가가 폭락했습니다. 순식간에 실업자가 300만 명에서 1,300만 명으로 늘었습니다.

새로 당선된 루스벨트 대통령은 1933년에 진보적인 학자들과 함께 불황을 이겨낼 새 정책을 발표합니다. 지금은 익숙한 정책이지만 당시엔 엄청난 간섭으로 받아들여졌습니다. 뉴딜 정책의 핵심은 이렇습니다.

부실해진 은행에 돈을 빌려주어 은행을 통해 돈의 흐름을 되살리고, 금본위제를 폐지하고, 농민들에게 영농 자금을 빌려주고 특정 농산물의 중복 생산을 규제하며, 노동자의 단결권·단체교섭권을 인정하고 최저임금을 규정해 안정된 고용을 확보하며, 댐 같은 대규모 강 유역 공사를 발주해 일자리를 늘렸습니다. 그야말로 획기적인 정부의 시장 개입, 시장 간섭 정책입니다. 하지만 이를 통해 실업률이 줄고 소비가 늘면서 미국 경제는 다시 살아났습니다.

⦂ 프리드먼과 레이거노믹스

정부의 규제가 자리 잡으면서 미국인들의 소득은 크게 늘었습니다. 2차 대전이 지나고 소득이 늘어난 중산층은 자기 소유의 집을 갖게 됐고 가난한 미국인들은 크게 줄었으며 부자와 중산층의 격차가 줄었습니다. 그렇게 미국의 1950년대는 중산층이 잘사는 시대였습니다. 그러나 규제는 더욱 강력해지고 정부는 더욱 커졌으며 공무원 수도 늘고 세금은 해마다 크게 증가했습니다. 각 나라는 보호무역이라는 규제 장벽을 쳤고 각 분야의 이익 집단까지 시장에 각종 규제를 더했습니다.

이렇게 커져만 가는 정부에 비해 축소되었던 시장의 역할은 다시 밀턴 프리드먼에 의해 되살아납니다.

20세기 최고의 경제학자로 불리는 그는 1950년대 이후 시장의 수요가 살아나지 않은 이유는 정부가 지나치게 통화량을 줄여서 돈의 흐름이 말랐기 때문이라고 주장했습니다. 따라서 정부 개입을 줄이고 통화 조절 기관을 정부로부터 완전히 독립시킬 것을 주장했습니다. 시장에 그만 간섭하고 내버려두라는 그의 주장 때문에 그에게는 '부활한 애덤 스미스'라는 이름이 따라다녔습니다.

그는 케인즈주의자들에게 맞서 작은 정부를 주장했습니다. 정부의 역할이 커질수록 시장의 자율 조정 기능과 성장 잠재력은 물론 개인의 창의적인 시장 활동도 줄어든다고 설명했습니다. 이 때문에 정부는 작을수록 좋으며 오직 사회 질서의 유지, 사유 재산의 보호, 독점

방지와 경쟁 촉진, 화폐 제도의 유지 등 최소한의 역할만 수행하면 된다고 주장했습니다.

1976년 노벨 경제학상을 받은 그의 이론에 힘입어 각국은 시장 개입을 최소화하기 위해 통화 조절 기관을 독립시키고 미국은 오늘날 FRB 같은 독립적인 기관을 두게 됩니다.

그의 작은 정부론은 1980년 레이건 대통령이 등장하자 레이거노믹스(Reaganomics)로 재탄생합니다. 정부 지출을 줄이고 세금을 적게 거둬들이면 그만큼 주머니가 두둑해진 소비자들이 소비를 늘리고 소비에서 거둬들인 간접세가 늘어, 오히려 정부 재정이 튼튼해진다는 애덤 스미스의 이론을 채용한 것입니다.

상점의 물건을 팔리지 않는데 물가는 계속 올라가서 극심한 스태그플레이션에 빠지자, 레이건은 정부 지출을 줄이고 세금을 낮추며 규제를 완화했습니다. 이를 레이거노믹스라고 합니다.

이처럼 레이거노믹스가 추구하는 작은 정부는 세금을 덜 걷고, 정부의 씀씀이를 줄이며, 기업에 대한 정부의 규제를 완화하는 정책을 벌이게 됩니다.

⦂ MB노믹스와 트리클 다운

이명박 정부도 작은 정부의 깃발을 들었습니다. 레이거노믹스와 꼭 닮았습니다. 국민들이 내는 세금을 줄여 호주머니가 두둑해진 국민들에게 소비 여력을 더해 주는 정책입니다. 그런데 문제는 세금을 줄이다 보니 상대적으로 세금을 많이 내는 부자나 기업에 더 큰 이익이 돌아간다는 것입니다.

정부가 우선 줄이려는 부분은 소득세입니다. 세율을 일괄적으로 내리면 당연히 세금을 많이 내는 부자들이 이익입니다. 우리나라 근로자의 45%, 자영업자의 50% 정도는 지금도 세금을 거의 내지 않습니다. 따라서 소득세를 인하해도 하위 50%의 국민에게는 한 푼의 혜택도 돌아가지 않습니다.

반면, 감세 혜택의 대부분은 상위 10%에게 돌아갑니다. 법인세 인하도 마찬가지입니다. 2007년, 전체 기업 가운데 0.1%에 속하는 대기업이 법인세 세수의 61%를 냈습니다. 법인세 인하 혜택은 고스란히 대기업에게 돌아갑니다.

이렇게 줄어드는 세수를 채우기 위해 소비세를 늘입니다. 소비세는 간접세입니다. 간접세는 빈부 격차 해소 기능이 약합니다. 예컨대 승용차에 붙는 소비세는 부자나 서민이나 똑같습니다. 따라서 현 정부의 MB노믹스 중 감세 정책은 서민보다는 부자들의 가슴이 따뜻해지는 정책입니다. 같은 맥락으로 부자들이 주로 내는 종부세나 상속세, 양도세도 큰 폭으로 완화될 전망입니다.

반면 이명박 정부는 기업의 법인세를 줄여주면 기업의 수익이 늘어, 근로자의 월급이 올라가 결국 근로자가 이익이라고 설명합니다. 레이건 정부(1981~1989) 시절에도 부자들의 소득이 높아지면 결국 소비 증가로 이어져 서민들에게까지 이득이 된다고 말했습니다. 이를 구멍난 양동이에 계속 물을 부으면 물이 새어 대지를 촉촉하게 적시는 데 비유하여, 트리클 다운(trickle down) 현상이라고 합니다. 부자들에게서 넘친 부가 서민과 중산층까지 고루 이어진다는 이론입니다.

레이거노믹스는 이처럼 공급 경제학을 배경으로 합니다. 세금을

줄여 시중 유동성을 풍부하게 한 뒤 소비를 늘려 기업의 공급을 늘린다는 것입니다. 다른 말로 시장 친화적 경제라고 부릅니다.

하지만 양동이에서 흘러나온 물이 대지를 얼마나 적시는지를 놓고 여전히 논란이 많습니다. 상당수 경제학자들은 레이거노믹스 이후 미국 중산층의 입지가 오히려 줄어들었다고 평가합니다. 우리나라 역시 소득 상위 20%에 속하는 5분위 계층의 가구당 월평균 소득은 731만 원(2008년 5월, 통계청)이지만, 하위 20% 1분위는 87만 원에 불과합니다. 양동이에서 흘러나온 물이 적어도 우리 사회에서만큼은 대지를 고루 적시지 못하고 있는 것입니다.

: 작은 정부와 건강보험 당연지정제

지나친 규제와 꼭 필요한 규제를 쉽게 구별할 수 있는 것이 건강보험 당연지정제입니다. 우리나라의 건강보험 당연지정제는 강력한 규제를 가진 '반시장적' 정책입니다. 모든 국민이 의무적으로 국가가 지정한 한 가지 건강보험에 가입하고, 모든 병원을 동일한 비용에 이용할 수 있습니다. 보험료를 월 100만 원 내는 국민도, 월 1만 원만 내는 국민도 맹장 수술을 받을 때는 모두 똑같은 비용을 부담합니다.

이 경우 시장은 경쟁을 하지 않는 습관이 있습니다. 일정한 가격을 받을 수밖에 없는 병원은 경쟁하지 않으려 합니다. 그래서 똑똑한 의사들은 건강보험이 적용되지 않는 성형외과와 피부과로 몰립니다.

정부는 국민건강보험에도 시장 친화의 잣대를 들이댈 모양입니다. 일부 병원에서 건강보험 당연지정제 폐지를 검토하고 있습니다. 이 경우 A라는 특정 병원은 건강보험 환자를 의무적으로 받지 않고, 대신 자신들이 원하는 환자만 골라 받을 수 있습니다. B라는 비싼 보험에 가입한 환자는 비싼 보험료를 내고 다른 병원과는 차별화된 의료 서비스를 받을 수 있습니다.

비싼 환자를 더 많이 유치하기 위해 의사들은 더 열심히 연구하고, 병원은 더 좋은 서비스를 제공하려 할 것입니다. 시장은 이처럼 경쟁 원리를 통해 더 좋은 서비스를 만들어냅니다.

그런데 문제는 이런 B보험에 가입할 수 없는 90%의 국민입니다. 이들은 여전히 건강보험에 의존해 의료 서비스를 받아야 하지만 과거처럼 고급 호텔 같은 A병원에는 갈 수 없습니다. A병원은 더 이상 국민건강보험 가입자를 받지 않기 때문입니다. 따라서 국민 대다수의 의료 서비스 수준은 낮아질 수밖에 없습니다.

또 고소득자들이 B보험에 많이 가입할수록 국민건강보험 재정은 가난해지고, 의료보험의 수준이 갈수록 떨어집니다. 그럴수록 B보험에 가입하려는 국민은 늘어나고 건강보험 재정은 더욱 악화됩니다. 서민들이 갈 수 있는 병원은 더욱 줄어들겠지요.

건강보험 당연지정제 논란은 경제학자들이 250년 동안 해온 정부의 시장 개입 논란의 축소판이라고 할 수 있습니다.

▪ 문제는 바닥난 곳간

작은 정부의 또다른 문제는 정부 재정의 적자입니다. 이론적으로는 이렇습니다. 세금이 줄어 시장에서 소비가 늘어나면 기업의 수입이 늘어납니다. 이 늘어난 수입으로 기업이 더 많은 세금을 내야 합니다. 하지만 현실적으로는 국민들이 적게 내는 세금만큼 기업들의 수입이 덩달아 늘어나지는 않습니다. 세율 인하가 경기 성적표를 부양한다는 뚜렷한 경제학적 근거도 없습니다.

실제로 레이거노믹스 당시에도 미국의 재정 적자는 눈덩이처럼 불어났습니다(국방비에 너무 돈을 많이 쓴 것도 이유지만). 세금을 줄였으니 정부 창고가 바닥나는 것은 당연합니다. 당장 경기는 좋아졌지만, 레이건 행정부는 이를 메우려고 엄청난 국채와 공채를 발행했습니다. 물론 다음 정부까지 이 부담은 두고두고 이어졌습니다. 레이거노믹스 이후 미국의 빈부 격차는 매우 빠르게 심화됐습니다.

세금을 깎아준다는데 반갑지 않을 소비자나 기업은 없습니다. 세상에 좋은 세금, 반가운 세금은 없습니다. 그런데도 상당수 선진국들은 여전히 엄청난 세금을 거둬 안정된 경제와 복지를 감당하고 있습니다. 이들이 반갑지도 않은 세금을 줄이지 않는 이유는 무엇일까요?

우리 정부도 레이건 행정부처럼 감세로 인해 국고가 바닥나기 시작하면 결국 정부 지출 중 어느 부분을 줄일 것인지 고민하게 될 것입니다. 그 첫 번째가 가장 줄이기 쉽다는 복지 분야일 것입니다.

이미 한 해 2조 원이 넘는 종부세의 축소로 2009년도 영세 지방자치단체의 재원이 크게 부족해질 전망입니다. 소득 격차는 늘어날 수밖에 없습니다.

반면 경기 부양을 위해 도로 건설 등 SOC 예산 지출은 오히려 늘릴 계획입니다. 사람보다 시멘트가 중요하냐며 빈정거리는 소리가 여기저기서 터져 나옵니다. 건설 경기 부양도 결국은 사람을 향한 정책일진데, '비즈니스 프렌들리' 정책이 '웰페어 배들리(welfare badly)' 정책으로 이어질까 봐 걱정하는 사람들이 자꾸 늘어납니다.

 시장을 움직이는 두 가지 손

애덤 스미스의 보이지 않는 손은 가격에 의해 수요, 공급이 늘 적절히 조절된다는 이론입니다. 시장에 대한 정부의 간섭을 줄이고 제발 시장을 내버려두라는 이 이론은 20세기 후반에 프리드먼에 의해 보완돼 여전히 강력하게 작용합니다.

또 하나는 보이는 손(visible hand)입니다. 이는 정부의 정책과 규제를 말합니다. 보이지 않는 손이 지배하는 시장이 문제를 일으키면 정부의 보이는 손이 동원돼야 한다는 이론은 케인즈에 의해 집대성됐습니다. 이 두 가지 손은 모든 경제 문제에 등장합니다.

다음은 보이지 않는 손이 지배하는 시장에서 보이는 손이 작용하면 어떤 장단점이 있는지를 보여주는 대표적인 사례입니다. 보이는 손을 움직여야 할까요? 보이지 않는 손이 알아서 하도록 그냥 내버려둘까요?

보이지 않는 손	보이는 손
자동차를 만드는 대기업은 은행도 얼마든지 소유할 수 있다	산업자본은 은행을 소유할 수 없다
대기업은 어떤 업종이든 자유롭게 투자할 수 있다	일정 비율 이상은 투자할 수 없다
서울에도 얼마든지 공장을 지을 수 있다	공장은 더 이상 서울에 세울 수 없다
어떤 기업이든 노조 설립은 자유롭다	경제 특구의 외국인 기업 안에서는 노조 설립을 제한할 수 있다
해고된 노동자는 더 이상 책임지지 않는다	해고자에게 최대 6개월까지 실업 수당을 줘야 한다
생산 라인에 없는 직원에게 급여를 주지 않는다	출산 휴가 중인 여직원에게는 급여를 지급한다
기업은 자유롭게 근로자를 고용할 수 있다	기업은 국가유공자와 장애인을 법이 정한 일정 비율 이상 고용해야 한다

되살아나는
스태그플레이션의 망령

 경기 침체의 원인과 대책

> 중산층과 서민들이 주로 이용하는 각종 식료품 가격과 교육비 등이 불경기에도 불구하고 다시 오름세로 돌아섰습니다. 그러자 소비는 더 빠른 속도로 줄고 있습니다. 가뜩이나 불황으로 가처분 소득이 줄어든 주부들은 이제 마트에 가는 횟수마저 줄일 태세입니다. 잔뜩 부풀어오른 물가 때문에 정부는 시장에 돈을 풀기도 어렵습니다. 좀처럼 빠져나오기 힘든 이 위기를 불러온 장본인은 불황 속에서도 가격이 오른다는 '스태그플레이션' 입니다.

가전업체 월풀과 세계 최고의 여객기 생산업체 보잉, 미국 최고의 자동차 회사 GM, 세계 제일의 금융 회사 시티그룹, 세계 최고의 컴퓨터 서버업체 선마이크로시스템스! 미국인들이 가장 사랑하는 기업입니다. 또 하나 이들 기업의 공통점은 2008년 11월 대규모 감원을 발표했다는 것입니다.

불황에는 실업자가 늘어납니다. 2008년 11월 첫주에만 미국에서는 54만 명이 실업수당을 신청했습니다. 미 의회는 11월 26주간의 실업수당을 모두 받은 실업자에게 7주 더 실업수당을 주는 법안을 서둘러 통과시켰습니다.

주머니가 가난해진 소비자들은 보통 소비를 줄입니다. 이렇게 수요가 줄어들면 기업은 가격을 낮춰 소비자들의 지갑을 열려고 노력합니다. 그런데 가격을 낮출 수 없는 상황이 발생합니다. 종업원들이 임금을 올려달라고 요구하거나 수입 원자재 가격이 높아져 도저히 가격을 낮출 수 없는 경우입니다. 비싼 제품, 가뜩이나 소득이 낮아진 소비자들은 더 지갑을 닫고 기업은 더욱 고용을 줄입니다. 더 가난해진 소비자들은 이제 가벼워진 지갑을 장롱 안에라도 숨길 태세입니다.

: 스태그플레이션의 원인

돈이 넘치면 물가가 오르고 인플레이션의 고통이 뒤따릅니다. 그런데 시장에 흐르던 돈이 갑자기 어디론가 자취를 감췄습니다. 돈이 돌지 않는 것입니다. 시장에는 침체의 그늘이 드리워지고 극심한 고통이 찾아옵니다. 경기 침체(recession)입니다. 경기 침체는 여러 가지 얼굴로 찾아옵니다. 그 대표적인 것이 바로 스태그플레이션(stagflation)입니다.

자전거나라에서 자전거를 만드는 철강 값이 계속 오른다고 합시다. 상인들은 어쩔 수 없이 가격을 올립니다. 하지만 수요는 자꾸 떨어집니다. 시장 원리에 따라 상인들은 가격을 내려야 하지만 원자재

값 폭등으로 가격을 내릴 수 없습니다. 수요는 더 줄어들고, 문을 닫는 자전거 점포가 늘어납니다. 자전거 점포에서는 점원을 해고합니다. 해고된 점원은 자동차를 팔고 우유 소비를 줄입니다. 시장에 경제 불황으로 수요가 주는데도 물가가 오르는 스태그플레이션이 찾아옵니다.

1965년, 영국 재무장관 이언 맥클로드는 국회에서 당시의 경제 상황을 고백합니다. "지금 우리 경제는 최악의 선택을 앞두고 있습니다. 하나는 인플레이션이고 또 하나는 스태그네이션(stagnation)입니다. 문제는 이 둘과 함께 가야 한다는 것입니다. 일종의 스태그플레이션이 닥친 것입니다." 이 용어는 이렇게 태어났습니다.

서브프라임 모기지 사태 이후 주택 대출을 못 갚을까 봐 걱정하는 미국의 소비자들은 지갑을 닫고 있습니다. 금융 당국은 잇달아 금리를 내려서 시장에 여유 자금을 공급하고 있습니다. 이 경우 상인들은 제품이나 서비스의 가격을 내려 수요를 조절합니다.

그런데 가격을 내리지 못하는 상황이 찾아왔습니다. 국제 원자재값의 상승 때문입니다. 특히 2007년 배럴당 60달러 수준이었던 국제 유가는 2008년 봄을 지나면서 2배 넘게 급등했습니다. 소비자물가가 가파르게 오르면서 금융 당국은 더 이상 금리를 내리기도 어려워졌습니다.

국제 유가가 오르면 석유로 만드는 나프타의 가격이 따라 오릅니다. 나프타의 가격이 오르면 나프타로 만드는 플라스틱 제품의 가격이 따라 오릅니다. 국제 유가의 급등은 이런 식으로 동네 미용실에서 사용하는 플라스틱 소파의 가격을 올려놓습니다. 지갑이 가벼워진 소비자들에게 맞춰 의자를 만드는 상인

은 가격을 내리고 싶지만 원자재 값 상승으로 이마저 어려워졌습니다. 국제 유가는 거의 모든 소비자물가에 영향을 미칩니다.

국제 유가가 오르면 수돗물값도, 미용실 파마 요금도, 난로를 피워 기르는 겨울철 방울토마토의 가격도 오르게 됩니다. 수돗물을 취수하는 데도, 미용실의 난방에도, 방울토마토의 성장에도 석유 에너지가 필요하기 때문입니다.

보통 수요가 높으면 가격이 오르고 가격이 떨어지면 수요가 오르는 시장에서, 이처럼 수요가 줄어드는데도 가격이 오르는 현상을 스태그플레이션이라고 합니다. 보통 경기가 불황이면 물가가 하락하고 호황이면 상승합니다. 그런데 그 원칙이 허물어진 것입니다. 1970년대 초반 미국 경제가 그랬습니다. 경기는 자꾸 악화되어, 물건이 팔리지 않고 재고가 쌓이는데 자꾸 물가가 올랐습니다.

학자들은 스태그플레이션의 원인을 소수의 기업이 시장을 지배해 시장에서 보이지 않는 손의 역할이 무너지거나, 특정 원자재(국제 유가 등)의 가격 급등, 또는 경기를 살리기 위해 재정 지출을 늘리지만 경기가 살아나지 않고 물가가 올라가는 상황 등을 꼽습니다. 실제 지난 1973년 중동 전쟁으로 국제 유가가 치솟으면서 미국의 물가는 한 해 15%나 올랐지만 경제 성장은 마이너스를 기록했습니다.

경기가 바닥이어서 소비자들이 좀처럼 지갑을 열지 않는데도, 국제 원자재 시장에서 철강 값이 계속 올라 내수용 자동차의 원가가 상승해 결국 승용차 판매가격이 올라가는 경우가 그렇습니다. 같은 예로 기업의 이윤은 비슷한데 노동 조합의 압력으로 임금이 올라가는 경우도 마찬가지입니다. 이때도 시장은 얼어 있는데 이 회사 제품은 인건비 상승으로 결국 값을 올릴 수밖에 없습니다. 또 경기가 최고조에 달해 물가가 계속 오를 것이라는 소비자의 심리가 스태그플레이션을 불러오기도 합니다.

1990년대 초 우리나라에서는 호황이 끝났는데도 아파트 값은 치솟고 노동자들의 임금 인상 요구는 계속됐습니다. 결국 경기 침체와 물가 상승이 겹치는 스태그플레이션을 겪을 수밖에 없었습니다.

합리적 기대 이론과 루카스 교수의 위자료

경기가 얼어붙으면 정부는 시장에 지출을 늘립니다. 이 경우 소비는 늘고 실업은 줄겠지만 자칫 물가가 더 오를 수 있기 때문에 스태그플레이션은 풀리기가 아주 어렵습니다. 국민들은 실업률 증가와 높은 물가라는 이중고에 시달리게 됩니다. 이런 예측을 경제학자나 시중 통화 당국은 왜 미리 예방하지 못할까요? 각종 경제 부처와 통화 당국을 거느린 정부는 왜 경기 침체를 예측하지 못할까요?

지난 1970년대 초 겪은 세계 경제의 불황은 이처럼 경제학자들이 시장의 실패를 모두 막아낼 수 없다는 사실을 가르쳐줬습니다. 불황일 때는 시중에 돈을 적절히 풀어주면 된다는 케인즈의 이론 역시 1970년대 초의 혹독한 불황 앞에서는 맥을 추지 못했습니다.

1970년대 초 로버트 루카스 시카고대 교수는 이 같은 정부 정책이 되풀이되면 시장 참여자들이 이미 정부 정책의 결과를 예측해 그 나름대로 합리적인 결과를 찾아 행동한다고 주장합니다. 이 이론이 합리적 기대 이론(Rational Expectancy Theory)입니다. 예를 들어 극장에서 영화가 늘 상영 시간보다 10분 늦게 시작하면 관객들은 10분 늦춰 극장에 오게 마련입니다. 경기 침체로 정부가 돈을 풀면, 시중에 인플레이션이 올 것이라는 사실을 경험적으로 알고 있는 공장의 사장은 정부가 돈을 풀어도 더 이상 생산을 늘리지 않는 것이 합리적 기대 이론입니다.

합리적 기대 이론은 당시 정부의 적극적인 시장 개입을 주장해 온 케인즈학파에게 일격을 가했습니다. 정부가 어떤 정책을 취해도 시장 참여자들이 미리 대응한다는 뜻입니다. 정부 여당이 재건축 시장을 규제할 태세면, 이미 재건축 아파트 값이 오르는 이유도 이 때문입니다.

그래서 합리적 기대 이론은 경제학자들에게 정부의 확고한 경제 정책이 얼마나 중요한지 가르쳐주고 있습니다. 합리적으로 기대하는 시장 참여자들은 정부가 예측 가능하고 일관성 있는 정책을 펼칠 때 비로소 믿고 따라온다는 것입니다. 그래서 FRB의 새 의장 버냉키는 "정책이 확고하면 시장은 정책에 대한 기대에 부응한다"고 말했습니다.

'합리적 기대 이론'의 루카스 교수가 1995년에 노벨 경제학상을 받자 가장 좋아한 사람은 그의 전부인 리타였습니다. 리타는 1988년 루카스 교수와 이혼하면서 이혼 합의서에 남편이 노벨상을 탈 경우 상금의 50%를 가져간다는 조항을 넣었습니다.

7년 후 루카스 교수는 합리적 기대 이론으로 노벨 경제학상을 탔고, 이를 미리 예측했던 리타는 상금의 절반인 50%를 챙겼습니다. 남편의 합리적 기대 이론을 가장 잘 이해한 사람은 전부인 리타였던 셈입니다.

⁛ 전 세계에 불어닥친 경기 침체의 공포

불경기에 지속적으로 물가가 오르는 스태그플레이션과 다르게 전반적으로 경기가 정점을 찍고 하강하는 것을 경기 침체라고 합니다. 흔히 국내 총생산이 2분기 이상 연속 하락하면 경기 침체라고 표현합니다. 반면 침체된 경기가 계속되면 이를 디프레션(depression)이라 합니다. 이는 더 고통스럽습니다. 소비자들은 가벼워진 월급 봉투나 낮아진 구매력, 더 나아가 남편의 실직에 익숙해지는 법을 배워야 합니다.

2008년 11월, 《뉴욕타임스》는 파산 선고를 신청한 미국인이 10만 8,595명으로 1달 만에 무려 8%나 늘었다고 보도했습니다.

디프레션 상태가 지속되면 주택과 부동산 등의 자산 가격이 하락하고 결국 임금과 물가가 같이 하락하는 디플레이션(deflation)으로 이어질 가능성이 커집니다. 디플레이션은 재화나 서비스의 가격을 아무리 내려도 소비가 줄어들어, 시장에 돈이 바짝 마르는 상황을 말합니다.

'잃어버린 10년'이라고 부르는 1990년대 일본의 장기 불황이 대표적인 디플레이션입니다. 승용차 가격을 아무리 내려도 일본 소비자들은 차를 바꾸지 않았습니다. 1998년까지 일본에서는 실업률이 2배로 뛰었고, 12만 개의 기업이 문을 닫았습니다.

디플레이션이 찾아오면 중앙은행이 기준 금리를 0%까지 인하해도 은행들은 돈을 떼일까 봐 대출을 꺼리게 되고, 경기는 갈수록 얼어붙습니다.

4개월 전 배럴당 150달러를 넘나들던 국제 유가가 50달러 이하로 추락하자 미국은 빠르게 디플레이션의 공포에 빠졌습니다. 시장 참여자 모두 누군가 소비해 주길 바라면서 자신은 소비하지 않는 최면에 걸린 것입니다.

2008년 11월 19일 도널드 콘 FRB 부의장은 "디플레이션 우려가 커졌다"며 경기 침체가 시작된 것을 사실상 인정했습니다. 2008년 10월 미국의 소비자물가 상승률은 마이너스 1%를 기록하며 폭락했습니다. 61년 만에 가장 많이 떨어진 수치입니다.

영국도 1992년 관련 통계를 작성한 이후 최대인 마이너스 4.5%를 기록했습니다. 물가가 폭락하며 경기가 빠르게 가라앉고 있습니다. 아무리 가격이 내려가도 소비가 줄어드는 무서운 경기 침체의 조짐이 보입니다. 모두가 소비를 줄이는, 그래서 앉아서 함께 가난해지는 'D의 공포'가 시작된 것입니다.

자산 가치가 떨어질 것을 우려하는 세계의 투자자들이 그나마 제일 안전하다고 믿는 미국의 국채를 사들이면서 미국 국채의 이자율이 1%까지 떨어졌습니다. 2008년 봄에 미국 경제는 인플레이션을 걱정했지만, 불과 6개월이 지난 2008년 가을에는 디플레이션을 걱정하고 있습니다. 경제학자들과 경제 관료들의 경제 정책에 대한 전망과 대책이 얼마나 덧없는지 짐작이 가시죠?

⫶ 'R'의 구름이 드리워진 한국 경제

다행히 우리는 아직 물가가 4% 대를 유지하면서 디플레이션의 본격적인 조짐은 보이지 않고 있습니다. 수출 증가세가 줄고(수출이 아니라 수출 증가세가 줄어들고 있습니다) 소비자들의 소비 증가세가 줄었고 실질소득이 2% 남짓 떨어졌지만, 벌써 디플레이션을 걱정하는 것은 너무 앞서 가는 느낌입니다.

문제는 얼어붙은 금융 시장입니다. 돈 떼일 것을 염려하는 은행들이 더 이상 기업에 대출을 연장해 주지 않으면서 중소기업들의 자금줄이 마르고 있습니다. 은행들은 신용이 비교적 좋은 대기업에만 대출 창구를 열어놓고, 어려운 기업들을 상대로 곳간을 채워 BIS 비율 채우기에 급급합니다. 자칫 곳간이 비어 BIS 비율이 낮아지면 은행 자체가 퇴출될지 모른다는 위기감에 빠져 있습니다. '비 오는 날 우산 빼앗아 간다'는 대통령의 호통도 그래서 나왔습니다.

이 과정에서 정부의 오락가락하는 정책 혼선을 질책하는 목소리가 높습니다. 연간 7% 성장을 기치로 내건 이명박 정부는 출범하자마자 고환율에 대한 시장의 우려를 무시하고 원-달러 환율 상승을 사실상 용인했습니다. 환율이 오르는 게 수출에 도움이 된다는 이유에서입니다.

강만수 전 기획재정부 장관은 "금리 정책은 중앙은행 소관이지만 환율과 경상수지 적자 추이를 감안할 때 어느 길로 가야 할지는 자명한 일"이라며 사실상 환율을 방어하지 않겠다는 입장을 밝혔습니다. 그러자 달러 값이 기다렸다는 듯이 오르기 시작했습니다. 감독이 골을 먹어도 크게 관여하지 않겠다고 선언한 축구 경기에서 아무리 골키퍼가 애를 써도 경기는 기울게 마련입니다.

그리고 석 달이 안 된 지난 2008년 11월 외환 시장에서 원-달러 환율은 10년 8개월 만에 1,500원을 넘어섰습니다. 정부는 이번엔 곳간의 외환 보유고를 총동원해 환율을 방어하고 있지만, 이미 너무 넓어진 골대에 골키퍼만 자주 바뀐다는 지적이 일고 있습니다. 환율에서 금리와 수출 물가에 이르기까지 선장의 지휘력이 의심받으면서 배가 자꾸 폭풍 쪽으로 향한다는 시장의 의심이 커지고 있는 것입니다. 말로 시장의 신뢰를 잃는다는, 모럴 해저드(moral hazard)보다 무섭다는 '오럴 해저드(oral hazard)'에 빠진 것이죠.

정부는 부실 건설사를 살리기 위해 대규모 금융 지원을 추진 중입니다. 2008년 11월 10조 원 규모의 채권 시장 안정 펀드가 만들어졌습니다. 강만수 전 기획재정부 장관은 10년 전인 외환 위기 직후 재경부 차관에서 물러난 뒤 "제일은행과 서울은행을 억지로 살리지 말았어야 했다"고 말했습니다. 그런 그가 장관이 된 뒤, 투기를 부추겼다는 따가운 눈초리를 받고 있는 건설사들을 억지로 살리려 합니다.

시장은 일관성을 원합니다. 예측 가능한 정책의 부재는 시장에 혼란을, 정책에 대한 불신을 가져옵니다. '시장은 혼란을 가중시키는 정책 당국자에 대해 늘 반란을 꿈꾼다'는 말이 있습니다. 시장의 반란은 국가 경제의 근간을 흔듭니다. 2008년 11월, 시중은행들이 대통령의 호통에도 불구하고 곳간을 풀지 않는 이유도 같은 맥락이겠지요.

어떤 결론이든 빨리 방향을 세우고 서둘러야겠습니다. 병이 나으려면 좋은 의사와 치료법 그리고 환자의 의지가 있어야 합니다. 하지만 이 3가지를 갖추고도 진단과 처방이 늦으면 환자는 죽고 맙니다.

더 이상 망해 가는 은행을 세금으로 지원할 수 없다며 미국 의회가 지원 법안의 통과를 미루자, 폴슨 미 재무장관은 의회에서 결국 무릎을 꿇고 공적 자금을 요청했습니다.

비가 내려야 먹구름이 걷히는 법! 먹구름만 잔뜩 낀 우리 경제에 차라리 비가 빨리 내렸으면 하는 바람입니다. 우리 경제에 'R(경기 침체)의 구름'이 드리우고 있습니다.

성장률이 마이너스로
떨어진다는데?

 경제 성장과 GDP 계산법

"

골드만삭스는 미국 경제가 디플레이션 상황까지는 가지 않을 것이지만 올해 4/4분기 미국의 GDP성장률이 마이너스 5%로 추락할 것이라고 밝혔습니다. 내년에도 마이너스 성장을 면치 못할 것이라면서 잿빛 전망도 덧붙였습니다. 세계 최고 금융 그룹인 시티그룹의 부실이 계속 번지고 있는 가운데 골드만삭스의 애널리스트 브룩 슈그래이어는 주식회사 미국의 신화가 무너질 조짐을 보이고 있다고 전했습니다.

"

성장:[명사] 사람이나 동물이 점점 자라나는 것.

경제도 자라납니다. 시장이 커지는 것입니다. 시장에서 재화나 서비스의 거래 횟수가 늘어나는 것이 경제의 성장입니다. 한 나라의 경제도 이렇게 성장합니다. 그것을 수치로 표현한 것이 GDP(국내총생산, Gross Domestic Product) 계산법입니다.

ː 생각보다 쉬운 GDP 계산법

GDP 성장률이 마이너스를 기록한다는 것은 한 나라의 경제 규모가 뒷걸음친다는 것을 의미합니다. 그 나라에서 이뤄진 재화나 서비스의 거래가 오히려 줄어든 것입니다.

2008년 말 전 세계 유명 투자은행이 잇따라 2009년 한국경제의 성장률을 마이너스로 전망했습니다. 정부는 애써 무시했습니다. 2009년 2월 정부는 3% 플러스 성장을 공언했습니다. 그리고 한 달이 되지 않아 KDI는 우리 경제가 1분기 마이너스 5%대로 엄청나게 뒷걸음질칠 것이라고 전망했습니다. 그러자 비슷한 전망을 내놓은 경제 연구소들의 자기 고백이 뒤를 이었습니다.

한 나라의 경제 크기는 재화나 서비스가 거래되는 횟수에 비례한다고 설명드렸죠? GDP성장률이 마이너스 5%라는 것은 그만큼 거래된 횟수가 줄었다는 것입니다. 만약 딸기나라에서 거래되는 재화가 오직 딸기뿐이라고 가정했을 때 2008년도에는 딸기가 100번 거래됐는데 2009년도에는 같은 딸기가 95번밖에 거래되지 않는다는 뜻입니다.

주부가 끓인 김치찌개는 다 먹어치웠고 밤무대 가수가 부른 애절한 노래는 하늘로 날아가버렸지만 GDP 성장에는 도움을 줬을 텐데요. 알쏭달쏭한 GDP 계산법은 알고 보면 쉽습니다.

과거에는 GNP(국민총생산, Gross National Product)를 척도로 삼아 우리나라 안에서 전체 국민이 생산해 낸 값어치를 계산했지만, 어느새 우리나라 안에서 경제 활동을 하는 외국인이나 외국에서 경제 활동을 하는 우리나라 사람이 너무 늘었습니다. 도무지 외국인들의 경제 활동을 빼고 계산하기가 어려워졌습니다. 그래서 아예 우리나라 사람과 외국인을 구별 않고 국토 안에서 생산된 재화와 용역을 계산하는 방법이 GDP입니다. GDP는 나라 살림이 좋아졌는지 악화됐는지는 물론 나라끼리의 경제 상황을 비교하는 기본 척도가 됩니다.

이호리가 텃밭에 딸기를 심어 100만 원어치를 수확했다고 하면 100만 원어치의 재화를 생산한 셈입니다. 그러니까 우리나라 국민총생산에 100만 원어치 기여한 셈입니다.

그런데 100만 원어치의 딸기가 도매가격인지 소매가격인지, 옆집 이만세에게 준 가격인지 기준이 애매합니다. 생산된 값어치를 가격으로 환산하는 기준이 재화와 서비스마다 너무 제각각입니다. 그래서 소비된 가격으로, 다시 말해 소비자가 산 가격을 기준으로 합니다. 이호리 생각엔 100만 원어치 생산했는데 시장에서 팔린 돈을 모두 세어봤더니 80만 원이라면, 이호리가 생산한 GDP는 80만 원입니다.

이렇듯 GDP는 생산된 금액이라기보다 소비된 금액을 모두 더해서 계산합니다. 이호리가 딸기 대금 80만 원을 받아 동네 이발소에서 1만 원어치 이발을 했다면, 그만큼 GDP가 늘어난 셈입니다. 물론 이 GDP의 생산은 이발소 주인이 했죠.

이렇게 우리나라 안에서 지난 2008년 한 해 동안 팔린 딸기 값부터 자장면 값, 자동차 값 등 재화의 소비액과 목욕탕, 이발소, 룸살롱 아가씨 팁까지 서비스의 소비액을 전부 더했더니 8,500억 달러 정도 된다고 하면, 우리 GDP는 2008년 한해 8,500억 달러입니다. 나라별로 따져봤더니 세계 12번째입니다. 이 말은 우리 국민이 한 해 동안 국내에서 쓴 돈을 전부 더해봤더니 8,500억 달러로, 세계에서 12번째로 많다는 뜻입니다.

그런데 소비는 국민만 하지 않습니다. 경제의 3주체(국민, 정부, 기업)가 모두 소비합니다. 정부는 세금을 거둬 이를 나라 살림을 위해

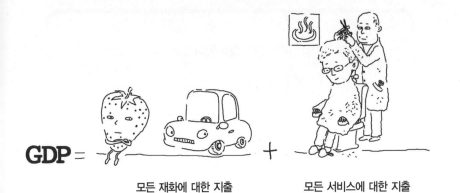

GDP = 모든 재화에 대한 지출 + 모든 서비스에 대한 지출

지출합니다. 대표적으로 고속도로를 짓고 공무원들에게 월급을 주겠죠. 이 돈 모두 나라가 '소비'한 돈이니까 이 역시 GDP에 포함돼야 합니다.

기업도 소비를 합니다. 종업원에게 월급을 주고, 새 기계를 들여옵니다. 이를 투자라 하는데, 기업이 한 투자 역시 GDP에 포함됩니다. 그래서 GDP = 가계의 소비 + 기업의 투자 + 정부의 지출이라고 보시면 됩니다.

한 가지 더! 이호리가 일본에서 캐논 카메라를 샀다고 합시다. 이는 소비는 소비인데 나라 밖에서 한 소비니까 빼야 합니다. GDP는 앞서 말한 것처럼 나라 안에서 소비된 액수만 더하는 것이니까요. 마찬가지로 일본 사람인 이치로가 서울의 백화점에서 삼성전자의 TV를 사 가면, 외국인이 쓴 돈이더라도 어찌 됐든 우리나라 안에서 쓴 돈입니다. 그래서 GDP에서 수입액은 빼고 수출액은 더합니다.

> **최종 GDP 계산법**
> 가계의 소비 + 기업의 투자 + 정부의 지출 + (수출 – 수입)

Quiz 딸기마을의 GDP는 얼마일까요?

딸기마을 이호리가 상점에서 구입한 1,000원짜리 너부리라면을 오랜만에 집에 놀러 온 친구 이만세에게 전복을 넣어 끓여줬습니다. 전복은 어머니가 시골에서 잡아 보내주신 주먹만 한 것으로 개당 1만 원쯤 되는 실한 것입니다. 이만세는 호리에게 고마운 마음에 10만 원을 주고 사 온 그림을 선물했습니다. 호리는 만세가 준 그림을 화랑에서 3만 원을 주고 표구했습니다. 표구 재료는 중국에서 2만 원에 수입된 것입니다.

이호리가 1,000원을 주고 라면을 구입해서 +1,000원, 전복은 판매가 이뤄지지 않았기 때문에 +0원, 이만세가 그림을 사면서 +10만 원, 화랑이 표구 서비스로 올린 값이 +3만 원, 하지만 수입한 표구의 원가는 빼야 하니까 −2만 원. 따라서 딸기마을의 전체 GDP는 11만 1,000원입니다.

⋮ GDP가 오른다고 GNI가 오르진 않아

GNI(Gross National Income)는 1인당 국민소득입니다. 다시 말해 GDP를 인구수만큼 나눈 수치입니다. 참여 정부 시절 흔히 경제 성장률이라 불리는 GDP가 해마다 5% 가까이 성장해도, 정작 1인당 실질 GNI는 2.2% 성장(2007년 3.9%)에 머물렀습니다. 실질 GNI는 1인당 국민소득에 물가 등의 외부 요인을 함께 계산한 수치입니다. 사실상 국민들의 실질 구매력을 나타내는 것이지요.

1인당 실질 GNI가 불과 2.2% 성장했다는 뜻은 수출이 잘돼 나라는 돈을 잘 버는데 정작 국민들이 손에 쥔 소득은 별반 나아지지 않았다는 말입니다. 이유는 환율과 물가 때문입니다. 원화의 환율이 떨어지면서 GDP 수치만 개선된 것입니다. 게다가 원유는 물론 곡물 등 원자재 가격이 계속 오르면서 결국 서민들이 반드시 소비해야 하는 난방비, 수도세, 전기 요금, 식료품 등 필수 지출이 늘어나 국민들의 실질 GNI는 그만큼 떨어졌습니다.

여기에서 보듯 교역 조건이 악화될수록 수출은 늘지만 국민들의 실질소득(구매력)은 오히려 떨어질 수 있습니다. 예를 들어 딸기 100개를 생산해 자전거 1대를 살 수 있다고 할 때, 딸기의 생산성이 좋아지면서 똑같은 노력으로 120개를 생산할 수 있게 됐습니다. 그러자 시장에서 딸기 가격이 30%나 급락했습니다. 이 때문에 딸기 130개를 줘야 자전거를 1대 살 수 있습니다. 결국 딸기를 재배하는 주민들의 구매력은 떨어지고 맙니다. 더 많이 생산했는데도 실질소득이 떨어진 것입니다.

이처럼 교역 조건이 나빠지면 같은 돈을 주고도 수입할 수 있는 재화의 양이 줄어들기 때문에, 이를 반영한 GNI 성장률은 GDP 성장률을 밑돌게 됩니다.

이 같은 실질소득의 하락은 특히 저소득층에 더 크게 영향을 줍니다. 2008년을 기준으로 소득 상위 20% 주민들의 소득이 하위 20%의 소득의 8.41배가 넘습니다.

이렇게 소득 격차가 벌어지면서 하위 20% 주민들의 적자 인생도 갈수록 심각해지고 있습니다. 물가가 오르기 때문에 이들의 소득이 증가하는 속도가 물가 상승 속도를 따라잡지 못하는 것입니다. 벌이는 시원치 않은데 아무리 아껴도 씀씀이는 되레 커진 셈입니다. 2008년 3/4분기 기준으로 소득 하위 30% 계층에서 가계 살림이 적자가 난 가구의 비율은 50.7%로 1년 만에 1.2% 포인트 급등했습니다.

나라 경제가 아무리 훌륭한 양적 성장을 거둬도 국민들의 실질 GNI가 따라 오르지 않으면 경기는 살아나지 않습니다. 오히려 뉴스에 발표되는 화려한 경제 성적표가 미워질 뿐입니다. GDP가 기업의 매출을 말한다면, GNI는 직원들의 순소득을 말하는 셈입니다. 순소득이 시원찮은 직원들이 매출만 높아지는 회사 사장에게 후한 점수를 주지 않는 것은 당연합니다. 그래서 참여 정부는 그런대로 시험은 잘 치르고도 정작 국민들에게서 낙제점을 받았습니다.

⁝ GDP의 적, 물가

딸기나라에 미용사 A와 딸기 재배 농민 B, 그리고 모자를 만들어 파는 주부 C, 이렇게 시장 참여자 3명이 살고 있습니다. 딸기 재배 농민 B가 미용사 A에게 파마를 하면서 1만 원을 지불했습니다. 미용사 A는 주부 C에게 모자를 2만 원에 구입했습니다. 주부 C는 딸기 재배 농민 B에게 3만 원을 주고 딸기를 구입했습니다. 결국 딸기나라의 전체 GDP는 6만 원입니다.

그런데 물가가 올랐습니다. 그러자 주민 3명이 모두 값을 일정하게 2배로 올렸습니다. 파마 값이 올라 딸기 재배 농민 B가 미용사 A에게 2만 원을 지불했습니다. 미용사 A는 주부 C에게 모자를 4만 원에 구입했습니다. 주부 C는 딸기 재배 농민 B에게 6만 원을 주고 딸기를 구입했습니다. 그러자 이들이 만든 GDP도 급등해 12만 원이 됐습니다. 그렇다면 GDP가 2배로 높아진 딸기나라는 예전보다 더 부자가 된 걸까요?

그렇지 않습니다. 소득은 높아졌지만 물가도 소득만큼 올라 결국 나아진 것은 없고 실질 구매력은 똑같습니다. 이 때문에 GDP를 계산할 때 항상 물가인상분을 빼야 정확한 GDP가 산출됩니다. 이처럼 물가가 반영되지 않은 GDP를 명목 GDP, 물가가 반영된 GDP를 실질 GDP라고 합니다. 당연히 국가 경제가 얼마나 커졌는지 살필 때는 실질 GDP를 사용합니다.

실질 GDP 성장률 = 명목 GDP 성장률 / 물가 × 100

따라서 만약

2006년(기준년도) 명목성장률 : 3%   물가 : 100

2007년 명목성장률 : 4%   물가 : 110이라면

2007년 실질성장률(4/110 × 100) = 3.6%

따라서 2007년 명목 성장률은 4%이지만, 물가인상을 반영한다면 2007년 실질 성장률은 3.6% 성장하는 데 그친 것입니다.

어떠냐? 나의 재력이…

결국 한 나라의 GDP를 끌어올리려면 온 국민이 소비를 더 많이 하면 됩니다. 하지만 현실에서는 불가능한 이야기입니다. 국가가 국민에게 GDP를 올리기 위해 소비를 펑펑 해달라고 해도 소비 주체인 국민들과 투자 주체인 기업들은 필요한 TV만 사고 필요한 인력만 고용합니다. 합리적으로 소비하고 투자합니다. 경제학 이론은 늘 시장 참여자들이 합리적으로 경제 활동을 한다는 기초 위에 이뤄졌으니까요.

결국 국민들의 소비를 늘리려면 품질이나 서비스 향상으로 소비자에게 더 높은 부가가치를 제공하는 수밖에 없습니다. 그래서 높은 부가가치를 가진 기술력이 많은 나라에서는 온갖 재화나 서비스가 더 많이 오고가서 부자 나라가 되는 것입니다.

유명 투자은행들이 2009년도 한국의 성장률을 보란 듯이 하향 조정했습니다. 이들의 전망이 틀리고 정부의 3% 성장 예측이 맞다고 해도 정부가 당초 약속한 7%보다는 크게 낮은 수준입니다. 마이너스 성장률이 가시화되면 국민들의 실질 구매력을 나타내는 1인당 GNI 증가율은 더 떨어질 것입니다.

외국계 투자은행들의 전망대로 성장률이 마이너스로 떨어진다면 우리는 더 가난해질 것입니다. 한국은행 통계로도 기업과 가계의 빚은 지난 1년 동안에만 247조 원이나 늘어 1,800조 원을 넘어섰습니다. 곳간이 빈 기업과 가계가 또다시 빚을 얻어 투자와 소비를 늘리기는 어렵습니다. 투자은행들이 2009년 한국의 성장률을 비관적으로 보는 이유도 여기 있습니다.

GDP 성장률이 아무리 늘어도 저소득층의 실질 소득은 좀처럼 늘지 않습니다. 경제학자들이 자주 언급하는 '술집에 온 빌 게이츠'라는 일화가 있습니다. 술집에 빌 게이츠가 들어오자 현재 그를 포함한 술집에 있는 모든 주민들의 평균 소득이 크게 올랐습니다. 하지만 달라질 것은 없습니다. 빌 게이츠는 여전히 부자고 마이클은 여전히 가난합니다. 통계는 통계일 뿐입니다.

떨어진 성장률은 저소득층에게 가장 먼저 고통을 줄 것입니다. 성장률 하락이 무서운 이유도 여기 있습니다. 외국 투자은행들이 내놓은 냉정한 전망이 틀리길 기원해 봅니다. 물론 그들이 틀리고 맞느냐는 우리의 경제 행위가 결정하겠지요.

18 '사다리 걷어차기'

신자유주의 바로 보기

> 일자리를 만들고 의료보험을 확대하며 금융 산업에 대한 규제를 강화하겠다는 오바마 당선자의 일성은 시장에 새로운 규칙을 만들겠다는 신호탄으로 해석됩니다. 《뉴욕타임스》는 이 같은 정책 방향이 규제 완화와 감세로 대변되는 신자유주의와는 확연히 구분되는, 새로운 흐름을 예고한다고 분석했습니다. 2008년 노벨 경제학상을 받은 폴 크루그먼 프린스턴대 교수도 지금 미국 경제에 필요한 것은 새로운 형태의 뉴딜 정책이며, 이러한 노력이 시장에서 신자유주의를 걷어내는 디딤돌이 될 것이라고 밝혔습니다.

근대 시민사회는 사유재산을 인정하면서 태동했습니다. 부자가 되고 싶은 마음이 자본주의를 낳았습니다. 재산을 가진 부르주아는 더 많은 부를 소유하기 위해 시장에 참여합니다. 하지만 한정된 재화로 경쟁은 심화되고 누군가는 반칙을 하게 마련입니다. 그래서 지난

300년 동안 반칙을 막을 사회적 규범들이 수도 없이 만들어졌습니다. 부르주아는 이제 각종 규범에 눌려 부를 창출하기가 버거워졌습니다. 시장에는 자유가 더욱 절실해졌습니다. 반칙을 하지 못하도록 만든 규정을 하나둘 버리자는 목소리가 높아졌습니다.

신자유주의(Neoliberalism)는 이렇게 생겨났습니다. 그리고 지난 20년간 세계 경제를 지배해 왔습니다.

：평가대 위에 오른 신자유주의

레이거노믹스 이후 시장은 다시 자유에 관심을 모았습니다. 거대한 정부와 규제로 무거워진 시장은 규제의 갑옷을 벗을 만한 명분을 찾았고, 그 해법을 신자유주의에서 도출했습니다. 규제를 풀수록 정부는 작아지고, 시장은 커지고 강해집니다. 그래서 20세기 말부터 시장 자율을 확대하는 국가와 정부가 빠르게 늘었습니다. 이른바 신자유주의 시대가 도래한 것입니다.

신자유주의는 규제보다는 시장과 자율, 경쟁을 추구합니다. 이를 위해 세금을 줄여 작은 정부를 만들고, 자본 시장을 자유화하고, 외환 시장을 개방하고, 관세를 없애거나 줄여 무역 장벽을 허물고, 국가 기간산업을 민영화하고, 외국 자본의 투자를 허용하는 등의 정책이 자리를 잡았습니다.

따지고 보면 금융 위기도 20세기 말 미국 정부가 금융 시장의 각종 규제를 풀면서 시작됐습니다. 예금을 받고 대출을 해주는 상업은행과 돈을 굴려 수익을 내는 투자은행 간의 벽이 조금씩 허물어지면서 상업은행이 빌려준 주택 담보 대출을 투자은행들이 포장하고 부풀렸고, 이렇게 부풀려진 뭉칫돈은 다시 상업은행으로 들어가 대출에 이용됐으며, 대출 채권은 다시 투자은행으로 들어가 엄청난 부를 창조했습니다. 월스트리트는 마법처럼 부를 창출했고, 규제 완화는 그 신화를 잉태한 태초의 신화가 됐습니다.

하지만 시리디시린 금융 위기를 겪으면서 원인을 규제 완화 탓으로 돌리는 목소리가 높습니다. '그때 그 규제를 풀지만 않았어도'라는 후회는 시장에서 신자유주의를 다시 평가하는 결정적인 계기가 됐습니다. 정권을 뺏긴 지 11년이나 되는 영국 보수당은 서둘러 복지와 노동 고용 정책에서 신자유주의를 걷어내고 있습니다. 유럽 국가들이 앞다퉈 레이건-대처리즘의 종말을 선언하고 있습니다.

앙겔라 메르켈 독일 총리는 은행 자본을 규제하고 금융 시장의 투명성을 강화하겠다고 선언했고, 니콜라 사르코지 프랑스 대통령은 '제한적 자본주의'의 재건을 강조하고 있습니다. 무역장벽을 허물고 금융 시장을 개방하라는 미국의 메시지도 힘을 잃고 있습니다. 경제학자들은 규제가 사라진 시장의 위험성을 깨닫고, 먼지 쌓인 서고에 내팽겨쳐진 규범 책을 다시 꺼내들 태세입니다.

: FTA를 통해 알아보는 신자유주의

신자유주의를 대표할 만한 가장 큰 사건은 역시 한미 FTA(자유무역협정)입니다. FTA는 특정 국가끼리 서로 배타적인 무역 특혜를 베풀겠다는 약속입니다. 보통은 관세를 최소화하는 방식으로 이뤄지지만, 최근에는 관세 철폐 이외에도 서비스나 투자 자유화까지 범위를 넓히고 있습니다(지적재산권의 경우 우리나라에서 인정하는 가수의 초

상권을 미국에서도 포괄적으로 인정한다는 식입니다. 이 경우 미국의 광고회사는 이 가수의 사진을 함부로 실을 수 없게 됩니다).

FTA처럼 규제를 줄이고 시장의 자율을 확대하는 일련의 자유주의 경향이 신자유주의입니다. 경제학자들이 정부의 시장 간섭을 주제로 밥벌이를 하는 동안, 선진국들은 시장의 자율을 한층 더 보장하자며 '밀턴 프리드먼의 깃발'을 들었습니다. 이처럼 신자유주의는 정부의 시장 개입을 반대하는 새로운 자유주의 경향을 일컫습니다.

미국에 관세라는 장벽이 사라지면 우리 제품의 미국 내 판매가가 낮아집니다. 정부는 관세 효과만 10억 8천만 달러 정도라고 추산하고 있습니다. 여기에 외국인 투자가 늘어나고, 산업 기술 협력이 강화돼서 나타나는 효과, 즉 생산성 효과가 12억 6천만 달러로 추산됩니다. 우리가 만든 휴대전화와 승용차는 더 싸게, 더 많이 미국에서 팔릴 것입니다.

또 경쟁이 치열해질수록 우리 산업의 생산성이 높아질 것이라는 전망도 많습니다. 붕어가 사는 어항에 미꾸라지가 들어오면 살아남기 위해 붕어도 강해지듯이, 국가간 관세장벽이 무너지면 똑똑한 기업만 살아남는다는 시장의 원리가 작동해 우리 산업이 궁극적으로는 더 튼튼해질 것이라는 전망입니다. 실제로 칠레와의 FTA 체결 이후 우리 포도는 칠레산에 밀리지 않고 오히려 재배 면적과 생산량을 늘리고 있습니다.

하지만 한미 FTA가 가져올 효과에 대한 기대 섞인 예측만큼이나 경쟁과 자율만 강조된 시장이 함께 가져올 그늘에 대해 우려의 목소리도 높습니다. 미국의 다국적 곡물 회사들이 재배한 값싼 농산물이 우리 농산물 시장을 초토화시킨 뒤 다시 가격을 높일 수도 있기 때문입니다. 다국적 제약사들은 국민건강보험제도의 틈새를 이용해 약값을 인상할 것입니다. 서비스 시장 개방으로 첨단 병원이 들어와 우리 병원 산업의 기반을 흔들지도 모릅니다. 어항의 붕어는 미처 강해지기 전에 죽을지도 모릅니다.

⦂ 달콤한 규제 철폐, 쓰디쓴 부작용

사교육비를 줄이기 위해 정부는 밤 10시 이후에는 보습학원이 영업할 수 없도록 규제했습니다. 학원 시장의 불만이 커집니다. 서울시 교육청은 규제를 풀고, 학원의 영업시간을 학원 자율에 맡기는 방안을 검토 중입니다. 학원의 영업시간이 길어지면 학원 시장은 더 커질 수 있습니다. 파이가 커지면 학원은 더 많은 수익을 올리고 일자리를 많이 만들 것입니다.

학원간의 경쟁도 그만큼 치열해질 수밖에 없습니다. 더 재밌고 효과적으로 수업하는 학원은 더 많은 이윤을 창출하게 됩니다. 신자유주의는 이처럼 시장을 키우고 시장 참여자 모두에게 행복을 안겨주는 해법처럼 보였습니다. 하지만 세상에 '공짜 점심'은 없는 법이지요.

시장의 자유는 커졌지만, 그만큼 시장에는 그늘이 드리워집니다. 학원의 심야 영업을 허용하면 학부모들의 사교육비 부담이 커질 수밖에 없습니다. 학교 수업 시간에 잠을 자는 학생들은 더 늘어날 것입니다.

신자유주의는 자유와 시장, 경쟁, 개방, 기회란 단어로 요약할 수 있습니다. 하지만 경쟁이나 개방, 기회 등은 강한 자에게 더 유리한 단어입니다. 약자는 강해질 기회를 얻기도 전에 시장에서 퇴출될 수 있습니다. 신자유주의가 가진 자에게 삶의 풍요를, 가난한 이들에게 삶의 재앙을 불러온다는 주장도 이 때문입니다.

이명박 정부가 추구하는 많은 경제 정책들은 신자유주의의 얼굴을 하고 있습니다. 하지만 기업의 총액 출자 제한 규제를 풀어주면 기업은 언제든 다시 문어발식 투자를 할지 모릅니다. 금호아시아나그룹의 경우 18개였던 계열사가 3년 만에 52개로 3배 가까이 늘었습니다. 그룹의 부채 비율은 229%로 2배 이상 급증했습니다.

삼성그룹이 두부 시장에 진출한다면 800억 대의 두부 시장은 금세 삼성의 몫이 될 것입니다. 수도권 공장 신설을 풀어주면 지방의 산업단지는 더 황량해질 것입니다. 공영 방송을 민영화하면 클래식 채널이나 장애인 프로그램은 자취를 감출지 모릅니다. 근로기준법을 완화해 기업의 자율을 보장할수록 비정규직은 늘어납니다. 여신전문금융업법을 완화해 카드 회사들의 자율 기능이 늘면 신용불량자가 늘어날 수밖에 없습니다.

신자유주의에서 말하는 자유는 사회적인 자유와는 다른 개념입니다. 17세기 존 밀턴이 말한 자유롭게 말하고 자유롭게 일하고 자유롭게 생각할 수 있는 자유가 아닙니다. 우리가 아는 자유가 시민 1인이나 대통령 1인이나 모두 한 사람의 인권을 갖는다는 평등의 개념이라면, 신자유주의의 자유는 경제학적인 자유입니다.

경제학에서는 1달러를 갖고 있는 사람의 1달러만큼의 자유를 갖고 있습니다. 100만 달러를 갖고 있는 사람에게는 100만 달러만큼의 자유를 보장합니다. 따라서 100만 달러를 가진 사람의 자유는 1달러를 가진 사람은 100만 배를 보장받는 곳이 시장입니다. 10만 달러를 갖고 있지 않은 소비자는 포르쉐를 살 수 있는 자유가 없습니다.

이처럼 신자유주의는 인권적 평등이 아닌, 시장에서 인정하는 권위에 대한 수평적인 평등을 기반으로 자유를 추구합니다. 그 경제적 자유가 커질수록 상대적으로 경제적 자유를 갖지 못한 계층의 불이익도 커질 수밖에 없습니다.

시카고학파

시장 기능을 다시 살리고 정부 개입을 최소화하자고 주장하던 밀턴 프리드먼이 시카고대 교수로 재직하면서 그의 이론을 따르게 된 경제학자들을 시카고학파라 부릅니다. 이들은 '시장'과 '보이지 않는 손'의 자유를 최대한 보장하기 위해 정부의 규제와 간섭을 최소화하는 것이 최고의 경제 정책이라고 믿습니다. 그들은 금융 시장의 자율화를 위해 통화 기관의 독립을 주장했습니다. 2007년에 노벨 경제학상을 수상한 로저 마이어슨 교수도 시카고대 교수입니다. 21세기 초 세계 경제는 프리드먼의 깃발 아래 흘러가고 있습니다. 그의 작은 정부 이론은 나아가 신자유주의의 이론적 토대가 됐다는 분석도 많습니다.

하버드와 아이비리그 대학들이 1950년대 정부의 역할을 중시한 케인즈의 통화주의 경제학을 등에 업고 미국의 주류 경제학을 차지하고 있을 무렵, 프리드먼을 중심으로 한 시카고학파는 시장 자율의 깃발을 들고 케인즈학파와 승부하며 입지를 키웠습니다.

훗날 시카고학파들이 미국이 아닌 다른 서방 국가에서 주요 경제 정책을 집행하게 된 이유도 당시 미국 경제학 시장을 선점하고 있던 케인즈학파를 피해 해외로 눈을 돌렸기 때문입니다. 칠레에 우파 정권이 들어서자, 이들에게 시장경제를 가르쳐준 사람들도 시카고학파 경제학자들입니다.

시장 자율과 작은 정부 이론으로 서방 세계의 경제 정책에 개입한 시카고학파의 후예들을 '시카고 보이스(Chicago Boys)'라고 합니다. 그래서 시카고학파를 경제학자들간의 권력 투쟁의 산물로 바라보는 시각도 있습니다.

지난 1969년 노벨 경제학상이 시상되기 시작한 후 모두 61명의 수상자 중 24명이 시카고대를 졸업했거나 시카고대에서 경제학을 강의한 경제학자였습니다. 시사주간지의 표지 인물로 등장하는 시카고학파는 해마다 늘고 있습니다. 그래서 노벨 경제학상을 타기 위해서는 미국인이어야 하고, 남자여야 하며, 시카고에 살아야 한다는 조건 아닌 조건이 생겼습니다.

케네디 대통령은 취임하면서 "조국이 당신을 위해 무엇을 할 수 있는지 묻지 말고, 당신이 조국을 위해 무엇을 할 수 있는지 물으십시오"란 명언을 남겼습니다. 이를 인용해 프리드먼은 자신의 책 『자본주의와 자유』에서 "조국이 당신을 위해 무엇을 할 수 있는지 요구하지 마라. 당신도 조국을 위해 무엇을 할 수 있을지 묻지 마라"라는 유명한 말을 남겼습니다. 이는 정부의 인위적 시장 개입을 경계하는 촌철살인으로 평가받고 있습니다.

﹕사다리 걷어차기와 승자독식사회

21세기가 시작되자마자 선진국들은 우루과이라운드를 핑계로 무역장벽 철폐, 관세 철폐를 외치고 있습니다. 높은 관세의 무역장벽을 친 나라는 이제 세계 시장의 죄인입니다. 하지만 따지고 보면 선진국 산업도 무역장벽을 등에 업고 성장했습니다. 전기, 전자에서 자동차, 항공, 의료 산업은 물론 패션 등 문화 산업에 이르기까지 2, 3중의 무역장벽과 각종 보조금으로 무장한 채 자국의 산업을 키웠습니다. 그런데 이제는 아시아 등 신흥 개발국을 향해 무역장벽 철폐와 보조금 규제 등 자유무역의 목소리를 높이고 있습니다.

과거 자국의 모직 산업을 보호하기 위해 아시아로부터 모직 수입을 철저히 반대했던 영국은, 이제 와서 무역장벽 철폐만이 전 세계가 함께 부자가 되는 길이라고 목소리를 높이고 있습니다. 철저히 자동차 수입을 막으며 렉서스 신화를 만든 일본은 이제 개발 도상국을 향해 자동차 수입 자유화를 요구하고 있습니다.

가장 피해를 입는 것은 신흥 개발국들의 성장 산업입니다. 채 성숙하기도 전에 장벽은 무너지고, 이미 어른이 돼버린 선진국의 산업들과 대등한 게임을 벌여야 합니다.

그래서 캠브리지대 경제학과 장하준 교수는 이를 '사다리 걷어차기'라며 강력하게 비판했습니다. 자신들은 이미 높은 곳으로 올라간 뒤, 늦게 출발한 친구들이 함께 가자고 하자 사다리를 걷어차버렸다는 것입니다. 그는 부자 나라들이 과거 보호무역과 정부 보조금 정책으로 자신들의 기업을 첨단 기업, 거대 글로벌 기업으로 성장시킨 뒤, 이제는 개발 도상국들에는 자유무역만이 최고라며 무역장벽 철폐를 주장한다고 신랄하게 지적했습니다.

관세 장벽과 보조금을 통해 성장한 선진국들이 개발 도상국에는 자신들이 걸어온 길과 다른 길을 걸으라고 강요하는 것은 쓰러진 사람을 도와주는 척하며 돈을 강탈하는 '나쁜 사마리아인'이나 마찬가지라고 설명했습니다.

신자유주의는 강한 자만이 살아남는다는, 그래서 살아남는 자만이 아름답다는 원칙을 숨기고 있습니다. 적자생존의 시장은 불평등도 정당화하기 쉽습니다. 신자유주의가 '승자가 모든 것을 갖는 사회, 승자독식사회(Winner takes all)'를 추구한다는 오해를 사는 이유도 이 때문입니다. 제국주의나 인종차별주의도 따지고 보면 불평등을 정당화한 사회의 산물입니다.

한정된 재화 때문에 인간은 반드시 반칙의 유혹을 받습니다. 자본과 힘으로 무장한 세력이 반칙을 하지 못하도록 견제할 무엇이 필요

합니다. 각종 금융 파생 상품으로 반칙을 일삼던 월스트리트의 금융자본을 견제할 튼튼한 장치가 있었다면 오늘날 미국의 금융 위기는 오지 않았을 것입니다. 지금의 금융 위기가 진짜 신자유주의의 종말을 불러올지는 확실치 않습니다. 슬픈 것은 강자들이 만든 반칙의 링 위에서 희생되는 것은 언제나 약자뿐이라는 사실입니다.

정부가 내건 '비즈니스 프렌들리'의 친시장 정책은 월스트리트에서 지탄의 대상이 된 신자유주의를 쏙 빼닮았습니다. 그래서 강자에게 더 많은 권한이, 사회적 약자에겐 더 적은 혜택이 돌아갈 것이라는 우려의 목소리가 높습니다. 실제로 정부는 보란 듯이 상속세와 양도세, 법인세, 종부세를 완화하거나 완화할 계획입니다.

신자유주의는 다른 조건에서 태어난 약자들도 같은 조건에서 경쟁

하는 것이 공정하다고 설명합니다. 권투나 유도에도 체급이 있지만 이제 한국 경제에서 체급은 사라지고 있습니다. 중소기업은 대기업과, 지방은 서울과, 시골 학생은 강남 학생과, 다른 출발점에서 똑같이 경쟁해야 합니다.

결국 규제 완화는 대기업이나 수도권 다주택자처럼 이미 2, 3루에 진출한 자들에게 더 많은 혜택을 가져다줄 것입니다. 그 혜택이 아무쪼록 정부의 주장처럼 아직 1루도 밟지 못한 약자들에게도 이어지길 기대해 봅니다.

4장

불타는 증시로
번지점프!

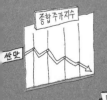

'회광반조(廻光返照)'. 해가 떨어지기 직전에 가장 눈이 부십니다. 너도나도 증권사 객장으로 뛰어들고 주가는 하늘을 찌를 듯 치솟았습니다. 하지만 기업의 가치를 뒤로하고 여기저기서 몰려든 뭉칫돈으로 오른 주가는 어느 날 그 빛을 모두 불사르고 속절없이 꺼지게 마련입니다. 유동성 장세가 사그라진 증시에서 투자자는 썰물처럼 자취를 감추고, 당신의 투자금도 주먹에 쥔 모래가 빠져나가듯 사라집니다.

2008년 가을, 잔치는 끝났습니다. 그래도 개인 투자자들은 오늘도 투자의 가면을 쓴 투기의 창을 들고 부나방처럼 증시를 기웃거립니다. 주식 시장으로의 번지점프! 그 못된 습관의 이면을 파헤쳐봅니다.

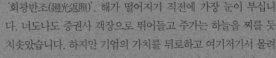

부나방 투자에 대한
때 늦은 고백

주식과 펀드 제대로 알기

> 오늘도 은행 창구에는 펀드 환매에 대한 문의가 빗발쳤습니다. 코
> 스피가 기어이 800선까지 밀리면서 원금의 절반 이상을 잃은 투자
> 자들의 원성도 이어졌습니다. 하루 종일 투자자들의 전화를 받았다
> 는 증권사의 한 직원은 주가가 너무 떨어져 차라리 고민이 줄었다는
> 말로 어려움을 표현했습니다. 그는 '이미 젖은 옷인데 지금 갈아입
> 느라 소란 피울 필요가 있느냐'며 50% 이상 손실이 난 투자자에게
> 는 장기 투자를 권유했습니다.

1천만 가정에 꿀단지 같은 수익을 안겨주던 주식형 펀드가 순식간
에 애물단지로 변했습니다. 주식은 남의 사업에 내가 직접 투자
했다는 증서이고, 펀드는 주식을 잘 아는 전문가에게 대신 주
식 투자를 맡기는 것을 뜻합니다. 도대체 우리는 무슨 잘못을 저
지른 것일까요? 마음 아픈 손익 계산서를 앞에 두고 주식과 펀드의

원리를 꼼꼼하게 살펴봐야 할 시간입니다.

⋮ 투자에서 배당까지, 주식의 원리

이호리의 딸기회사에 이만세 등 친구 여러 명이 투자하기로 하고, 투자한 만큼의 소유권을 문서로 표시해서 서로 나눠 갖기로 했습니다. 이 문서가 주식(증권)입니다. 이 주식 1장당 5,000원의 권리를 표시하기로 했다면, 이 주식의 액면가는 5,000원입니다. 5천만 원을 투자한 이만세에게는 액면가 5,000원짜리 주식 1만 주가 양도되겠죠. 이제 이만세 등 이호리의 친구들은 딸기주식회사의 대주주가 됐습니다.

이처럼 투자자들이 일정한 단위 액수로 투자하고 이에 대해 유한 책임을 지는 형태가 주식회사입니다. 다시 말해 각 주주는 자기가 가지고 있는 주식 금액의 자본액에 대한 비율 만큼 회사 사업에 참여할 수 있으며 회사 재산에 대한 몫을 가지는 것입니다. 당연히 주주의 회사에 대한 권리는 소유한 주식수만큼 결정됩니다.

1. 사모와 공모

그런데 딸기회사의 덩치가 커졌습니다. 그만큼 더 큰 장비를 들여오고, 종업원도 더 뽑아야 합니다. 이를 위해 자본금을 더 모아야 하는데, 이를 증자(增資)라고 합니다. 그래서 또다른 친구들에게 딸기회사에 대한 투자를 권유합니다. 물론 투자한 만큼 회사의 주식을 줘야 하기 때문에 전체 주식수가 늘어납니다.

이처럼 회사와 특정 관계에 있는 사람들을 상대로 투자를 모집하는 것을 사모(私募)라고 합니다. 반대로 불특정 다수에게 회사의 투자를 공유하는 것을 공모(公募)라고 합니다. 주식회사가 공모를 통해 새 주주를 찾기 위해 발행하는 주식을 공모주라고 합니다. 기업의 주인임을 알리는 증서를 새로 발행해 이를 나눠주고 대신 투자자들의 돈을 받아 자본금을 늘리는 것입니다. 공모주는 보통 다음 6가지 청약 절차를 거칩니다.

투자자들은 청약 공고 등을 통해 해당 기업에 대해 자세히 살펴본 뒤, 상장 후 공모가보다 주가가 높아질 것이라고 확신하면 공모에 참여합니다. 기업의 가치를 보고 판단하는 것입니다. 투자를 위해서는 공모주간사(증권사)를 찾아가서 일정 금액을 맡겨둬야 합니다. 증권사는 투자에 참여한 사람들의 투자 금액에 맞춰 새로 발행할 주식을 정확한 비율로 분배합니다. 증권사마다 청약 분량이 정해져 있지만, 여기저기 증권사에 청약을 많이 할수록 당연히 더 많은 주식을 배정받습니다. 청약 후 주식 시장에서 주식이 거래되면 소유하거나 차익을 남기고(또는 손해를 보고) 팔면 됩니다.

1만 원에 공모된 주식이 상장 후 1만 5,000원이 됐다면 새 투자자는 주당 5,000원의 이익을 본 것입니다. 이렇게 공모된 딸기주식회사의 주식이 1만 주라면 1만 원×1만 주=1억 원. 따라서 딸기주식회사의 자본금은 이번 공모를 통해 1억 원이 늘었습니다. 장사 밑천이 1억원 더 늘어난 것입니다.

2. 주식회사의 상장

해마다 번창하는 딸기주식회사가 드디어 상장(listing)을 시도합니다. 상장이란 매매를 위하여 주식이나 물건을 해당 거래소에 자격이나 조건을 갖춘 거래 물건으로 등록하는 일입니다. 시장에는 너무나 많은 주식회사가 있고 엄청난 양의 주식들이 거래됩니다. 이중 공신력 있는 기관인 증권 거래소가 사고팔 만한 회사들을 인정해 주고, 이들 회사만 사고팔 수 있도록 한 공간이 바로 거래소 시장(유가증권 시장, 코스피)과 코스닥 시장입니다.

투자자는 유가증권 시장(거래소 시장)에 상장된 회사의 주식을 믿고 거래할 수 있고, 기업은 주식 상장으로 종잣돈을 얻어 안정된 기업 활동을 할 수 있습니다. 당연히 증권 거래소는 상장 요건을 까다롭게 심사합니다. 기업이 설립된 지는 몇 년 됐는지, 자본금은 얼마이상인지, 해마다 매출이 꾸준한지, 부도가 난 적은 없는지 등을 꼼꼼하게 살핀 뒤에 기업을 상장시킵니다.

기업을 상장시키기 위해 기업은 회사를 공개해야 합니다. 대주주들이 갖고 있는 주식의 지배 구조를 더 많은 사람들에게 정확하게 알리고, 이를 통해 새로운 주주들의 지분 참여를 꾀하기 위해서입니다.

3. 배당의 원리

이만세처럼 이호리의 딸기회사에 투자하기로 한 사람이 10명 모였습니다. 그래서 모두 5억 원(5천만 원×10)의 돈이 모였습니다. 이 종잣돈, 다시 말해 장사 밑천이 이 회사의 '자본금'입니다. 딸기주식회사는 대주주 10명이 자본금 5억 원을 투자해 만든 정식 주식회사가 된 것입니다.

그런데 딸기주식회사가 올해 사업을 잘해 1억 원의 수익을 올렸습니다. 주주들이 다시 모였습니다. 이 모임이 주주 총회입니다. 회사의 이익을 나눠 갖기로 결정하고 주식 1주당 100원씩 이익을 나누기로 했습니다. 따라서 주주 1명에게 돌아오는 이익금은 100만 원(주식 1만 주×100원)입니다. 이를 '배당금'이라고 합니다.

배당은 매년 초 주주 총회에서 결정됩니다. 지난해 1억 원의 이익을 남긴 딸기주식회사는 대주주 10명에게 각각 100만 원씩을 배당하고 9천만 원이 남았습니다. 이를 잉여금이라고 합니다. 다시 말해 회사가 1년간 진짜 벌어들인 돈이죠. 회사가 그만큼 알부자가 된 것입니다.

주식 사서 배당만 받고 얼른 팔자?

딸기주식회사가 12월에 결산한다면 12월 31일까지 주식을 소유하고 있어야 배당을 받을 수 있습니다. 하지만 우리나라 증시는 보통 12월 29일쯤 문을 닫기 때문에 12월 29일에 주식을 소유하면 주주로 인정돼 배당을 받을 수 있습니다. 그런데 우리나라는 주식 매수 후 만 사흘 만에 소유에 대한 전산이 처리되기 때문에, 늦어도 12월 27일까지는 주식을 사야 합니다. 다시 말해 12월 27일까지

주식을 사놓으면 사흘이 지난 12월 29일 증시 폐장일에 주주로 등재돼 배당을 받을 수 있는 것입니다. 그리고 2~3달 후에 열리는 정기 주주 총회에서 주식 1주당 배당을 얼마나 할지 결정하면 1달 안에 통장으로 배당금을 입금 받게 됩니다.

배당을 받기 위해 12월 결산 법인인 딸기주식회사의 주식을 12월 27일에 매입했습니다. 회사의 정식 주주가 돼서 이제 사흘만 소유하면 주식을 소유한 만큼 배당금을 받게 됩니다. 그렇다면 29일이 지나 다음해 첫 거래일에 주식을 팔아 배당만 받고 손을 털면 어떨까요? 그래서 이를 방지하기 위해서 배당 기준일 하루 전날(28일), 장 시작과 함께 배당금 비율만큼 주가를 떨어뜨려 거래를 시작합니다. 이를 배당락(配當落)이라고 합니다. 시세 1만 원짜리 주식 1주당 500원씩 배당했다면 배당락 첫 거래일에 9,500원에 거래를 시작하는 것입니다. 결국 이날 팔면 배당으로 인한 이익(+500원)과 배당락으로 인한 손해(-500원)가 똑같아집니다.

하지만 배당락은 며칠 안에 회복이 된다는 것이 통설입니다. 기업의 가치가 떨어진 것이 아니라 배당만큼 인위적으로 주가를 떨어뜨린 것이라고 시장 참여자들이 믿기 때문입니다. 실제로 2002년을 제외하고 배당락으로 하락한 주가는 며칠 안에 시세를 회복했습니다. 이처럼 배당을 받기 위해 결산 전에 주식을 사서 주가가 어느 정도 회복된 뒤 파는 것을 배당 투자라고 합니다.

: 남이 대신해 주는 주식 투자, 펀드

직접 주식을 사는 것이 불안하다고 느낀 투자자들이 전문가들에게 돈을 맡기는 형식의 투자법을 만들었습니다. 펀드는 주식이나 채권처럼 특정 투자 분야의 전문가에게 투자금을 맡긴 뒤 그 결과에 따라 실적을 배당하는 신탁형 금융 상품입니다. 사적으로 몇 명이서 투자금을 모아 투자하면 사모펀드, 공개적으로 대중들에게 투자금을 모으면 공모펀드입니다.

공모펀드는 은행이나 증권사에서 가입하는 펀드를 가리킵니다. 적

게는 50명에서 많게는 수십만 명이 가입하기 때문에 금융 당국은 다양한 보호 장치를 두고 공모펀드를 운용합니다. 반면 사모펀드는 30명 이하의 소수 투자자들이 운용하는 사적인 펀드입니다. 그래서 결과를 공시하거나 투자자를 밝힐 필요가 없습니다.

과거에 사모펀드는 몇몇 기업가나 국민연금, 기관 투자자들이 모여 특정 기업을 주식을 사들이는 M&A용(또는 경영권 참여를 위한) 펀드였습니다. 하지만 최근엔 30명 이하의 큰손 투자자들이 특정 분야에 투자하는 사모펀드가 보편화되고 있습니다. 이들은 사모펀드를 조성해 그림이나 선박, 영화나 드라마에 투자해 큰 수익을 올리고 있습니다. 2008년 초에는 개인 투자자 30명이 한 미술 전시회에 28억 원을 투자해 4개월 만에 12.56%의 수익을 올리기도 했습니다. 또 미분양 아파트가 급증하면서 일부 사모펀드는 미분양 아파트를 사들이는 미분양 아파트 펀드를 기획하기도 했습니다.

요새 여기저기서 많이 듣게 되는 용어인 '헤지(hedge)'는 위험을 막는 울타리를 의미합니다. 원래 헤지펀드는 위험 분산을 위한 펀드였습니다. 하지만 지금은 주식이나 채권, 부동산이나 각종 금융 파생 상품에 투자하는 투기성이 높은 투기성 사모펀드를 일컫는 말이 됐습니다.

펀드와 펀드런, 그리고 죄수의 딜레마

주가가 일제히 떨어지기 시작하면 하나둘 펀드에 투자한 돈을 돌려줄 것(환매)을 요구합니다. 펀드를 운용하는 펀드 매니저는 투자한 기업의 가치나 시장 상황을 따져 주식을 보유하려 해도 투자자들의 환매 자금을 돌려주기 위해 어쩔 수 없이 주식을 손절매(더 큰 손해를 보지 않기 위해 지금 손해를 보면서 주식을 파는 것)할 수밖에 없습니다. 자산 운용사들이 더 이상 버티지 못하고 투자한 주식을 무더기로 팔기 시작하면 주가는 더 떨어질 수밖에 없습니다. 그러면 지켜보던 투자자마저 모두 환매에 동참합니다. 이 같은 대규모 환매 현상을 펀드런(Fund Run)이라고 합니다.

펀드런이 발생하면 투자자들은 함께 손해를 본다는 것을 알면서도 다른 투자자를 믿지 못하고 결국 환매를 결심한다는 면에서 '죄수의 딜레마(Prisoner's Dilemma)'와 닮았습니다.

A, B 두 명의 범죄자가 붙잡혀 왔습니다. 확인된 범죄에 따라 두 범죄자 모두 1년 형의 처벌이 가능합니다. 경찰이 A와 B를 따로 가두고 A와 B를 각각 신문하면서 다음과 같은 조건을 걸었습니다.

"A! B의 죄를 자백한다면 너는 무죄로 석방하겠다. 하지만 네가 끝까지 결백을 주장했는데, B가 너의 죄를 자백할 경우 너는 3년 형에 처해진다!"

이 경우 둘 다 끝까지 입을 열지 않을 경우 두 죄수는 모두 1년형을 받을 수 있습니다. 하지만 서로를 믿지 못하는 상황에서 죄수는 틀림없이 서로 상대방의 죄를 자백하고, 결국 모두 3년 형에 처해질 수밖에 없습니다.

펀드런도 죄수의 딜레마와 비슷한 이치입니다. 다른 투자자들이 펀드를 환매하지 않을 것이라는 믿음이 있다면 펀드런은 발생하지 않습니다. 하지만 증시가 침체되기 시작하면 처음 몇몇 투자자가 다른 투자자들을 믿지 못하고 환매를 시작합니다. 주가는 더욱 떨어지고, 지켜보던 투자자들도 결국 환매 대열에 동참합니다. 결국 펀드런으로 이어지고 증시는 무너지고 맙니다.

다행히 2008년 금융 위기로 우리 증시가 급락할 때 펀드런 사태는 없었습니다. 주식형 펀드를 통해 주식 투자가 직접 투자에서 간접 투자로 자리를 잡으면서, 작은 악재에도 주식을 던지는 투매가 크게 줄었기 때문으로 풀이됩니다.

게다가 조금씩 투자하는 적립식 투자 관행이 정착되면서 투자자들의 평균 매입가가 과거에 비해 낮아졌기 때문이기도 합니다. 주가가 떨어질 때마다 조금씩 펀드에 적립하면서 비교적 싼 가격에 주식을 소유하는 것입니다. 그래서 투자자들은 주가가 내려가면 오히려 더 낮은 금액에 투자를 할 수 있는 기회라고 생각하기 시작했습니다. 우리 증시는 또 한 차례 성인식을 치렀고, 투자 관행도 그만큼 성숙해졌습니다.

: 국부펀드 전성 시대

개인이나 연금, 기관 투자자뿐만 아니라 국가도 펀드를 만들 수 있습니다. 이른바 국부펀드(Sovereign Wealth Fund)입니다. 금융 위기가 본격화되던 2008년 가을, 세계 최대 금융 회사인 시티그룹이 유동성 위기에 몰렸습니다. 예금이나 채권의 만기가 돌아왔는데 고객들에게 돌려줄 곳간의 돈이 부족한 것입니다. 며칠 만에 주가가 44%나 급락했습니다. 너무 덩치가 큰 나머지 회사를 몇 개로 쪼개 매각하는 방안이 검토될 무렵, 구원 투수로 나선 것은 다름 아닌 아부다비 투자청이었습니다.

아부다비 투자청은 아랍에미리트가 나라의 여유 자금을 모아 돈이 될 만한 곳에 투자하는, 나라가 운영하는 펀드입니다. 제조업보다 '돈 놓고 돈 먹는' 금융 시장의 수익성이 부각되면서 세계 각국은 서둘러 뭉칫돈을 마련해 금융 투자에 뛰어들고 있습니다. 바야흐로 나라가 앞장서서 금융 자본에 투자하는 시대가 온 것입니다.

최근에는 몸집을 불린 국부펀드가 에너지와 금융, 통신 시장 같은 각국의 사회 간접 자본까지 넘보고 있습니다. 중국해양석유총공사(CNOOC)가 미국의 석유업체인 우노칼을 130억 달러에 인수하려다 에너지 안보를 내세운 미국 정부의 개입으로 실패했고, 뉴질랜드 오클랜드 공항을 인수하려는 캐나다 연금 펀드도 뉴질랜드 정부의 반대로 인수 계획을 접었습니다.

우리도 한국투자공사(KIC)를 통해 국부펀드를 만들어 2008년 1월 메릴린치에 20억 달러를 투자했지만, 금융 위기로 10달 만에 6억 5천만 달러의 평가 손실을 입기도 했습니다.

：주식 투자에 그냥 뛰어들 수 없는 이유

주식 투자는 보이지 않는 미래에 대한 투자입니다. 암표상은 야구장 입장권의 가치가 오를 것을 예측해 미리 표를 예매한다는 점에서, 주가가 오를 것을 예견하고 미리 주식을 사는 증권 투자자와 다를 바가 없습니다.

또 가치가 올라가면 가장 높은 가격을 정해 이익을 실현하는 것은 물론 경기장 표가 매진되지 않을 경우 미리 사놓은 입장권의 가치가 떨어져 손해를 본다는 점에서도, 주가 하락이라는 리스크를 안고 투자하는 주식 거래와 다를 바가 없습니다. 주식 투자는 야구장 암표상처럼 보이지 않는 미래에 투자하는 위험한 가치 투자법입니다.

물론 제값을 주고 입장하려는 관객이 암표상이 구매한 표만큼 정상 가격의 표가 부족해 더 비싼 값을 치른다는 부작용이 있지만, 경제학적 측면에서 암표상은 미래의 가치를 예견했고 그에 따른 리스크를 부담했으므로 관객들이 추가 부담하는 금액만큼 이익을 올릴 자격이 있습니다. 반대로 이 금액은 미리 표를 준비하지 않고 야구장을 찾은 관객에게도 좋은 자리에서 야구 경기를 관람하는 데 드는 정당한 비용이라고 할 수 있습니다.

그래서 야구장의 암표상은 매진이 될 만한 경기의 표를 사들이기 위해 미리 경기를 분석합니다. 어느 구단의 경기가 열릴 때 관중이 가장 많이 오는지, 그날 선발 투수는 누구인지, 더불어 날씨가 좋을지 꼼꼼히 살펴봐야 수익은 높이고 손실은 줄일 수 있습니다. 그런데 우리 주식 투자는 기업의 재무 재표 한번 보지 않는 장님 투자 일색입니다. 어쩌면 야구장 암표상보다 못할 때가 있습니다.

2008년 펀드로 손실을 본 투자자들이 늘어나면서, 자신이 자세히 알지 못하고 펀드에 가입했다는 이유로 증권사나 은행을 상대로 한 소송이 급증했습니다. 하지만 법원은 증권사 직원이 가입자에게 자세히 설명하지 않았다는 뚜렷한 증거가 없으면 투자자들에게 손실의 책임을 묻고 있습니다. 결국 투자의 최종 책임은 투자자에게 있는 것입니다. 암표상처럼요.

불붙은 증시는 빨간 시세판만큼이나 아름답게 타오릅니다. 투자자들은 그 빨간 불빛의 유혹에 쉽게 빠져듭니다. 하지만 기업의 가치성장 없이 유동성 장세로 급등한 증시는 어느 날 밝은 빛을 내뿜으며 순식간에 사그라집니다. 주가는 펑크 난 자전거 바퀴처럼 속절없이 흔들리고, 부나방처럼 불타는 증시에 뛰어든 투자자는 불확실한 미래 가치에 대한 투자가 얼마나 위험한 것인지 뒤늦은 후회를 되풀이합니다.

일전에 호치민에 관광을 갔더니 베트남 경기가 매우 좋더라는 옆집 지민 엄마의 말이 투자의 밑천이 된 것은 아닌지요. 2008년 5월, 베트남 증시는 중앙 컴퓨터가 고장 나서 꼬박 사흘간 멈춰 섰습니다. 증권 거래소의 컴퓨터도 못 고치는 나라에 우리가 쏟아 부은 적립식 펀드 자산이 2조 원이 넘습니다. 2008년 10월에는 50% 이상 손실을 본 주식형 가입자들이 속출했습니다. 대개의 베트남 투자 주식형 펀드는 5년간 환매마저 금지돼 있습니다.

깃발만 보고 박물관은 제대로 보지 못하는 깃발 관광처럼, 미래에 대한 가치 분석보다 유행만 따르는 펀드 투자는 아니었는지 따져볼 시간입니다. 펀드는 스키니진 같은 유행이 아닙니다.

20 개미들만의 엘리베이터 투자법

주식으로 망하기 1·2·3 스텝

> 코스피지수가 가파르게 올랐지만 이 기간 동안 개인 투자자들의 평균 수익률은 3.13%에 머물렀습니다. 반면 기관 투자자와 외국인들이 순매수한 금액 기준 상위 50개 종목들의 수익률은 26%와 18%를 넘어서, 개인 투자자들과 큰 대조를 보였습니다. 특히 이 기간 개인들은 급등락하는 5,000원 미만의 주식을 주로 매입했으며, 기관 투자자에 비해 3배 이상 더 많이 사고판 것으로 조사됐습니다.

업무 때문에 우연히 들른 시내 빌딩에서 엘리베이터를 탔습니다. 그 안에서 낯선 두 사람이 A라는 회사의 주식에 대해 이야기합니다. 이 부장이 A회사에 투자해서 수천만 원을 벌었다며, 곧 더 오를 것이라고 합니다. 얼른 회사로 돌아와 주식 사이트에 접속해 A회사의 주식을 삽니다. 하지만 계속 곤두박질치는 주가. 이것이 개인 투자자들이 즐겨 하는 '가치 투자', 전가의 보도인 '엘리베이터 투자법'입니다.

: 튤립 광풍과 코스닥

중세 유럽, 튤립을 가꾸는 것은 부유함과 온화함, 교양의 상징이었습니다. 17세기를 지나면서 네덜란드에서는 희귀종 튤립을 소유하는 것이 유행처럼 번졌습니다. 당시 귀족들은 모양이나 색상이 다른 튤립을 소유할수록 더 많은 관심과 부러움을 샀습니다. 튤립 투기가 성행했고, 자고 나면 튤립 값이 치솟았습니다. 1624년에는 귀한 튤립 한 뿌리가 암스테르담의 집 한 채와 맞먹었습니다.

그런데 한 남자가 친구 집에서 양파인 줄 알고 귀한 튤립을 먹어버렸습니다. 튤립 주인은 소송을 냈고, 법원은 집 한 채 값이 아닌 '튤립 한 송이 값'만 배상하라고 판결을 내립니다. 이 소송으로 튤립의 환상에 빠져 있던 네덜란드 귀족들의 꿈은 깨지고 순식간에 튤립 값은 폭락합니다. 튤립 시장에서 모든 거래가 정지되고 온갖 소송이 난무했습니다. 결국 네덜란드 정부가 튤립 거래와 관련된 모든 고소를 인정하지 않고 채무의 10%만 갚아도 된다는 해결책을 제시하면서, 튤립 광풍은 마무리됐습니다.

네덜란드의 튤립 광풍은 시장의 가격은 올라도 재화의 원래 가치가 올라가지 않으면 언제든 가격이 급락할 수 있다는 사실을 보여줍니다. 공급이 귀하거나 품질이 뛰어나지 않은데도 가격이 계속 오른다면 이는 필요 이상으로 만들어진 수요, 즉 가수요가 창조한 거품 가격입니다. 거품은 언젠가 꺼지게 마련입니다.

코스닥 시장이 그렇습니다. 기업 가치보다는 투자자들의 관심과 이를 통한 묻지 마 투자가 주가를 끌어올리는 경우가 허다합니다. 골프공을 만드는 제조업체였던 코스닥 상장 회사인 팬텀은 지난 2005년에 갑자기 이가엔터테인먼트 등 3개의 연예인 매니지먼트 회사를 인

수하면서 종합 엔터테인먼트 회사로 탈바꿈합니다. 이후 영화, 드라마 제작사와 신동엽, 유재석 등이 포진한 DY엔터테인먼트까지 인수하면서 엔터테인먼트 업계의 리더가 되는 듯했습니다.

2005년 11월 주가는 4만 3,000원까지 올랐고 개인 투자자들 사이에서는 곧 100만 원까지 치솟을 것이라는 소문이 퍼졌습니다.

하지만 주가 조작 사실이 드러나 대주주가 구속되고 경영 적자가 계속되면서 결국 129억 원의 자본을 모두 써버린 깡통 회사가 됐습니다.

기업 경영이라기보다는 불꽃놀이 같은 일이 지금도 종목을 옮겨가며 계속됩니다. 대운하 관련주가 대표적입니다. 영업 이익은 갈비집 수준이면서 주가 총액은 수천억을 넘나드는 기업들이 지금도 각종 호재로 화장을 하고 불꽃놀이를 벌이고 있습니다. 팬텀의 주가는 2008년 12월, 70원까지 떨어졌습니다.

⦂ 개인 투자자가 백전백패하는 이유

실제 개인들은 이렇게 눈이 어지럽게 돌아가는, 늘 물 반, 고기 반인 주식 시장에서 물고기 역할을 해왔습니다. 실제 2008년 초, 코스피지수가 급등한 5월까지 3개월 동안 개인 투자자들이 순매수한 상위 50개 종목의 수익률은 불과 3.13%에 머물렀습니다. 반면 같은 기간 기관투자자와 외국인의 수익률은 26%와 18%로 개인 투자자들보다 많게는 8배 이상 높았습니다. 증시가 내리막길을 걸을 때 개인 투자자들의 손실 규모는 훨씬 더 커집니다. 이렇게 개인 투자자가 백전백패하는 이유로 전문가들은 다음 3가지를 꼽습니다.

1. 부지런히 사고판다!

개인 투자자는 한두 종목을 몰아서 산 뒤 곧바로 팝니다. 종목 선정 기준은 과학적인 투자와는 거리가 먼 아는 친구의 귀띔. 영업 이익이나 주가수익률(PER, Price Earnings Ratio)조차 확인하지 않고 투자합니다.

그렇다면 개인 투자자들은 주식을 얼마나 자주 사고팔까요? 지난 2005년 한 해 동안 개인 투자자들은 주식 거래 비용(거래 수수료＋증권 거래세)으로만 6조 2,800억 원을 썼습니다. 같은 기간에 전체 개인 투자자들이 갖고 있는 주

식의 보유 금액이 128조 원이니까, 전체 주식 투자 비용의 4.9%를 사고파는 비용에 날린 셈입니다. 기관보다 4배, 외국인보다는 9배나 높은 수치입니다. 그러니 주식으로 5%의 수익이 났다고 해도 본전치기입니다.

2. 헐값 주식만 산다.

개인 투자자들은 늘 주가가 낮은 종목만 골라서 삽니다. 지난 2006년 5,000원 미만 주식의 거래에서 개인이 차지하는 비중은 무려 94%입니다. 기관 투자자나 외국인은 거들떠보지도 않는 저가주를 개인 투자자들은 부지런히 사고팝니다. 2006년 개인 투자자들의 평균수익률은 마이너스 11.47%. 특히 개인은 특정 종목 한두 곳에만 투자합니다. 달걀을 한 바구니에 담지 말라는 격언은 늘 전문가들의 '소리 없는 아우성'입니다.

3. 기관과 외국인이 다 빠져나간 뒤 들어간다.

개별 주식이 오르고 종합주가지수가 오르고 언론에 온통 화제가 된 뒤에 마침내 개인은 증시에 뛰어듭니다. 그래서 현대증권 신반포 지점에 아줌마들이 가득 차면 투자를 멈추라는 증시 격언이 생겨날 정도입니다. 유동성 장세가 끝나고, 업종별 순환매가 지나고, 개별 종목의 순환매가 끝나갈 때쯤에야 망설임을 끝내고 투자를 시작하기 때문입니다.

하지만 이미 큰손들이 손을 털기 시작한 증시에서 개인들을 기다리는 것은 급락 장세뿐입니다.

반대로 현명한 투자자는 좋은 투자 기업을 오랫동안 지켜본 뒤 투자자들의 관심이 식고 주가가 떨어졌을 때 주식을 매입합니다. 이탈리아의 전설적인 투자자 앙드레 코스톨라니는 "밀이 폭락할 때 사지 않는 사람은 다음에 밀 값이 폭등할 때도 밀을 얻지 못한다"는 말을 남겼습니다.

 "좋은 공이 올 때까지 기다립니다"

투자의 달인이라는 워렌 버핏이 말했습니다. 훌륭한 야구 선수는 좋은 볼이 올 때까지 기다리는 선수라고. 그의 비법도 알고 보면 자주 사고팔지 않고 지켜보는 것입니다. 자신이 잘 아는 업종의 회사를 차분하게 오랫동안 지켜본 뒤 매입하고 기다리는 것입니다. 이를 가리켜 가치 투자라고 합니다. 그는 이렇게 고른 회사는 크리스마스가 2번 오기 전에 반드시 주가가 오른다고 조언합니다.

워렌 버핏은 1930년 미국의 오마하에서 태어났습니다. 11살 때 아버지가 쓴 주식 책을 읽고 13살 때 주식을 시작하여, 20살 때 8,000달러, 40세 때 1만 6,000달러, 50세 때 300억 달러를 벌었습니다. 그는 가치 투자를 원칙으로, 한 번 매입한 주식은 10년 넘게 보유합니다. 1990년대 IT 창업의 광풍이 불 때도 IT주에는 거의 투자하지 않았고 그 덕에 IT주가 폭락할 때도 큰 손해를 보지 않았습니다.

최근 우리나라를 방문했을 때, 어떻게 하면 주식으로 돈을 벌 수 있느냐는 기자의 우문에 그는 이렇게 답했습니다. "첫 번째 원칙은 주식으로 돈을 잃지 말아야 한다는 것이고, 두 번째 원칙은 첫 번째 원칙을 늘 잊지 않는 것입니다."

스승 요다가 다스베이더에게 가르쳐주는 선문답 같은 이 말을 두고 우리 언론은 위험한 투자는 하지 말라는 뜻으로 해석하더군요. 이미 1년 전에 금융 위기를 불러온 파생 상품이 '금융 시장의 시한폭탄이며 대량 살상 무기'라고 비판했던 버핏은 파생 상품으로 인한 막대한 피해를 대부분 비켜 갈 수 있었습니다. 2008년 금융 위기로 그도 상당한 평가손을 입었지만, GE와 골드만삭스에 대한 투자를 늘리며 투자자들의 장기 투자를 촉구했습니다.

버핏은 지난 2005년 6월, 재산 중 85%(370억 달러, 45조 원)를 '빌 게이츠 재단' 등 5개 자선 단체에 기부했습니다. 그는 1958년에 3만 1,500달러를 주고 산 오마하의 시골집에서 아직도 살고 있습니다.

⦙ 이기는 투자의 조건

주식 거래를 잘할 수 있는 법에 대한 온갖 서적들이 쏟아집니다. 하지만 이런 책으로 돈을 버는 사람은 투자자들이 아니라 책을 쓴 저자라는 우스갯소리가 있습니다. 주식에 왕도가 있을 리 없습니다. 있다면 좋은 기업에 오래 투자하라는 정도가 아닐까 싶습니다.

증시에는 격언이 수도 없이 많습니다. 따져보면 '귀에 걸면 귀걸이 코에 걸면 코걸이' 식의 격언이 많습니다. '쏟아지는 소나기는 피하고 보라'는 격언은 주식을 오래 보유해야 한다는 투자의 기본 원칙에 완전히 어긋납니다. '달걀을 한 바구니에 담지 말라'니요? 그러면 단기간에 높은 수익률을 기대하기는 어렵습니다. '뛰는 말에 올라타라'는 격언대로 했더니 상투만 잡았다는 투자자도 많습니다. '소문에 사서 뉴스에 팔라'고 했는데 소문이 소문으로만 끝나면 어떡하나요? '무릎에 사서 어깨에 팔라'는 격언대로 했는데 산 시점이 머리였으면요? 그래서 급기야 '주가는 신도 모른다'는 무책임한 격언까지 등장했습니다.

금융 위기와 함께 세계 증시가 폭락하자 증시의 격언도 모두 쓰레기통에 처박혔습니다. 모두 증시를 탓하며 등질 때 누군가는 투자를 시작합니다.

'마젤란 펀드'의 성공 신화를 만든 피터 린치는 『이기는 투자(*Beating The Street*)』에서 떠나지 말고 늘 머물 것을 조언합니다. 그는 좋은 기업을 찾아 오랫동안 기다리는 투자의 습관이 결국 증권 투자의 위험을 극복한다고 설명합니다. 그러므로 단기간에 저점 매수, 고점 매도를 되풀이하는 투자는 결국 질 수밖에 없다고 말합니다.

외국인이나 기관 투자자들이 막대한 수익을 낼 때 개인은 구경만

하고, 정작 주가가 급락하면 개인은 더 큰 손실을 입는다면 그들의 투자 패턴에 무언가 다른 점이 있을 것입니다.

첫 번째는 기다리는 것입니다. 사지 않고 기다리는 것, 팔지 않고 기다리는 것이 증권가의 큰손을 만들었습니다. 그래서 증시에서는 '현금도 종목'이라는 격언이 생겼습니다. 사지 않고 현금을 보유하는 것도 투자라는 말입니다. '동트기 전에 가장 어둡다', '산이 높으면 계곡도 깊다'는 격언도 같은 이유로 자주 등장합니다. 사지 않고, 혹은 팔지 않고 더 기다리라는 뜻입니다.

오래 기다리려면 당장의 수익을 기대해서는 안 됩니다. 그래서 '밀짚모자는 겨울에 준비하라'는 격언이 생겼습니다.

제가 가장 좋아하는 격언은 '황소와 곰은 돈을 벌지만 돼지는 도살당한다'라는 격언입니다. 모두가 수익을 올릴 때 돼지처럼 탐욕스럽게 뛰어들면 손실을 보고, 모두가 위기라고 말할 때 황소나 곰처럼 버틴다면 더 큰 수익을 올릴 수 있다는 뜻으로 해석할 수 있습니다.

이제 개인은 또다시 10년 만에 혹독한 겨울을 경험하고 있습니다. 느리게 가면 성공한다는 격언은 증시에서도 틀린 말이 아닙니다. 버핏은 '썰물이 오면 누가 발가벗었는지 드러난다'고 말했습니다. 또 이런 말도 있습니다. '시간은 모든 것을 치유한다'.

기다리는 습관이 필요한 시점입니다. 증시라는 전쟁터에서 우리는 방아쇠를 너무 빨리 당깁니다. 산을 옮기는 것은 '우공'인데 말이죠. 오랫동안 지켜보다 한 종목을 신중히 선택하셨다고요? 그렇다면 이제 잊어버릴 시간입니다. '주식을 샀다면 서랍에 넣고 잊어버리라'는 월가의 격언처럼 말이죠.

'뻥튀기' 주식을
사지 않으려면

주식 가치 계산법

> 양 쯔어우 씨는 나흘 연속 객장을 지키고 있습니다. 지난해부터 콩 농사를 그만두고 주식 투자를 하고 있는 쯔어우 씨는 최근 주가가 급락하면서 투자금의 절반을 날렸습니다. 하지만 그는 중국 정부의 증시 부양책으로 새해에는 반드시 증시가 반등할 것으로 믿는다고 말했습니다. 농부에서 공무원, 주부나 학생은 물론 절의 스님들까지 투자에 나섰던 중국 증시는 오늘도 3% 이상 급락하며, 바닥 모르는 추락을 지속했습니다.

우리에게 설날과 같은 춘절이 오면 중국 근로자들은 길게는 2주 가까이 휴가를 내고 고향을 찾습니다. 2007년 주가가 하루 멀다 하고 오를 때 중국인들은 증시가 열리지 않는 춘절이 미웠다고 할 정도였으니, 중국인들의 주식 광풍을 짐작할 만합니다. 2007년 10월 16일, 중국 증시는 마침내 6,124.04의 고점을 찍었고, 이 무렵 중국 증시의 주가수익비율, PER은 68을 기록했습니다.

하지만 이날부터 떨어지기 시작한 중국 증시는 롤러코스터처럼 급락을 거듭하며 1년 만에 고점의 3분의 1 수준인 2,000선 아래로 추락하고 말았습니다. 2008년 한 해 동안 일본과 한국 증시가 각각 42%, 40% 급락한 반면, 중국 상하이종합지수는 65.2%나 추락했습니다.

"설난무정 인유정, 천무정 당유정(雪難無情 人有情, 天無情 黨有情)." 폭설은 무정하지만 사람에게는 정이 있고, 하늘은 무정하지만 중국공산당에는 인정이 있다는 말입니다. 아직도 중국 정부가 증시를 살리기 위해 무엇인가 해줄 것이라고 믿는 중국인들의 마음이 이 말에 잘 묻어납니다.

중국 정부는 금리를 크게 내리고 2009년 통화 공급량을 17%나 늘리는 등 경기 부양책을 발표했지만, 중국 증시가 과거의 화려한 영화를 되찾을 것이라는 분석은 찾아보기 어렵습니다.

주식 투자의 5가지 분석법

논 팔고 밭 팔아 투자한 중국의 투자자들은 패닉에 빠졌습니다. 중국 투자자들은 중국 증시가 세계에서 제일 과대평가됐다는 사실을 왜 몰랐을까요? 그렇다면 비싼 주식, 싼 주식을 과학적으로 구별하는 방법은 없을까요? 어렵지 않게 누구나 알 수 있는 주식 투자의 5가지 분석법을 소개합니다.

1. 부채비율

먼저 투자하고자 하는 기업이 빚을 얼마나 지고 있는지를 살펴봅니다. 부채비율은 보통 남에게 빌려 온 자본을 자기자본으로 나눠 계산합니다. 예를 들어 딸기주식회사가 2억 원을 빌려 오고 자기자본이 1억 원이라면 딸기주식회사의 부채비율은 2억 원/1억 원×100=200%입니다. 보통 우리 기업들의 부채비율은 300% 남짓으로, 딸기주식회사의 부채비율이 200%라면 투자하기에 괜찮은 기업인 셈입니다.

그런데 부채비율이 300%로 무난하더라도 지난 몇 년간 부채비율이 꾸준히 높아졌다면 이는 상당히 위험한 기업으로 분류할 수 있습니다. 따라서 기업의 부채비율을 따져볼 때 반드시 지난 몇 해 동안의 흐름을 함께 살펴보는 것도 중요합니다.

> **부채비율 = 타인자본/자기자본 × 100**

2. 유보율

기업이 얼마나 빚을 지고 있는지 알아봤다면 이번엔 기업이 얼마나 쌈짓돈(이익금)을 남기고 있는지 알아볼 차례입니다. 이를 유보율이라 합니다. 유보율은 기업이 사업을 통해 남긴 돈(잉여금)을 자본금(주식 발행 액면가의 총합)으로 나눈 수치입니다. 딸기주식회사의 자본금이 1억 원인데 딸기주식회사가 사업을 통해 매출을 올린 뒤 이런저런 쓸 곳(예를 들어 배당)에 쓰고 남은 돈이 3억 원이라면 딸기주식회사의 유보율은 300%(3억원/1억원×100)입니다.

2008년 기준으로 상장 기업들의 유보율은 1,000%에 육박할 정도로 곳간을 든든하게 채운 기업들이 많았습니다(보통 500%가 넘으면 투자할 만한 기업으로 분류합니다).

물론 기업에 현금이 많다고 해서 무조건 투자하기 좋다고 하기는 어렵습니다. 기업에 현금이 너무 많다는 소리는 마땅한 투자처를 찾지 못했다는 뜻이고, 이는 곧 '기업의 미래 성장 가능성이 별로'라는 말이기도 합니다.

> **유보율 = 잉여금(기업이 사업을 통해 남긴 돈)/자기자본금**

3. 자기자본이익률(ROE, Return on Asset)

기업이 얼마나 빚을 지고 현금을 갖고 있는지 알았다면, 이번엔 회사의 종잣돈(자본금)으로 얼마나 수익을 내고 있는지 살펴봐야 합니다. 이는 주식 투자의 가장 기본이자 중요한 부분입니다. 자기자본이익률은 기업이 벌어들인 수익을 자기자본금으로 나눠 계산합니다. 이는 주주들이 투자한 돈(자기자본금)으로 기업이 얼마나 수익을 내고 있는가를 설명해 줍니다. 다시 말해 이 기업이 덩치만큼 얼마나 돈을 잘 버느냐를 나타내는 기준으로, 주식투자에서 반드시 확인해야 할 부분입니다.

딸기주식회사의 지난 1/4분기 이익이 5억 원인데 자기자본금은 10억 원이라면 딸기주식회사의 자기자본 이익률은 50%입니다. 38조 원 정도의 자기자본금을 갖고 있는 삼성전자는 2007년 한 해 동안 5조 9천억 원을 벌어 ROE가 15.35%를 기록했습니다.

> **자기자본이익률 = 이익/자기자본금 × 100**

딸기주식회사가 10억 원의 자본금으로 5억 원을 벌었는데, 같은 기간 포도주식회사가 2억 원의 자본금으로 4억 원을 벌었다면, 딸기주식회사의 ROE는 50%이고 포도주식회사는 200%입니다. 따라서 포도주식회사는 딸기주식회사보다 이익은 적지만 ROE가 높은, 다시 말해 돈을 더 잘 버는 기업이라고 해석할 수 있습니다.

딸기주식회사 ROE=50%=5억 원(이익)/10억 원(자기자본금)×100

포도주식회사 ROE=200%=4억 원(이익)/2억 원(자기자본금)×100

4. 주당순이익(EPS, Earning per Share)

이제 기업이 주식 1주당 수익을 얼마나 내는지 살펴봅시다. 가장 쉬운 방법은 주당순이익을 따져보는 방법입니다.

주당순이익은 기업의 이익을 전체 주식수로 나눠 계산합니다. 주당순이익이 높을수록 그 기업이 돈벌이를 잘하고 성장 가능성도 높다는 것을 의미합니다. 딸기주식회사의 전체 주식수가 100만 주이고 올해 2억 원의 순이익을 올렸다면, 딸기주식회사의 EPS는 200원이 됩니다. 해마다 5~6만 원을 넘나들던 삼성전자의 EPS는 금융 위기로 반도체와 디스플레이의 매출이 급감하면서 1만 원 이하로 떨어졌습니다.

주당순이익 = 당기순이익/전체 주식수 × 100

5. 주가수익비율(PER, Price Earnings Ratio)

EPS를 살펴봤다면, 이제 기업의 재무 상태가 주가에 얼마나 반영됐는지 살펴봅니다. 기업이 증시에서 제대로 평가받고 있는지 따져보는 것입니다. 제대로 평가받고 있지 못하면 지금이 주식 매입의 찬스인 셈입니다. 이를 주가수익비율이라고 합니다. 주가수익비율은 주식 평가의 가장 기본적인 방법으로, 보통 주가를 주당순이익으로 나눠 계산합니다.

> **주가수익비율 = 주가/주당순이익 × 100**

딸기주식회사의 주가가 5만원인데 주당 순이익이 5000원이라면 주가수익비율은 1,000%, 즉 액면가의 10배를 뜻합니다. 다시 말해 딸기주식회사 주식 1주는 딸기주식회사가 벌어들이는 수익에 비해 10배 정도로 거래된다는 뜻입니다. PER이 낮을수록 상대적으로 기업이 저평가돼 투자하기 좋다는 뜻입니다. 보통 미국 상장기업의 PER은 일본과 비슷한 수준인 13배 정도로, 이는 미국 기업의 주식 1주는 액면가의 13배의 이익을 낸다는 뜻입니다.

반면 세계 증시의 거품론을 불러온 중국 상하이 증시에 상장된 중국기업의 PER은 2007년 말 기준으로 68배입니다. 거품이 심하다는 브라질 증시의 PER인 11배보다도 6배 이상 높습니다. 이는 기업이 내는 이익보다 주가가 지나치게 높다는 뜻입니다.

2007년 말을 기준으로 국내 증시의 PER은 11.9배였지만, 2008년 하반기 증시가 급락하면서 코스피 상장기업들의 PER은 9배까지 떨어졌습니다. 그만큼 저평가됐다는 뜻이고 이론적으로는 매수 시기입니다. 선진국들의 평균이라는 13.4배보다도 크게 낮은 수치입니다. 우리 증시의 PER이 낮다는 것은 그만큼 올라갈 여지가 남아 있다는 사실을 의미합니다.

2009년에 우리 기업의 이익이 30%가량 줄더라도 PER은 11배 수준으로 유지됩니다. 따라서 기업의 매출이 크게 떨어진다고 가정해도 주가에 거품이 있다고 볼 수는 없습니다. 2008년 겨울, 우리 증시의 희망은 이 같은 저평가, 낮은 밸류에이션입니다.

이동평균선 보는 법

매일매일 주가의 흐름을 통해 주가를 예측할 수 없을까요? 그래서 생겨난 것이 이동평균선입니다. 매일의 주가를 평균낸 뒤 선으로 연결하면 이동평균선이 만들어집니다. 이동평균선을 만드는 방법은 쉽습니다. 7월 6일부터 10일까지 5일 간의 '5일 이동평균선'을 만들려면 1일부터 5일까지의 주가를 평균 내서 6일에 한 점을 찍고, 2일부터 6일까지의 주가의 평균 내서 점을 찍고, 이런 식으로 5일부터 10일까지 평균을 내서 5번째 점을 찍은 뒤 연결하면 5일부터 10일까지의 이동평균선이 만들어집니다. 20일 이동평균선이나 60일, 120일 이동평균선 모두 이런 식으로 만들면 됩니다.

그렇다면 이동평균선을 이용해 어떻게 주가의 움직임을 예측할까요? 예를 들어, 최근 5일 평균선 같은 단기 이동평균선이 중·장기 이동평균선을 뚫고 올라서면 일반적으로 주가가 오르는 호재로 해석됩니다. 이를 골든 크로스라고 합니다. 반대로 단기 이동평균선이 중·장기 이동평균선을 뚫고 내려오면 이를 데드 크로스라 하고, 이 경우 일반적으로 하락세로 돌아선다고 분석합니다.

미국의 주가전문가인 조셉 그랜빌은 이동평균선을 보고 주가의 움직임을 예측하는 4가지 원칙을 다음과 같이 제시했습니다.

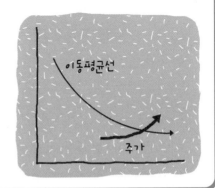

(1) 이동평균선이 내려가다 횡보 또는 오름세로 전환하는 시점에서 주가가 이동평균선을 상향 돌파하면 중요한 매수 시점입니다.

(2) 이동평균선이 계속 오르는 가운데 주가가 이동평균선을 하향 돌파해도 이동평균선의 오름세가 계속된다면 주가는 이동평균선을 다시 상향 돌파할 가능성이 높습니다. 주식을 사야 한다는 뜻입니다.

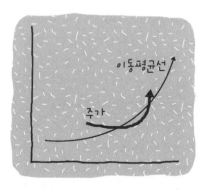

(3) 이동평균선 위까지 떨어지던 주가가 이동평균선을 하향 돌파하지 않고 다시 오름세로 전환되면 주식을 살 때입니다.

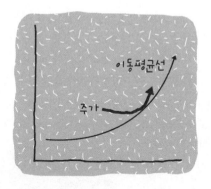

(4) 이동평균선과 주가가 간격이 크게 벌어지면 이동평균선이 하향세라고 해도 주가가 이동평균선을 따라가려는 경향 때문에 주가가 단기간에 오르는 경우가 많습니다. 따라서 단기 이익을 위해서라면 매수가 가능합니다.

그리고 그 반대라면 주가를 팔아야 한다는 이론을 제시한 바 있습니다.

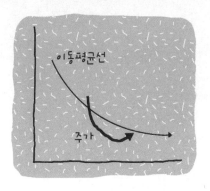

하지만 지금의 주식 시장은 워낙 많은 변수가 작용해서, 이 같은 그래프 분석에 대한 회의론도 많습니다. 사실 주가는 이동평균선을 따라다니기보다, 아이가 찬 럭비공처럼 어디로 튈지 모르기 때문입니다.

: '오늘의 요리'는 시키지 말라

1천만 원짜리 승용차를 사기 위해서 소비자는 차량의 연비는 물론, 제조사가 얼마나 AS를 잘해 주는지, 이 차량을 구입했다가 낭패를 본 사람은 없는지 조목조목 따져봅니다. 100만 원짜리 노트북을 구입할 때도 소비자는 노트북의 용량과 옵션, 주위의 평가를 살펴봅니다.

그런데 투자자들은 소득의 몇 배나 되는 금액을 들여 주식 투자를 하면서는 해당 기업의 재무 상태나 성장 가능성을 제대로 확인할까요? 농사를 내팽개치고 증권 객장에 뛰어든 중국 투자자는 자신이 투자한 기업의 부채율이 1,000%가 넘는다는 사실을 알고 있었을까요? 그 기업의 PER이 이미 마이너스라는 사실은 알고 있었을까요?

시세가 급등락하는 코스닥 상장기업의 상당수가 1년간 유명 갈비집만큼의 순이익도 올리지 못하지만 온갖 공시를 통해 주식수를 계

속 늘리며 주가를 부양합니다. 이들 기업들의 PER은 100배가 넘는 경우가 허다합니다. 이를 확인하는 방법은 아주 쉽습니다. 상장된 모든 기업의 부채율이나 유보율, ROE나 PER은 어느 포털 사이트에서든 증권창에 기업의 이름을 치면 '기업 분석' 코너에서 손쉽게 검색할 수 있습니다.

주식 투자는 기업의 미래에 내 돈을 맡기는 것입니다. 기업은 상품처럼 자신을 포장해 투자자를 부릅니다. 유럽의 워렌 버핏으로 불리는 투자의 신화 앙드레 코스톨라니는 식당에서 '오늘의 요리'라고 추천한 메뉴는 절대로 시키지 않는다고 합니다. 틀림없이 남아 있는 식재료를 팔기 위한 수단일 것이라고 의심하기 때문입니다.

기업이나 증권사는 오늘도 투자를 권합니다. 그중 옥석을 가리는 것은 투자자의 몫입니다. 그 책임도 물론 투자자에게 돌아옵니다. 패닉에 빠진 중국 투자자들처럼요. 이 과정에서 투자 기업을 얼마나 자세히 들여다봤는지가 투자 성패를 가르는 열쇠라는 사실을 잊지 마십시오.

22

론스타와
외환은행 먹튀

 주주 이익 극대화라는 함정

> 수조 원의 차익을 남기고 떠나는 론스타가 한 푼의 세금도 내지 않는다는 사실과 론스타가 외환은행을 인수할 때 과연 외환은행이 진짜 부실했냐는 것이 논란이 되고 있습니다. 당시 외환은행의 부실 정도가 과장됐다는 사실이 밝혀지면서 '먹튀' 투기 자본의 버릇을 고쳐야 한다는 주장도 이어지고 있습니다. 하지만 한국인들의 독특한 '정서법'이 결국 론스타에 유죄를 선고할 것이라는 전망에도 불구하고 법원은 외환은행 인수에 불법은 없다는 판결을 내렸습니다.

지난 2003년 부실덩어리 외환은행이 매물로 나왔습니다. 하지만 국내 대기업은 사고 싶어도 살 수가 없었습니다. 금융 회사는 금융 회사만 소유하고, 여타 산업은 금융기업을 소유할 수 없도록 규정한 금산 분리 원칙 때문이었습니다. 결국 외환은행은 론스타라는 유명 투기 자본에 팔렸습니다. 자산 규모 62조 원의 외환은행은 단돈 1조

3,800억 원에 팔렸습니다. 그리고 5년이 흘러 론스타가 외환은행을 팔고 떠나려 합니다. 아무도 사지 않는다는 외환은행을 사들였고 은행이 정상화된 뒤 팔고 떠나려는데, 국민들의 원성은 높아지고 있습니다. 법정에도 섰습니다. 도대체 론스타는 무슨 죄를 지은 것일까요?

⦂ 먹튀와 주주 이익의 극대화

부실해진 외환은행을 팔기 위해 정부는 외국 자본에 애원하다시피 호소했습니다. 결국 2003년 론스타는 외환은행을 헐값에 인수했습니다. 하지만 경제가 되살아나면서 외환은행은 빠르게 정상화됐고, 론스타는 국민은행에 외환은행을 되팔기로 했습니다. 이렇게 해서 론스타가 챙긴 돈만 4조 2천억 원. 그러자 분위기가 험악해졌습니다. 너희가 뭔데 남에 나라 은행을 샀다가 맘대로 팔고 가느냐, 먹고 튀는 것 아니냐는 이른바 '먹튀' 정서가 번졌습니다.

이 과정에서 KBS는 외환은행 매각 과정에서 외환은행의 신용등급을 낮춰 억지로 부실하게 만들어 팔았다는 의혹을 제기했습니다. 길고 긴 재판이 시작됐습니다. 결국 국민은행과의 계약은 깨지고, 이번엔 외환은행을 HSBC은행에 팔기로 했습니다. 외환은행을 외국계 은행에 팔겠다고 하자 국민들의 눈초리는 더 싸늘해졌습니다.

2008년 11월, 법원은 과거 외환은행 인수가 합법적이었다고 판결을 내렸습니다. 기다렸다는 듯이 론스타의 '먹튀' 발걸음이 빨라지고 있습니다. 투기 자본의 생리와 그 이면에 숨은 '주주 이익 극대화'의 함정을 우리는 외환은행이라는 비싼 기회비용을 치르며 배우고 있습니다.

기업의 주인은 주주입니다. 기업이 이윤을 얻기 위해 존재한다면 주주는 이윤을 얻기 위해 기업에 투자합니다. 따라서 기업은 기업 활동에서 얻은 이익을 주주에게 써야 합니다. 그래서 생겨난 이론이 '주주 이익의 극대화'입니다. 투자한 사람에게 이익을 돌려주는 것은 자본주의 기업의 가장 생태적인 원칙입니다. 대주주에서 소액 주주까지 보유 주식수에 따라 이익이 골고루 돌아가야 합니다.

과거에는 순환 출자를 통해 거대한 지배력을 발휘하던 재벌 총수들이 기업의 이익 또한 독차지했습니다. 그러자 소액 주주들에게도 기업의 이익을 돌려달라는 소액 주주 운동이 일어났습니다. 적더라도 갖고 있는 주식만큼 기업의 이익을 골고루 나눠 갖자는 주장입니다.

기업이 이익을 주주에게 돌려주는 대표적인 방법은 배당입니다. 그래서 지난 몇 년 동안 기업은 배당률을 높이며 기업의 이익을 최대한 주주에게 환원하고 있습니다. 지난 2003년 31%의 이익을 배당했던 시가 총액 1위인 삼성전자는 2007년에는 이익의 49%를 주주에게 돌려줬습니다. 하지만 투기 자본이 들어오면서 '주주 이익 극대화의 원칙'을 바라보는 눈초리가 갈수록 따가워집니다.

: '로커스터', 본색을 드러내는 투기 자본

문제는 여기서 불거졌습니다. 투기 자본들이 뭉칫돈을 무기로 대주주가 된 뒤, 배당률을 지나치게 높인 것입니다. 내가 투자했으니 나에게 빨리, 그리고 많이 보상하라는 것입니다. 기업은 고민에 빠졌습니다. 기업의 이익은 주주뿐 아니라 기업의 미래를 위해 투자돼야 합니다. 더 좋은 기계를 사들이고 더 우수한 종업원을 뽑아야 합니다. 그런데 모든 이익을 단기간에 주주를 위한 배당

에 쓰다 보면 기업의 미래 준비는 부실해지고 기업의 체질은 허약해질 수밖에 없습니다.

실제 서울증권의 대주주가 된 투기 자본 퀀텀인터내셔널펀드는 당시 불과 2,500원 하던 주식의 60%에 달하는 주당 1,500원의 배당을 챙겨 손쉽게 투자 원금을 회수했습니다. 2006년에는 소문난 투기 자본 칼 아이칸이 KT&G의 지분 중 700만 주를 공격적으로 매입해 주가를 올린 뒤, 주당 1,700원의 배당을 받아 10개월 만에 1,400억 원을 챙긴 뒤 유유히 사라졌습니다. 진짜 큰 투기꾼 론스타는 외환은행의 배당 수입으로만 1조 원 넘게 챙겼습니다.

투기 자본은 기업의 미래 자산을 소중히 여기지 않습니다. 기업이 미래에 공장을 짓기 위해 준비한 땅이 있다면 지금 매각해 주주들에게 배당하라고 요구합니다. 임금을 올려달라는 노조원들의 요구를 무시하고, 우수 인재 유치도 외면합니다. 게다가 주식수를 억지로 줄여 자본금을 줄인 뒤 남은 돈을 챙겨 달아납니다. 유상 감자를 통해 주식수를 줄이고, 줄어든 주식만큼 남은 자본금을 챙기는 것입니다. JP모건은 과거에 만도의 우선주 유상 감자로 950억 원을, 브릿지증권을 인수한 BIH는 유상 감자를 통해 1,125억 원을 챙겼습니다.

자사주 매입도 부추깁니다. 곳간의 자본금을 늘리기 위해 증자를 하기는커녕, 오히려 주식을 매입하라고 지시합니다. 기업은 엄청난 돈을 들여 자기 회사의 주식을 소각하고, 이렇게 주식수가 줄어들어 주가가 오르면 투기 자본은 주식을 팔고 사라집니다. 당연히 기업은 주식수가 줄어든 만큼 자본금이 줄어들어 골병이 듭니다.

투기 자본의 모순은 이처럼 종업원도 소비자도 정부도 아닌, 가장 먼저 떠나기 쉬운 사람들이 주주가 돼 기업의 알맹이를 빼먹고 사라진다는 사실입니다. 그래서 미국 언론은 투기 자본을 '로커스터(locuster, 메뚜기떼)'라고 부릅니다. 론스타는 기업을 살리기 위해 들어온 투자자들이 아니었습니다. 그들이 기업 사냥꾼의 가면을 벗은 뒤에야, 우리는 그들이 성경에 나오는 무서운 '로커스터'였다는 사실을 깨닫고 있습니다.

: 펀드 자본주의와 장하성 펀드의 고민

1가구 1펀드, 주식형 펀드 100조 원 시대. 당연히 펀드도 투기 자본처럼 이 기업 저 기업의 지분을 인수해 기업 경영에 참여하고 있습니다. 특히 부자 몇 명이 돈을 투자해 사적으로 운영하는 사모펀드는 공격적으로 기업의 지분을 인수한 뒤 감 놔라 배 놔라 식으로 경영권에 참여하여 자신의 의사를 적극적으로 관철하고 있습니다. 이처럼 펀드를 기반으로 기업의 인수 합병이나 경영에 참여하는 '펀드 자본주의'의 힘이 날로 커지고 있습니다.

실제로 지난 2000년에 기관 투자자들이 주주 총회에서 의결권을 행사한 경우는 100여 건에 불과했지만 2007년에는 9,000여 건으로 늘어났습니다. 서울음반의 지분을 매입한 미래에셋펀드는 주주총회에서 서울음반이 음반 사업 부분을 매각하려 하자 반대표를 던졌고, 현대자동차에 투자한 국민연금은 비자금 혐의로 유죄 판결을 받은 정몽구 회장의 이사 선임에 반대표를 던졌습니다.

미국의 최대 연기금인 캘리포니아 공무원연금(CaLPERS)은 매년 자신들이 투자한 기업 중 부실하게 경영한 CEO를 지적하고 교체를 요구하며 압력을 행사합니다. 뭉칫돈으로 무장한 펀드들이 기업의 지분을 인수한 뒤 그 지분만큼 목소리를 높이고 있는 것입니다. 당연히 이들의 주된 관심사는 주주 이익의 극대화입니다.

주식은 쥐꼬리만큼 가지고 모든 지배력을 행사하는 재벌 총수의 횡포를 막기 위해 기업의 지배 구조 개선 움직임이 이어져왔습니다. 주식을 가지고 있는 만큼만 권리를 행사하고, 기업 경영은 전문 경영인에게 맡기자는 것입니다.

참여연대 출신의 장하성 고려대 경영학과 교수가 주도하는 장하성 펀드는, 지배 구조가 심하게 총수 일가로 치우쳐 있는 기업을 골라 주식을 대량 매입한 후 경영권에 개입함으로써 기업의 지배 구조 개선을 촉구합니다. 이렇게 적극적으로 주주들의 목소리를 대변하는 사람을 가리켜 '주주 행동주의자'라고 부릅니다.

실제 장하성 펀드(진짜 이름은 지배 구조 개선 펀드)는 2006년부터 대한제분과 대한화섬, 동원개발, 벽산건설, 삼양제넥스 등 큰 기업의 지분을 5% 이상 매입해 기업의 주요 의사결정권자를 이사회에 진출

시키는 데 성공했습니다.

하지만 지분 참여 과정에서 급등한 주가는 곧바로 제자리로 돌아오고, 결과적으로 뒤늦게 추격 매수에 뛰어든 개미 투자자들이 피해를 입습니다. 무엇보다 총수 1인 체제 역시 쉽게 바뀌지 않습니다. 게다가 지배 구조 개선보다는 배당 챙기기에 더 관심이 있다는 지적을 받고 있습니다. 지분 매입과 주가 급등을 틈타 시세 차익과 배당 이익을 챙기는 외국계 투기 자본과 뭐가 다르냐는 비난까지 받고 있습니다. 실제 장하성 펀드의 자금 출처도 상당 부분이 외국에서 온 달러 파워입니다.

물론 장하성 펀드는 기업의 장기 투자를 목표로 하고 있어 시세 차익을 남기고 서둘러 떠나는 투기 자본과 뚜렷한 차이를 보입니다. 장하성 펀드처럼 외국에서 온 모든 사모펀드가 투기 자본은 아닐 것입니다.

그 차이는 역시 기업의 현재에 투자하느냐 미래에 투자하느냐에서 찾을 수 있습니다. 골드만삭스는 최근 풍력 발전 설비 제조업체인 평산에 투자했습니다. 대체 에너지 분야에 꾸준히 투자해 온 골드만삭스는 자신들의 풍부한 청정 에너지 기술도 함께 이전될 것이라고 밝혔습니다. 게다가 우리 기업의 체질이 튼튼해져 단기간에 큰 차익을 남기고 떠나는 것이 갈수록 어려워지고 있습니다.

메뚜기떼처럼 단기간의 이익을 챙겨 떠나는 핫머니 사모펀드 대신, 천천히 오랫동안 시장과 기업을 키워 이익을 챙기는 쿨머니 사모펀드에 대한 관심도 높아지고 있습니다. 종교 기관뿐 아니라 선진국들의 연기금과 각종 사회 환원 재단들이 '지속 가능한 투자'라는 깃발을 들고 아시아 신흥 시장에서 꾸준히 투자액을 높이고 있습니다.

∴ '돈이 노동하는 시대'에 대처하기 위해

돈이 되는 곳에는 어디든 투기 자본이 몰리면서, 세계 경제에서 금융자본이 차지하는 비율도 갈수록 높아집니다. 물건을 만들어 수출하는 것보다 금융 상품을 통한 이윤 추구의 규모가 더욱 커지고 있습니다. 현대중공업이 2년 동안 1,000여 명의 노동자들의 땀과 피로 유조선 1척을 만들어 1억 달러를 벌어들일 때, 런던의 투자회사들은 펀드 1개를 운영해 1억 유로를 벌어들입니다.

돈이 돈을 버는 시대, 핫머니나 쿨머니를 우리 시장에서 만나는 일은 이제 자연스러운 일상이 됐습니다. 문제는 이를 어떻게 우리만의 제도로 받아들이고 물리치느냐 하는 것입니다. 투기 자본에 익숙한 영국은 문을 활짝 열었고, 제조업으로 성장한 독일은 투기 자본의 규제를 강화하고 있습니다.

《파이낸셜 타임스》는 '중앙집권적 관리 자본주의 시대'는 가고 '글로벌 금융 자본주의 시대'가 오고 있다고 전했습니다. 금융 위기도 금융 자본주의의 산물입니다. 그래서 '돈이 노동하는' 금융 자본주의 시대에 대비해야 한다는 목소리가 높습니다. 지금의 금융 위기를 이겨낸 세계 금융 시장은 더 단련된 새로운 금융 자본주의를 잉태할 것입니다.

우리도 21세기 금융 자본 시대에 대비하기 위해 제도를 정비하고 금융 전문 인력을 키워야 할 때입니다. 지켜보고만 있다가는 우리 금융 시장이 모두 파란 눈의 CEO로 채워질지도 모를 일입니다. 140년 전 병인양요 때는 파란 눈의 침입자들에게 은괴 19상자를 뺏겼지만, 주주 이익 극대화의 가면을 쓰고 찾아오는 투기 자본에게는 자칫 금융 시장의 안방을 내놓게 될지도 모릅니다.

23

주식으로
반칙하기

전환사채와 순환출자의 오용

> 특별검사팀은 그룹 비서실이 조직적으로 개입해 에버랜드의 전
> 환사채가 발행됐으며, 이재용 전무가 인수하는 과정에도 개입했다
> 고 밝혔습니다. 특검은 당시 그룹 비서실 소속 김인주 이사가 이를
> 주도했으며, 이 같은 개입은 이 회장에게 보고됐다고 설명했습니
> 다. 특검은 이 전무가 인수한 전환사채가 터무니없이 높은 가격에
> 주식으로 전환되면서 에버랜드가 모두 900억 원의 손해를 봤으며,
> 이 손해는 모두 주주들에게 돌아갔다고 덧붙였습니다.

주식이나 채권을 발행해 종잣돈을 만드는 기업은 투자자들의 투자
를 이끌어내기 위해 주식과 채권의 장점을 모두 갖춘 전환사채(CB,
Convertible Bond)를 만들어냈습니다. 투자자는 채권을 인수하지만
주가가 오르면 언제든 채권을 주식으로 바꿔, 시세 차익을 거둘 수
있습니다. 이 기발한 발명품을 누군가는 세금을 내지 않고 기업을 물

려주는 방법으로 이용합니다. 그 방법은 의외로 간단합니다.

: 전환사채의 원리, 편법 증여에서 주가 조작까지

새 공장을 짓기로 한 딸기주식회사가 회사채를 발행합니다. 하지만 시중은행들의 금리가 높다 보니 채권 발행이 쉽지 않습니다. 그래서 이번엔 주식을 발행해 자본금을 늘리기(증자)로 했습니다. 하지만 새로 발행되는 주식을 투자자들이 외면하면서 망신만 사고 덩달아 주가도 급락했습니다.

그래서 전환사채를 발행하기로 했습니다. 투자자는 채권을 인수하지만 주가가 오르면 언제든 주식으로 교환할 수 있습니다. 따라서 주식 전환 때의 가격은 미리 정해져 있습니다.

딸기주식회사의 CB를 투자자 이호리가 인수했습니다. 전환 가격은 1만 5,000원입니다. 채권을 인수한 지 얼마 안 돼 주가가 1만 7,000원이 됐습니다. 이호리는 자신의 채권을 주식으로 전환하기로 마음먹습니다. 이 경우 이호리는 2,000원의 시세 차익을 얻을 수 있습니다.

반대로 딸기주식회사의 주가가 1만 원으로 급락했습니다. 이 경우 이호리는 주식으로 전환하지 않고 계속 채권으로 보유하다가 만기 때 채권 금리에 따라 이자를 챙겨 환매하면 됩니다.

이처럼 전환사채는 투자자가 주가의 움직임에 따라 주식 또는 채권으로 유동적으로 대처할 수 있기 때문에 투자자 입장에선 그만큼 안정적입니다. 반면 이를 발행하는 회사 입장에서는 그만큼 안정적으로 현금을 확보할 수 있다는 장점이 있습니다.

전환사채의 장점

주식회사	투자자
● 투자자들이 채권 인수를 좀더 쉽게 하므로 회사의 재무 상태를 개선시킬 수 있다.	● 회사의 주가가 떨어지면 채권으로 보유한 뒤 만기 때 이자까지 함께 돌려받는다.
● 일반 채권보다 낮은 이자를 지급하므로 만기 때 투자자가 채권으로 환매할 때, 이자 부담이 적다.	● 회사의 주가가 오르면 주식으로 전환한 뒤 시세 차익을 챙기고 이후 회사의 배당금까지 챙긴다.

기업은 전환사채를 발행하면서 채권에서 주식으로 전환하는 가격을 정할 수 있습니다. 전환 가격을 시세보다 낮게 잡아 투자자들이 차익을 기대하며 투자하도록 유혹합니다. 그것이 전환사채의 최고 매력입니다.

문제는 상당수 코스닥 기업들이 이 같은 전환사채의 맹점을 이용해 그룹의 특수 관계인에게 주식을 헐값에 넘기고 있다는 것입니다. 이 과정에서 대부분 전환 가격이 주가 수준을 크게 밑돌아 투자자는 막대한 이익을 남기거나 헐값으로 손쉽게 대주주 대열에 합류합니다.

이런 식으로 국내 대기업에서는 전환사채를 편법 증여와 경영권 승계의 도구로 이용합니다. 전환사채를 인수한 뒤 주식으로 전환해 막대한 차익을 남기며 특정 기업의 대주주가 되는 것입니다. 그래서 금융감독원은 2003년 이후 기업들이 사전에 전환사채를 인수할 사람을 정해 놓고 공모하는 것을 원칙적으로 금지하고 있습니다. 이를 두고 한 경제 신문은 〈암초 만난 보스 상륙 작전—새 루트를 뚫어라〉라고 기사화했더군요.

전환사채는 주가 조작에도 이용됩니다. 간단합니다. 호박주식회사의 대주주 이호리가 1,000만 달러의 전환사채를 발행합니다. 전환 가격이 매우 낮게 책정된 전환사채를 외국인 투자자 마이클이 기다렸다는 듯이 인수합니다. 하지만 외국인 투자자 마이클은 사실 존재하지도 않는 그림자 투자자였습니다. 사실은 대주주 이호리가 마이클 뒤에서 전환사채를 모두 인수한 것입니다.

얼마 지나지 않아 채권은 약속된 낮은 가격으로 주식으로 전환됩니다. 이호리가 헐값으로 엄청나게 주식수를 늘린 것입니다. 며칠 뒤, 전남 진도 앞바다에서 보물선을 발견했다는 소문이 퍼지면서 호박주식회사의 주가가 10배 이상 폭등합니다. 이호리는 채권에서 전환한 주식을 팔아치워 수백억 원의 차익을 남깁니다.

이후 보물선이 사기였다는 사실이 드러나면서 주가는 급락하고 추격 매수한 개인 투자자들은 막대한 피해를 입었습니다. 하지만 이호리는 엄청난 이익을 챙겨 달아납니다. 이 소설 같은 이야기는 실제로 코스닥 시장에서 삼애인더스라는 회사가 저질렀던 실화입니다.

∶ 삼성의 반칙

지난 1996년 12월, 삼성그룹의 지주회사격인 에버랜드는 전환사채를 발행합니다. 그리고 에버랜드가 발행한 전환사채 중 96억 원어치를 이건희 회장의 아들인 이재용 전무가 인수합니다. 당시 에버랜드 주식의 가치는 주당 12만 7,000원 정도였습니다. 그런데 이재용 전무가 인수한 전환사채의 주식 전환 가격은 7,700원으로 정해졌습니다. 이 전무는 시세보다 17분의 1 가격으로 (언제든 주식으로 바꿀 수 있는) 채권을 인수한 것입니다.

이후 이 전무가 채권을 에버랜드 주식으로 전환하자 주식 보유 비율이 51%로 훌쩍 높아졌습니다. 이 전무는 이렇게 삼성그룹 전체를 지배할 수 있는 삼성그룹의 지주회사 에버랜드의 최대 주주가 됐습니다. 삼성그룹의 명실상부한 후계자가 된 것입니다.

이재용 전무가 지난 1995년에 아버지 이건희 회장으로부터 물려받은 돈은 60억, 이중 상속세를 내고 남은 44억 원을 이용해 삼성 에스원과 삼성 엔지니어링 주식을 샀습니다. 우연의 일치인지 이 전무가 주식을 사고 나면 해당 기업이 곧바로 증시에 상장됐고, 이 전무는 단번에 563억 원의 시세 차익을 얻었습니다. 이 563억 원이 이 전무가 계열사 주식을 사 모으는 종잣돈이 됐습니다. 결국 삼성전자를 지배하게 된 첫 출발점은 아버지로부터 받은 44억 원인 셈입니다. 그리고 이 같은 반칙에 전환사채라는 신무기가 사용된 것입니다.

기업이 전환사채 제도를 이용해 멀쩡한 주식을 아주 낮은 가격으로 특정인에게 배정했다면, 이는 기업이나 다른 주주에게 피해를 입힌 것입니다. 이 사건은 결국 2003년 법원으로 넘어가 아주 오랫동안 사회적, 법리적인 논란을 불러일으켰습니다.

법원은 2008년에 당시 저가 전환사채 발행을 주도한 경영진의 배임 혐의에 대해 무죄 판결을 내렸지만, '사회적 비난 가능성이 아주 높은 행위'였다며 현실과 법리를 가르는 줄타기 판결을 내렸습니다.

주주에게 막대한 손실을 입히고 법의 처벌은 면제받은 삼성의 경영진들은 그 이후에도 오랫동안 삼성의 맏형님으로 일임했습니다. 법원의 판결로 그들의 변칙 복싱은 링을 내려왔지만, 경제학자들과 공정위는 전환사채의 반칙을 막을 제도적 장치를 고민하기 시작했습니다.

전환사채의 주식 전환 가격은 낮을수록 좋을까?

일반적으로 전환사채의 주식 전환은 채권 발행 3개월 후부터 가능합니다. 전환 가격은 낮을수록 좋습니다. 전환 가격이 시세보다 낮지 않으면 투자자들은 당연히 전환사채를 주식으로 전환하려 하지 않을 것이고, 애초에 인수하려 하지도 않을 것입니다.

한편 전환 가격을 낮게 해서 전환사채를 발행했다는 것은 그만큼 회사가 채권 발행에 자신이 없다는 뜻이고, 그만큼 시장이 그 회사를 바라보는 믿음도 약하다는 뜻입니다. 따라서 전환사채의 전환 가격이 낮을수록 무조건 좋은 것만은 아닙니다.

이는 재무 상태가 불안한 회사일수록 회사채 발행 이자율이 높은 것과 비슷한 원리입니다. 회사채 이자가 높을수록 투자자는 이익이지만, 기업이 회사채의 이자를 많이 준다는 것은 그만큼 이 회사가 돈이 궁하다는 것을 의미합니다. 부도 직전에 대우의 회사채 금리는 다른 회사의 이자율보다 5% 이상 높았습니다.

반대로 자신 있는 기업은 오히려 지금 주가보다 훨씬 높은 주식 전환 가격으로 전환사채를 발행하기도 합니다. 2008년 6월에 웅진홀딩스는 주가가 2만 3,000원 대였지만 무려 3만 1,000원의 전환 가격으로 전환사채를 발행했습니다. 이 전환사채의 전환 가능 시점은 발행 후 1년. 따라서 웅진은 1년 후 자신들의 주가가 최소 3만 1,000원 이상 갈 것으로 믿은 것입니다.

이 전환사채는 우리투자증권이 전량 인수했습니다. 1년 후 웅진홀딩스의 주가가 3만 1,000원 이상으로 오르면, 우리투자증권은 이 전환사채를 주식으로 전환해 차익을 챙길 것입니다.

이처럼 전환사채의 주식 전환 가격이 무조건 낮다고 좋은 것은 아닙니다. 아주 낮은 가격에 전환사채를 인수해서 주가가 오르면 주식으로 전환하려 했는데, 회사가 부도날 수도 있습니다. 이 경우 주식으로 전환하는 것도 불가능하지만, 갖고 있는 채권 자체가 휴지 조각이 됩니다. 시장에서 뭐든 싼 것은 이유가 있습니다. 주식도, 전환사채도 마찬가지입니다.

순환출자의 지배 구조

　찹쌀떡을 판매하는 부부가 있는데, 도통 장사가 잘되지 않습니다. 그래서 남편이 아내에게 1,000원을 주고 찹쌀떡을 하나 사 먹었습니다. 매출이 1,000원으로 늘었습니다. 이번엔 아내가 남편에게 1,000원을 주고 찹쌀떡을 사 먹었습니다. 매출은 2,000원으로 늘었습니다. 이런 식으로 부부는 준비한 찹쌀떡 10개를 모두 먹었습니다. 매출은 1만 원으로 늘었습니다. 그런데 집에 돌아와보니 1만 원은 없고 단돈 1,000원만 남아 있었습니다. 부부는 어디서 계산을 잘못한 것일까요?

　찹쌀떡 부부는 자신들이 만든 매출을 다시 자신들이 소비했다는 사실을 간과했습니다. 그래서 1,000원밖에 남지 않은 것입니다. 다시 말해 찹쌀떡 부부가 1만 원의 매출을 올렸지만 1만 원을 지출해 실제 남은 수익금은 0원입니다. 장부상 1만 원의 매출이 기록됐지만, 실제 매출은 0인 셈입니다.

재미있는 순환출자 놀이!

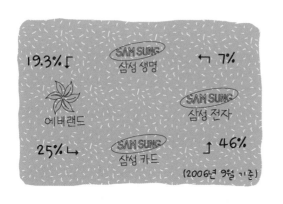

순환출자도 실제로는 존재하지 않는 투자로 여러 기업을 지배한다는 점에서 찹쌀떡 부부의 매출과 많이 닮았습니다.

전환사채를 통해 에버랜드의 대주주가 된 이재용 전무가 삼성그룹을 지배하는 구조는 간단합니다. 에버랜드는 삼성생명의 대주주이며 삼성생명은 삼성전자의 대주주, 삼성전자는 삼성카드의 대주주, 삼성카드는 에버랜드의 대주주입니다. 따라서 에버랜드만 지배하면 삼성그룹 전체를 지배할 수 있습니다. 이처럼 대규모 기업의 계열사들이 A→B→C→A로 고리 모양을 형성하며 서로 연결된 구조를 가리켜 '순환출자'라고 합니다.

순환출자를 통해 이호리도 얼마든지 딸기그룹을 소유하고 지배할 수 있습니다. 이호리의 딸기 장사가 번창해 딸기주식회사를 차렸습니다. 먼저 주식을 공모합니다. 액면가 5,000원짜리 주식 1만 주를 발행했습니다. 이호리는 이중 10%인 1,000주를 500만 원(5,000원×1,000)에 매입했습니다. 그리고 소액 주주들이 딸기주식회사의 미래를 믿고 주식 공모에 참여해 나머지 90%의 주식을 사들였습니다. 이 과정을 통해 딸기주식회사는 5천만 원의 자본금을 모을 수 있었습니다. 이호리는 10%의 주식을 소유한 '딸기주식회사'의 대주주가 됐습니다.

딸기주식회사가 날로 번창합니다. 그래서 계열사 토마토주식회사를 창업했습니다. 돈이 부족한 대주주 이호리는 자신의 돈으로 직접 토마토주식회사의 주식을 인수하지 않고 딸기주식회사의 잉여금으로 토마토주식회사의 주식 10%를 사들입니다. 이로써 이호리는 딸기주식회사의 대주

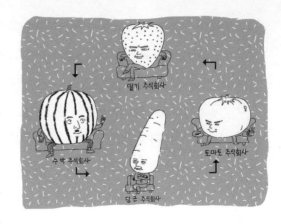

주가, 딸기주식회사는 토마토주식회사의 대주주가 된 것입니다. 이런 식으로 토마토주식회사는 또 당근주식회사의 주식 10%를, 당근주식회사는 수박주식회사의 주식 10%를 인수합니다. 마지막으로 수박주식회사가 딸기주식회사의 주식 10%를 인수하면 순환출자 구조가 완성됩니다.

결국 이호리는 딸기주식회사 지분 10%만으로 전체 딸기그룹을 지배할 수 있습니다. 알고 보면 이호리는 계열사의 돈을 이용해 자신의 지배 구조를 강화한 것입니다.

실제로 대기업은 대부분 이 같은 순환출자로 기업군 전체를 지배합니다. 현대자동차는 기아자동차의 대주주이고 기아자동차는 현대모비스의 대주주, 현대모비스는 또 현대자동차의 대주주입니다. 따라서 정몽구 회장이 현대모비스의 주식을 7.7%만 소유해도 현대자동차 그룹 전체를 지배할 수 있습니다.

2007년 기준으로 국내 자산 6조 원 이상의 14개 재벌 기업 총수들은 평균 6.36%의 지분을 갖고 있지만, 이 같은 순환출자 구조로 37.65%의 의결권을 행사하고 있습니다. 실제 소유한 주식 지분의 6배

가까이를 행사할 수 있게 만들어주는 것이 바로 순환출자입니다.

딸기주식회사의 지분 10%만 갖고 있는 이호리가 딸기주식회사는 물론, 토마토, 당근, 수박주식회사 모두의 의결권을 쥐고 있는 것과 같은 논리입니다. 이렇게 존재하지 않는 자본, 즉 '가공 자본'이 만들어져 서로 투자된 회사는 한 계열사가 무너지면 차례로 모두 무너질 위험을 안고 있습니다. 대우가, 한보가, 진로가 다 그렇게 망했습니다. 정부나 시민단체가 재벌의 순환출자식 문어발 경영을 반대하고 규제하는 이유도 이 때문입니다.

정부는 '출자 총액 제한(줄여서 출총제)'이라는 제도를 이용해 기업이 이 계열사 돈으로 저 계열사에 투자하지 못하도록 규정하고 있습니다. '아랫돌 빼서 윗돌 괴기' 식의 투자를 금지하는 것입니다. 출총제는 재벌 기업들이 기존 회사의 자금으로 또다른 회사를 손쉽게 설립하거나 타사를 인수함으로써 모기업의 재무 구조를 악화시키고 문어발식으로 기업을 확장하는 것을 방지하기 위해서 도입한 제도입니다.

공정거래법은 자산 6조 원 이상 기업 집단(재벌)은 다른 회사 주식을 사들인 합계액(출자 총액)이 자기회사 순자산액의 25%를 넘어서는 안 된다고 명시하고 있습니다. 하지만 기업의 투자가 위축된다는 이유로 정부는 2009년 3월 출총제를 폐지했습니다.

⦂ 해답은 지주회사?

지주(持株)는 '주식을 갖고 있다'는 뜻입니다. 순환출자 회사가 각 계열사들이 서로 조금씩 투자해 꼬리에 꼬리를 무는 형태라면, 지주회사는 '지주회사→자회사→손자 회사'의 1자형 3단계 기업군의 가

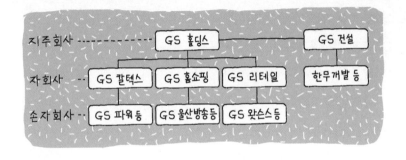

장 형님 기업을 말합니다.

지주회사는 다른 회사의 주인 행세를 하기 위해 만든 회사로, 밑으로 자회사와 손자회사까지 3단계의 연결 고리만 허용합니다. 손자회사가 증손자 회사를 소유하는 것은 원칙적으로 금지하고 있습니다. 이런 식으로 지주회사 (주)LG는 LG전자, LG화학, LG텔레콤 같은 자회사를 두고 있고, GS홀딩스는 GS칼텍스, GS리테일, GS홈쇼핑 같은 자회사를 거느리고 있습니다.

순환출자 구조가 지주회사 구조로 전환되면 특정 계열사가 위기에 처해도 전체 계열사로 꼬리를 물고 위험이 번지지 않고, 1자형 지주회사 구조 안에서 문어발 잘라내듯 정리할 수 있습니다. 또 각 계열사간 지분 관계가 복잡하지 않기 때문에 기업 경영을 투명하게 들여다볼 수 있고, 특정 지분을 떼어 팔거나 더 소유하기도 쉬워집니다.

이 때문에 현행 공정거래법은 지주회사 설립을 적극 권장하면서, 다음의 조건을 요구하고 있습니다.

지주회사가 되려면 자회사의 지분을 30%(비상장 50%) 이상 확보해야 합니다. 계열사끼리 지분을 중복해서 나눠 갖는 일도 금지합니다. 이는 작은 지분만으로 여러 회사를 지배하는 순환출자 회사가 되지 못하게 하려는 이유에서입니다.

금융 회사와 비금융 회사를 동시에 자회사로 두는 것도 금지했습니다. 신한금융지주회사처럼 은행이나 증권사들만 계열사로 두든지, 아니면 금융사가 아닌 제조업 등 다른 업종의 계열사만 소유해야 한다는 뜻입니다. 이는 금융 자본과 산업 자본을 분리하기 위해서입니다. 부채비율도 100% 이하로 유지해야 합니다.

따라서 딸기주식회사는 지주회사 체계를 갖추기 위해 부채비율도 떨어뜨려야 하고 각 계열사인 토마토주식회사나 수박주식회사의 지분도 각각 30%로 늘려야 합니다. 무엇보다 A회사가 B회사 지분을, B회사가 C회사 지분을 갖는 식으로 눈 가리고 아웅 하며 지분을 늘리는 일도 포기해야 합니다. 각 계열사에 대한 연결 의결권을 포기하는 것입니다. 이는 다시 말해 이제 이호리는 더 이상 1개 계열사의 쥐꼬리만 한 지분으로 모든 계열사를 지배하지 못한다는 뜻입니다.

순환출자의 대표주자인 삼성도 지주회사로 전환할 것을 요구받고 있습니다. 이를 위해 먼저 60여 개에 육박하는 현재의 계열사를 3~4개의 그룹군으로 쪼개야 합니다. 그 다음 삼성홀딩스(가칭)→삼성생명→삼성전자 식의 지주회사 체제로 지배 구조를 바꾸는 것입니다. 가령 삼성홀딩스→삼성물산→에버랜드→신라호텔 식으로 금융 계열사를 제외한 제조업 계열사끼리 그룹군을 나눠 삼성홀딩스라는 지주회사를 만드는 방법도 있습니다.

하지만 법적으로 지주회사는 자회사 주식의 30% 이상을 보유해야 하기 때문에 이건희 회장이 삼성생명을 통해 삼성전자를 지배하려면 삼성생명은 최소 30% 이상의 삼성전자 주식을 보유해야 합니다. 현재 삼성생명이 소유한 삼성전자의 지분은 7%. 따라서 남은 23% 정도의 지분을 추가로 매입하려면 이 회장은 20조 원 정도의 현금이 필요합니다. 다시 말해 삼성은 물리적으로 지주회사로 전환하는 것이 사실상 불가능합니다.

이 때문에 국회는 '보험·증권을 자회사로 둔 비금융 지주회사에 대해 비금융 자(손자)회사를 허용'하는 법안을 심의 중입니다. 이 경우 삼성은 삼성전자와 삼성생명을 모두 거느리는 지주회사 설립이 가능해집니다. 삼성을 위한 짜 맞추기 법 개정이라는 시민단체의 목소리는 금융 위기에 묻혔습니다. 전환사채와 순환출자라는 반칙으로 성장한 기업에 어떤 옷을 입힐지에 대한 사회적 고민도 자취를 감췄습니다.

살아 있는 생물인 기업에 어떤 옷을 입히는 것이 가장 현명한 대안일까요? 경제 위기 때문에 기업 경영의 투명성보다는 수익을 많이 내고 종업원을 많이 뽑는 것이 1등 기업의 조건이 됐습니다. 순환출자의 모순을 극복하기 위해 지주회사라는 해법을 찾았지만, 지주회사라는 틀 안에 기업을 가둬서도 안 된다는 지적도 많습니다.

"기업의 단 하나의 유일한 책임은 주주들을 위해 가능한 한 많은 돈을 버는 것이다." 2008년 겨울, 기업이 망하지 않는 것만으로도 고마운 시대, 죽은 프리드먼의 말이 시장의 금과옥조가 되고 있습니다.

5장

추락하는
달러에는
날개가 없다

달러화에 대한 원화의 환율이 무섭게 치솟았습니다. 달러화를 교환할 때 더 많은 원화를 줘야 한다는 뜻입니다. 우리 돈의 가치가 떨어지면 우리가 소유한 모든 재화(원화 표시 자산)의 값어치가 하락합니다. 앉은자리에서 가난해지는 것입니다. 그래서 정부는 적절한 수준으로 달러화에 대한 원화의 환율을 방어합니다. 이 전투가 얼마나 치열한지, 어느 경제학자는 환율 방어를 애국이라고 여기고, 어느 장관은 환율 방어가 곧 전투라고 말합니다. 총성이 끊이지 않는 환율 사수 전선에서 우리 돈 원화가 장렬하게 전사하는 날이 늘어나고 있습니다. 우리는 과연 무슨 잘못을 저지른 것일까요?

DOLLAR PLUNGED AT THE STORM

원화는 무슨 잘못을
저질렀나

환율의 원리와 환율 방어

> 미국발 금융 위기가 실물경제로 확산되고 있다는 공포감이 또다시 우리 금융 시장을 강타했습니다. 주가는 60포인트 가까이 밀렸고 환율은 폭등했습니다. 초반 급등세로 출발한 원–달러 환율은 외환 위기 때인 1997년 12월 31일 이후 최대 상승폭인 133원 50전이 뛰어오르며 1,470원 대로 올라섰습니다. 외환 시장이 사상 최대 폭등으로 마감할 무렵, 시장에는 무디스가 우리의 국가 신용등급을 하향 조정할 것이라는 소문이 전해졌습니다.

환율은 서로 다른 나라의 화폐를 교환해 주는 비율로, 해당 화폐의 수요에 따라 그 값이 결정됩니다. 오늘 아침 외환 시장에서 해당 화폐를 찾는 수요가 늘어났다면 그 화폐의 가격이 오르는 것입니다. 우리나라에서 환율이 결정되는 외환 시장은 서울 외환 시장 등 2곳이 있는데, 주식 시장처럼 우리 돈 원화와 미국의 달러화를 전산으로 거래합니다.

동네 시장에서 딸기를 사고팔면서 가격이 결정되듯 외환 시장에서는 외환 딜러들이 원화와 달러를 사고팔면서 원-달러 환율이 결정됩니다. 오늘 원화를 파는 공급이 많으면 외환 시장에서 원화의 가격이 떨어지고, 달러를 찾는 수요가 많아지면 달러의 가격이 오릅니다. 주식 시장에서 A회사의 주식을 사려는 투자자들이 많으면 A회사의 주가가 오르는 것과 똑같습니다.

오늘 달러를 찾는 사람들이 많아 달러의 가치가 올랐다면 이를 두고 원-달러 환율이 올랐다고 표현합니다(정확한 표현은 '달러화에 대한 원화의 환율이 올랐다'입니다). 이는 달러의 값어치가 오른 것으로 달러가 '평가절상'된 것입니다. 예를 들어 1달러에 1,000원이었던 원-달러 환율이 1,500원이 됐다면 보통 환율이 올랐다고 표현합니다. 우리 돈의 가치가 오른 것 같지만 환율이 올랐다면 반대로 우리 돈의 가치가 떨어진 것입니다. 원화가 평가절하된 것입니다.

⦂환율이 결정되는 원리

외환 시장은 시장의 모든 조건에 따라 시시각각 영향을 받습니다. 미국 정부가 통화량을 늘리면 외환 딜러들은 달러의 가치가 떨어질 것으로 예상하고 달러를 더 많이 매도하게 됩니다.

각국의 교역량(무역)도 환율에 영향을 줍니다. 미국에 대한 우리나라의 무역수지 흑자폭이 커졌다면 국내로 들어오는 달러가 늘어난다는 뜻이고, 이 경우 딜러들은 국내 시장에 유통되는 달러가 늘 것으로 판단해 달러를 매도하게 됩니다. 이 경우 달러화에 대한 원화의 환율이 내리게 됩니다(원화의 평가절상).

물가도 영향을 줍니다. 보통 단기간에 크게 변하지 않는 물가에 비해 환율은 하루에도 큰 폭으로 움직입니다. 통화 공급은 늘었는데 물가가 느리게 움직여 환율이 더 큰 폭으로 움직인다면 이를 '오버슈팅(overshooting)'이라고 합니다.

이 밖에 소비자들의 심리도 물론 영향을 미칩니다. A국가가 전쟁을 개시했다면, 주변국들은 A국가의 화폐 발행량이 늘어날 것으로 판단해 상대적으로 A국의 화폐를 매도하고 자국의 화폐를 평가절상시키게 마련입니다.

2008년 1월, 1달러에 930원 정도였던 달러화에 대한 원화의 환율은 금융 위기가 불거진 11월, 급기야 1,500원을 넘나들었습니다. 한 해 동안 환율이 50% 이상 오른 것입니다. 이는 우리 돈의 가치가 50% 이상 떨어졌고, 우리가 소유한 원화 표시 자산의 가치가 50% 이상 떨어졌으며, 우리가 100만 원을 들고 미국을 찾았을 때 올 초보다 구매력이 50% 이상 떨어졌다는 것을 의미합니다. 쉽게 말해 우리는 미국에 대해 50%만큼 가난해진 것입니다.

이유는 역시 달러를 찾는 수요가 단기간에 급등했기 때문입니다. 갈수록 인기가 떨어지던 달러의 수요가 금융 위기로 갑자기 급증했습니다. 세계 각국의 은행들이 일단 기축통화인 달러화를 채우려 했기 때문입니다. 또 금융 위기로 당장 달러가 급한 외국 투자자들이 국내 주식이나 빌딩 등 국내 자산을 팔아치운 뒤, 이를 달러로 환전해서 떠나는 것도 달러 수요가 늘어난 이유 중 하나입니다. 실제 외국인들은 2008년 한 해 동안에만 30조 원 이상의 주식을 팔고 우리나라를 떠났습니다. 무엇을 팔아치우든 달러로 바꿔 떠나기 때문에 달러의 수요가 좀처럼 줄지 않습니다.

또 하나는 투기 세력들 때문입니다. 언제든 한국이 보유하고 있는 달러(외환보유고)가 바닥날 것이라는 의심이 외환 시장에서 달러에 대한 투기 수요를 불러왔습니다.

모든 재화는 부족할 기미가 보이면 투기가 찾아옵니다. 가뭄이 올 것으로 예상되면 생수에 대한 투기가, 에너지 위기가 올 것으로 예측되면 원유에 대한 투기가 일어납니다. 외환 투자자들이 우리 시장에 달러가 부족할 것이라고 예측하자 국내 외환 시장에서 달러에 대한 투기가 시작된 것입니다. 이런 이유로 외국 투자자들이 앞다퉈 외환 시장에서 달러를 사들이자 달러의 값어치가 급등하며 원-달러 환율이 1,500원 대까지 치솟은 것입니다.

그러자 달러를 갖고 있던 은행과 대기업이 달러가 더 오를 것으로 기대하고 달러를 내놓지 않습니다. 반도체를 미국에 수출하고 100만 달러를 입금받은 딸기반도체는 보통 때는 은행에 수입 대금으로 받은 달러를 입금하면서 원화로 환전하지만, 당분간 달러를 환전하지 않고 보유합니다. 이렇게 시장에 달러가 귀해지자 달러의 수요는 더 높아지고 외환 시장에서 원-달러 환율은 더 치솟았습니다.

정부는 2008년 11월, 서둘러 한미 통화 스와프(currency swap) 협정을 체결했습니다. 한국과 미국이 서로 특정 기간 동안 자국의 통화를 빌려주는 계약을 맺은 것입니다. 우리 곳간에 달러가 떨어지면 미국은 300억 달러까지 달러를 빌려주고 우리는 그만큼의 원화와 약간의 수수료를 미국에 맡겨두는 것입니다. 통화 스와프 체결은 300억 달러만큼의 일시적인 외환보유고 확충을 의미할 뿐더러, 특히 언제든 우리 곳간이 비면 미국이 지원해 준다는 믿음을 심어주면서 당시 불안한 외환 시장 안정에 큰 도움을 줬습니다.

: 외환 시장을 사수하라

원-달러 환율의 급등락은 투자자는 물론 시장 전반에 불확실성을 키웁니다. 특히 우리 경제는 무역이 생명이므로 정부는 항상 외환 시장을 가장 수출하기 좋은 여건으로 안정시키려고 노력합니다. 정부는 다음 2가지 방법으로 외환 시장에 개입하여 사수합니다.

우선, 외환 시장에서 달러화에 따른 원화의 갑작스러운 절상이나 절하는 없을 것이라며 시장 참여자들을 안정시키는 것입니다. 또 달러가 급등하면 정부가 주저 없이 시장에 개입하겠다고 약속합니다. 곳간에 이를 위해 준비해 놓은 달러도 많다고 시장에 엄포를 놓는 것입니다. 이른바 '구두 개입'입니다.

그런데도 달러가 급등하거나 급락하면 실제 시장에 개입합니다. 환율이 급등하면 곳간에 쌓아둔 외환보유고에서 달러를 풀어 달러 값을 떨어뜨리거나, 환율이 급락하면 여기저기서 팔겠다는 달러를 마구 사들입니다. 사겠다는 사람이 늘면, 다시 말해 수요가 늘면 달러 값은 다시 올라가고 원화의 절상을 막을 수 있습니다. 이런 식으로 정부는 외환 시장에서 달러화의 급등락을 막고 환율의 안정을 도모합니다.

이렇게 외환 시장에서 달러를 사들이기 위해서는 '탄환', 즉 원화가 필요합니다. 그렇다고 조폐공사를 통해 마구 돈을 찍어내면 곧 시중에 유통되는 돈이 넘쳐 인플레이션 등 각종 부작용이 발생합니다. 따라서 정부는 채권을 발행해 이를 매입한 시중은행으로부터 현금을 확보한 뒤, 이 돈으로 달러를 사들입니다. 이 채권을 외국환평형기금채권(외평채)이라고 합니다.

정부는 2004년에만 이 채권을 17조 원어치나 발행했습니다. 달러

를 사들이기 위한 탄환을 17조 원이나 마련한 것입니다.

그런데 외평채를 통해 1달러에 1,000원에 사들였던 달러를 지금 1달러에 900원에 사들인다면 정부는 1,000원당 무려 100원의 손해를 본 것입니다. 실제 이렇게 2004년부터 3년간 달러 값이 떨어지면서 입은 환손실이 무려 4조 5천억 원이나 됩니다. 게다가 채권을 발행했기 때문에 만기 때 이자까지 함께 돌려줘야 합니다. 이 외평채에 대한 이자만 해마다 3~4천억 원이 넘습니다. 물론 세금으로 채워야 할 부분입니다.

이렇게 출혈을 각오하고서라도 정부가 환율을 방어하는 이유는 그만큼 환율이 우리 경제에, 특히 수출 시장에 미치는 영향이 크기 때문입니다. 그래서 2008년 초까지 정부가 지나치게 달러를 사들여 이에 대한 비용이 너무 들어간다는 비판 여론이 많았습니다.

그런데 2008년 금융 위기가 찾아오면서 이번에는 달러에 대한 원화의 환율이 치솟기 시작했습니다. 달러의 수요가 늘어 값어치가 급등한 것입니다. 상대적으로 원화의 가치가 너무 떨어지자, 정부는 이번엔 외환 시장에서 달러를 팔기 시작했습니다. 2,500억 달러나 쌓여 있던 우리 곳간의 달러화는 11월 말이 되자 2,000억 달러로 줄어들었습니다. 정부가 지나치게 외환보유고를 늘려 외평채 비용을 낭비한다는 지적은 어느새 외환보유고가 동날지 모른다는 우려로 바뀌었습니다.

2008년 11월에 외환보유고가 바닥난 아이슬란드에 이어 12월에는 에콰도르가 디폴트(default, 국가의 지급 능력 부재)를 선언하고 부도 국가가 됐습니다. 시장에서는 우리 곳간도 바닥나는 것 아니냐는 의심이 한층 커졌습니다.

⠿ 기업도 환헤지

딸기건설이 이라크에 대규모 SOC사업을 수주해 5년 만에 어렵게 완공했습니다. 사업의 영업 이익률은 10%이고, 공사 대금은 유로화로 받기로 했습니다. 그런데 이 기간 동안 유로화의 환율이 10%나 떨어졌습니다. 딸기건설이 공사 대금으로 받은 유로화의 가치가 10% 떨어지면 지난 5년간 이라크에서 흘린 땀방울은 헛수고가 됩니다. 공사 대금으로 받은 유로화를 원화로 환전하면 예상 공사 대금보다 10%가 줄어들기 때문입니다.

이듬해부터 딸기건설은 환헤지를 통해 이 같은 환 손실에 미리 대비합니다. '울타리(hedge)'를 쳐서 위험으로부터 기업을 방어하는 셈입니다. 국가가 환율을 방어하듯 수출기업도 이처럼 외환 시장 변동에 대비합니다.

대표적인 환헤지 방법은 선물(futures)입니다. 선물은 미래 가격으로 환율을 정해놓고 미리 사고파는 것입니다. 환율이 떨어졌을 때 기업은 그만큼 환율로 인한 손실을 줄일 수 있습니다. 물론 환율이 올랐을 경우 그만큼의 이익을 포기해야 합니다. 경제학에 '공짜 점심'은 없으니까요. 하지만 기업은 그만큼 안정적인 재무 환경을 유지할 수 있습니다.

KIKO(Knock in Knock out)의 상처

국내의 대표적인 환헤지 상품이 'KIKO'입니다. KIKO는 환율이 급등하거나 급락하더라도 은행이 일정 환율에 수출 대금을 결제해 주는 일종의 보험 상품입니다. 딸기 수출업자 이호리가 KIKO 상품에 다음 조건으로 가입했다고 가정하면,

- Knock out 1,000원, Knock in 1,200원
- 약정 환율 1,100원 ● 약정 금액 100만 달러 ● 계약 기간 1년

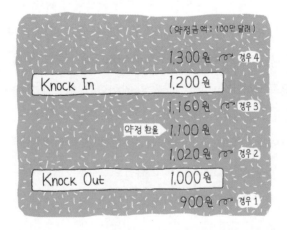

경우1) 달러화에 대한 원화의 환율이 1년 안에 1,000원 이하로 떨어지면 (Knock out) 이호리의 회사와 은행이 맺은 KIKO 계약은 자동으로 해지됩니다 (이 경우 회사는 환율 하락으로 인한 손실만 입게 됩니다).

경우2) 만약 환율이 1,020원으로 내려간다고 해도 수출 대금은 약정 환율인 1,100원에 결제되기 때문에 회사는 그만큼 이익입니다.

경우3) 환율이 약정된 1,100원을 넘어 1,160원이 된다면 회사는 오른 환율 그대로 수출 대금을 결제하게 됩니다(환율 상승으로 인한 회사 이익).

경우4) 문제는 환율이 급등하면서 상한선(Knock in 가격) 1,200원을 돌파한 이후에 발생합니다. 환율이 1,300원으로 급등했다 해도 회사는 당초 약속했던 약정 환율 1,100원에 수출 대금을 결제해야 합니다. 이 경우 달러당 200원의 손실이 발생합니다. 약정 대금 100만 달러의 경우 20만 달러의 손실을 입을 수밖에 없습니다. 특히 회사가 2배짜리 레버리지 KIKO에 가입했다면 회사는 200만 달러(당초 약정 금액×2배)를 약정 환율 1,100원에 결제해야 합니다. 이 경우 손실은 40만 달러로 커집니다. 환율이 상승할수록 손실은 기하급수적으로 늘어납니다.

2008년 11월에 원-달러 환율이 1,500원을 넘자, 수출 잘하고도 KIKO 가입으로 흑자 도산하는 중소기업들이 많아졌습니다. 정부는 KIKO에 따른 손실을 1조 원 정도로 추산하고 있습니다. 이 같은 상품을 자세히 설명해 주지 않은 금융 회사나 헤지 상품을 정확히 모르고 가입한 중소기업에 잘못이 있겠지요. 하지만 복잡한 구조 속에 수익을 만드는 신종 금융 파생 상품의 본질에서 KIKO의 원죄를 찾는 전문가들이 많습니다.

: 낙제점을 받은 환율 방어 성적표

기업이 환헤지에 실패하면 기업의 존립이 위태로울 수 있듯이, 국가도 환율 방어에 실패하면 국민에게 엄청난 손실을 안겨줍니다. 지난 1992년, 영국 중앙은행이 환투기 세력으로부터 공격을 받았습니다. 외환 시장에서 투기 세력이 모든 수단을 동원해 파운드화를 내다 팔았습니다. 파운드화의 가치가 순식간에 20%나 급락하고 2008년 가을 우리가 그랬던 것처럼 영국의 금융 시장은 패닉에 빠졌습니다.

부랴부랴 방어에 나선 영국 중앙은행은 280억 달러의 외환보유액을 풀어 파운드화를 사들였지만 추락하는 파운드화를 막지 못했습니다. 영국은 이 외환 시장 전투에서 10억 달러를 날렸고, 무역수지는 크게 악화됐습니다. 당시 막대한 환차익을 챙겨 떠난 환투기꾼 '조지 소로스'는 68.6%의 수익률을 올리고 영국을 떠났습니다. 세계 금융 시장은 외환 시장의 잠금 장치가 부실하면 언제든지 환투기 세력에 약탈당할 수 있다는 사실을 배웠습니다.

2008년 12월, 그 위협은 우리에게 현실이 됐습니다. 원-달러 환율은 1년 만에 50% 가까이 치솟았습니다. (국가 부도 위기에 처한 아이슬란드 크로나화의 가치가 50% 정도 떨어졌습니다.)

같은 기간 이웃나라 일본의 엔화는 달러화 대비 20%, 유로화 대비 37%가 절상됐습니다. 태국, 말레이시아 등 외환 위기를 함께 겪었던 나라들조차 2008년 말 화폐 가치 하락은 5% 정도에 머물렀습니다. 많은 경제학자들이 원화가 경제력에 비해 지나치게 추락한 이유를 정부의 일관성 없는 정책에서 찾고 있습니다.

2008년 초, 외환 시장의 최전선을 진두지휘하던 기획재정부의 차관은 과거 재경부 국장 시절 외평채를 쏟아 부으며 환율 방어 전투에 임했던 당사자입니다. 환율 방어의 중요성을 너무 강조해 그가 '환율 방어를 국방의 의무'처럼 여긴다는 말이 생겨났습니다. 강만수 전 기획재정부 장관 역시 환율 방어를 전쟁이라고 생각할 만큼 환율 전문가입니다. 이 두 명의 장수는 취임하기가 무섭게 원-달러 환율이 상승해야 한다는 속내를 내비쳤습니다. 무역수지 흑자를 늘리기 위해 인위적으로 환율 상승을 모른 척하겠다고 시장에 알린 것입니다.

골키퍼가 슛을 막지 않겠단 의지를 슬쩍 내비치자 여기저기서 슛이 날아들었습니다. 원-달러 환율은 보란 듯이 치솟았습니다. 달러당 930원 수준이었던 환율은 두 달여 만에 1,050원까지 치솟았습니다. 이를 예상하지 못한 중소기업들의 엄청난 환 손실이 뒤따랐고, 원자재 값 상승으로 오르기만 기다리던 물가는 기다렸다는 듯이 치솟았습니다.

한 달 뒤인 5월, 환율이 1,300원을 돌파하자 강 장관은 고유가에 따른 물가 부담을 이유로 이번엔 환율 하락 정책을 선언합니다. 강력한 달러화 매도 개입이 시작됐습니다. 정부는 여건 변화에 따른 정책 수정이라고 설명했지만, 시장은 '정부의 일관성 없음'으로 이해했습니다.

정부는 외환 시장 사수에 필요한 "외환보유고가 2,000억 달러 넘게 있다"고 설명했지만, 외환 시장은 한국의 "외환보유고가 2,000억 달러밖에 남지 않았다"고 받아들였습니다. 외환 시장에는 투기가 판을 쳤고 달러화는 유례없이 폭등하기 시작했습니다.

정부의 서툰 대응이 외환 시장 불안의 불씨라는 지적도 이 때문입니다. 환율 시장에서 정부의 개입이 아무리 중요하다 해도 정부가 시장을 이길 수 없고, 가격은 여전히 시장의 몫입니다.

봄에 환율 상승을 받아들이려다 가을에 환율 상승에 당하고 있는 정부를 두고, 외환 시장의 혼란을 미리 걱정하는 목소리도 높습니다. 시장은 시장에 맡기고 정부는 말이나 아끼라는 '오럴 해저드' 경고가 이어집니다. 연일 환율이 춤추는 시장에서, 경제 관료의 가벼운 입 대신 엄정하고 일관성 있는 정책이 그리워집니다.

지젤 번천은 왜
달러를 거부했을까

 무대 뒤안길의 달러화

> IMF는 세계 외환 보유액에서 달러화가 차지하는 비중이 2007년
> 기준으로 64%라고 밝혔습니다. 6년 만에 또다시 9%포인트가 떨어
> 졌습니다. 그만큼 달러의 인기가 시들해진 것입니다. 반면 유로화
> 의 비중은 18%에서 25%로 높아졌습니다. 크리스마스 휴가 때마다
> 떨어진 달러 값을 실감하는 가운데, 여전히 '달러화'가 세계에서 가
> 장 안전한 화폐라고 믿는 사람들은 미 재무부 관리들밖에 없다고
> 《뉴욕타임스》가 전했습니다.

2008년 여름, 오페라 축제로 이름난 이탈리아 북부의 베로나. 환전
창구에 표시된 오늘의 환율은 '155달러＝100유로'입니다. 한 미국인
관광객이 1,550달러를 내고 1,000유로로 환전하려 했더니, 950유로만
되돌아왔습니다. 환전 창구 여직원에게 이유를 물었더니, 몇 시간 만
에 달러 가치가 또 떨어졌다는 답이 돌아왔습니다.

2008년 10월 금융 위기로 갑자기 신분이 상승한 미 달러화는 사실 이렇듯 지난 10여 년간 거침없는 추락을 계속해 왔습니다. 다른 화폐에 대한 달러화의 환율이 올라간다는 뜻입니다.

지금 세계 무역 결제의 기본 통화인 달러의 '팍스 달러리움(Pax Dollarium)'이 의심받습니다. 미국이 달러를 너무 많이 찍어냈기 때문입니다. 그리고 그렇게 만들어낸 유동성이 오늘의 금융 시장발 고통을 잉태했습니다.

⁝ 추락하는 달러에는 날개가 있나?

2007년 세계에서 돈을 가장 많이 벌어들인 모델은 지젤 번천으로, 지난 1년간 무려 3,500만 달러의 수입을 올렸습니다. 미국인들보다 늘씬하고 돈도 잘 버는 이 브라질 처녀가 2007년 말 '프록터 앤드 갬블(P&G)'과 모델 계약을 맺으면서 달러 대신 유로화로 받겠다고 하자, 미국인들의 자존심은 큰 상처를 받았습니다.

팝스타 비욘세의 연인으로 유명한 랩가수 제이 지(Jay-Z). 제이 지의 뮤직 비디오에서도 멋진 컨버터블을 타고 늘씬한 미인들을 유혹하며 래퍼가 돈다발을 흔들어댑니다. 제이 지는 당초 100달러짜리 돈다발을 흔들려다 500유로짜리 돈다발로 바꿔 촬영을 끝냈습니다. 100달러짜리는 진짜 부자처럼 보이지 않는다는 이유에서입니다. 두 유명인의 해프닝에서 시들어가는 달러의 위상이 엿보입니다.

금융 위기가 찾아오기 직전인 2008년 7월, 유로화에 대한 달러의 환율은 1.6달러에 육박할 만큼 치솟았습니다. 지금의 일시적인 달러화 강세가 지나면 다시 추락할 것이라는 데 많은 경제학자들이 뜻을

모으고 있습니다. 모든 재화는 공급이 넘치면 값어치가 추락하기 때문입니다.

특히 미국 정부가 금융 위기 타개를 위해 헬기에서 뿌리듯 달러를 시장에 무한정 공급하면서, 달러화의 가치 하락은 시간 문제로 보입니다.

달러 가치가 떨어지는 이유도, 달러가 너무 흔해졌기 때문입니다. 딸기를 파는 상인이 늘어날수록 딸기 값이 떨어지듯, 세계 외환 시장에서 달러를 팔겠다는 사람들이 늘어나기 때문에 달러화의 가치가 떨어집니다(물론 2008년 하반기부터는 오르고 있지만).

오늘 우리 외환 시장에서 달러화의 가치가 떨어졌다면(달러화의 평가절하) 오늘 하루 달러화를 팔겠다는 주문이 달러화를 사겠다는 주문보다 많았다는 뜻입니다. 간단하죠?

투자자들은 기축통화인 데다가 가장 힘이 센 나라의 화폐를 왜 자꾸 내다 팔까요? 여기에 달러화 하락의 숨은 원인이 있습니다. 우선 미국이 달러를 너무 많이 찍어냅니다. 미국 정부의 부채 때문입니다. 2008년 10월, 미국 정부의 부채는 10조 달러를 넘었습니다. 우리 돈으로 1경 3천조 원이 넘는 천문학적인 수치입니다. 미국은 지난 6년간 이라크전에만 최소 3조 달러를 썼습니다(3조 달러는 코스피 시장과 코스닥 시장의 모든 주식의 값어치를 더한 시가총액의 3배입니다).

돈이 부족한 미국 정부는 자꾸 달러를 찍어냈고, 앞으로도 '넘치는 달러' 현상이 멈추지 않을 것으로 판단한 투자자들이 미리 달러를 내다 팔고 있습니다. 2008년 가을 금융 위기가 찾아오자 미국 정부는 시장에 돈을 더 많이 풀기로 했습니다. 당장 2009년 초부터 7,500억 달러가 시장에 수혈됩니다. 2009년 한 해 미국의 재정 적자는 1조 달러가 넘을 전망입니다.

또 하나는 무역 적자 때문입니다. 미국은 수출보다 수입을 지나치게 많이 하는 국가입니다. 당연히 미국으로 들어오는 돈보다 나가는 돈이 많아집니다.

이 두 가지 구조적인 적자를 해결하지 못하면 달러화의 값어치는 떨어질 수밖에 없습니다.

달러화의 가치 하락으로 미국인들의 자산 가치도 함께 하락합니다. 달러화에 대한 원화의 환율이 1,400원(2008년 12월 기준)에서 1,000원으로 떨어진다면, 한국인은 14억 원을 주고 구입해야 했던 캘리포니아의 저택을 10억 원만 주고 구입할 수 있습니다. 상대적으로 우리 화폐의 구매력이 높아지는 것입니다.

∶ 달러화 등락에 대처하는 우리의 자세

이렇게 해마다 떨어지기만 하던 달러화의 가치가 금융 위기로 잠시 급등하면서 우리 경제 구석구석에 크고 작은 영향을 미칩니다. 우리 지갑이 환율로부터 자유로울 수 없는 이유입니다.

2년 전 딸을 미국 코네티컷 주의 기숙학교로 유학 보낸 딸기 아빠의 경우 매년 4만 5,000달러의 학비를 보냅니다. 지난해에는 4,500만 원을 송금했지만 올해는 6천만 원 이상을 송금해야 합니다. 딸기 아빠는 딸기 양의 일시 귀국을 고민하고 있습니다.

미국 샌디에이고에 사는 한국 교민 토마토는 2008년 11월 별 고민 없이 서울 잠실의 아파트를 우리 돈 10억 원에 구입했습니다. 지난해 달러화에 대한 원화의 환율이 1,000원 수준일 때는 이 집을 사는 데 100만 달러가 필요했지만, 2008년 11월에는 77만 달러만 내면 가능해졌기 때문입니다. 게다가 한국의 집값도 크게 떨어져 더 저렴하게 예년에 비해 구입할 수 있었습니다.

실제로 매월 3억 달러 정도이던 재미 교포들의 국내 송금이 금융 위기가 불거진 2008년 10월에는 12억 달러를 넘어섰습니다. 달러의 환율이 급등하자 교포들이 먼저 국내 자산을 사들이고 있는 것입니다.

자동차를 제조하여 미국에 수출하는 정메론 회장은 웃음꽃이 피었습니다. 2007년 11월에 1만 달러짜리 승용차를 팔 경우 국내 은행에 수출 대금 1천만 원이 입금됐지만, 2008년 11월에는 원-달러 환율이 급등해 1,500만 원이 입금되기 때문입니다. 정 회장은 이번 기회에 차량 가격을 20% 정도 내려, 가격 경쟁력을 확보한다는 계획을 세웠습니다.

그런데 얼마 지나지 않아 미국에서 수입해 쓰던 엔진과 전자 부품의 수입 단가가 치솟으면서 수출용 승용차의 제조 원가가 급등했습니다. 정 회장은 차량의 수출 가격 인하를 취소했습니다. 최근엔 미국인들이 소비를 줄이면서 승용차 매출이 줄어들 것이라는 전망까지 나오자 정 회장은 오히려 우울해졌습니다.

이처럼 달러화에 대한 원화의 환율이 오르면 수출은 유리해지고 수입은 불리해집니다. 따라서 부품을 많이 수입해 다시 수출하는 기업은 유리한 한편 불리해집니다. 삼성전자나 LG전자의 휴대전화 수출 시장이 그렇습니다. 환율이 급등했는데도 경기 침체의 영향이 맞물려 2009년도 휴대전화 수출은 소폭 둔화될 것으로 전망됐습니다.

프렌치프라이 살리기

2006년, 프랑스가 이라크전을 도와주지 않는다고 화가 난 미국 노스캐롤라이나 주의 한 식당에서 메뉴판에 적힌 프렌치프라이의 이름을 프리덤프라이로 바꾸었습니다. 얼마 안 돼 미 의회 구내식당 메뉴판에서도 프렌치프라이의 이름이 바뀌었습니다. 미 의회 식당 메뉴판에서조차 삭제됐던 프렌치프라이는 2007년 사르코지 프랑스 대통령이 미 의회를 찾아 프랑스가 얼마나 미국을 사랑하는지 낯 뜨겁게 구애를 하고 나서야 비로소 이름을 되찾았습니다.

이렇게 얼굴을 붉히면서까지 프랑스의 새 대통령 사르코지가 미국에 요구한 것은 2가지였습니다. 하나는 온실 가스 문제에 미국이 동참하는 것이었고, 또 하나는 26년 만에 최저 수준으로 떨어진(또는 떨어지기만 하는) 달러화 환율의 지나친 급락을 막아달라는 것이었습니다. 동병상련인 EU도 잇달아 기자 회견을 열고, 최근 유로화는 잔인할 정도로 강세라고 미국 측의 대책을 요구했습니다. 하지만 얼마 안 돼 환율 문제를 논의하기 위해 열린 선진 20개국 재무장관 회의에서 폴슨 미 재무장관은 '강한 달러를 원하는 미국의 정책엔 변화가 없다'는 립서비스를 남기며 두루뭉술하게 넘어갔습니다. 그리고 달러 가치의 하락을 막을 만한 조치는 전혀 이어지지 않았습니다.

미국이 이처럼 약달러 현상을 모른 척하는 이유는 수출을 더하고 수입을 덜 하는 데 유리하기 때문입니다. 달러화가 약세일수록 미국 제품의 수출이 늘어납니다. 달러화와 유로화의 비율이 1 대 1이라면 프랑스로 수출하는 미 보잉 여객기 1대를 1억 유로에 팔 경우 1억 달러를 받을 수 있습니다. 하지만 달러 대 유로화의 환율이 1.5 대 1이라면 1억 5천만 달러를 받을 수 있습니다. 미 재무부가 달러화 약세를 구경만 하는 이유도 이 때문입니다.

그래서 유럽 각국은 달러화 평가절상을 위한 미국의 환율 개입을 요구하고 있지만, 미국은 여전히 겉으로는 강달러, 속으로는 약달러 정책을 지속하고 있습니다. 미국의 약달러 정책은 2008년 가을에 금융 위기가 찾아와 미 달러화의 가치가 폭등하면서 비로소 종지부를 찍었습니다. 떨어지기만 하던 달러 값의 급등은 미국 정부가 원하지도 않는데 불쑥 찾아왔습니다.

펀드의 귀재 짐 로저스(조지 소로스와 함께 퀀텀 펀드라는 세계적인 투기 자금을 만든 주인공)는 달러는 약점이 많은 화폐라며 자신의 모든 자산에서 달러화를 지울 것이라고 말합니다. 미국 경제를 책임졌던 앨런 그린스펀은 2007년 CBS 시사 프로그램 〈60분〉과의 인터뷰에서 출연료를 'US달러'로 받아도 괜찮다고 말했습니다. 물론 "곧 다른 화폐로 바꿀 거니까요"라는 단서가 붙었습니다.

달러화의 지속적인 하락은 달러로 자산을 표시하지 않는 나라로 뭉칫돈들이 이동한다는 사실을 뜻합니다. 중동 원유 시장이나 유럽의 그림 시장에 투기 자본이 몰려다니는 이유도 모두 달러화가 못 미더워서입니다.

유로화 대비 달러화의 가치가 곤두박질치면서 국적도 알 수 없는 바하마 군도의 헤지펀드가 서울 테헤란로의 30층짜리 빌딩을 사들입니다. 캘리포니아 공무원연금은 스위스 시골의 호텔을 사들입니다. 모두 달러를 쓰지 않는 자산입니다.

국제금융센터에 따르면, 글로벌 외환보유고 중 달러화 비중은 2001년 71.5%에서 2008년 2분기 62.5%로 크게 낮아졌지만, 같은 기간 유로화 비중은 10% 대 후반에서 20% 대 후반으로 크게 높아졌습니다. 세계가 저무는 팍스 달러리움의 소나기를 피하려고 안간힘을 씁니다.

： 미국의 '외상 경제'와 기로에 선 달러

미국은 해마다 5~6천억 달러의 재정 적자를 냅니다. 금융 위기로 2009년 재정 적자폭은 더 크게 늘어날 전망입니다. '외상 경제' 미국은 늘 두 가지 의혹을 세계 시장에 던집니다. '그 많은 외상값을 갚을 수 있을까'와 '그렇게 풀린 달러가 혹시 큰 사고를 치지 않을까' 하는 것입니다.

미국 시장에서 넘치고도 남은 달러는 '무역수지 흑자'라는 이름으로 전 세계 시장에 흘러듭니다. 남는 장사(무역수지 흑자)를 한 중국이나 일본, 한국 등(이들 3국이 미국을 만년 무역수지 적자국으로 만든 주범입니다) 세계 각국은 이렇게 벌어들인 풍족한 달러를 가지고 전 지구를 돌며 투자와 투기를 벌입니다. 미국의 무역수지 적자가 세계의 잔치판을 만든 것입니다.

하지만 곳간보다 돈이 넘친 시장은 거대한 거품을 만들어냅니다. 거품은 더 큰 거품을 만들고 어느 순간 터지게 마련입니다. 2008년에

소리도 없이 찾아온 금융 위기도 마찬가지입니다.

　10여 년 넘게 지속된 달러 공급의 거품은 언제든 달러화의 약세를 불러올 것입니다. 달러화가 속절없이 급등한 지금, 세계 경제의 기축통화인 달러화의 재추락에 대비하자는 말은 너무 앞선 것일까요? 100년의 권좌를 지켜온 달러화가 흔들리고 있습니다. 세계는 빚이 넘치고 이자도 많이 주지 않는 이 못 미더운 기축통화를 조만간 재평가할 것입니다.

무소의 뿔처럼
거침없는 위안화

 변동환율제의 이해

> 　미국의 위안화 평가절상 요구는 오늘도 계속됐습니다. 폴슨 장관은 베이징으로 출발하기에 앞서 중국이 경제 회복을 위해 수출보다는 국내 소비를 진작시켜야 한다며, 중국이 수출을 장려하기 위해 의도적으로 위안화 가치를 떨어뜨리고 있다는 미국의 시각을 대변했습니다. 이에 대해 천더밍 중국 상무부 부장은 지금의 위안화 약세는 정상적인 것이며 '위안화 약세'라기보다는 '달러 강세'라고 부르는 편이 적절하다며 미국 측의 압력을 일축했습니다.

　유럽의 거리에 있는 환전소마다 엔화를 바꿔줍니다. 엔화는 파운드화나 호주달러보다 흔하고 환영받는 화폐였습니다. 하지만 몇 년만에 상황은 달라졌습니다. 프랑스 파리에서는 엔화를 취급하는 환전소보다 위안화를 취급하는 환전소가 많아졌습니다. 한 해 70만 명의 중국인이 에펠탑을 찾고 있기 때문입니다. 2008년 중국인들은 해외 여행에 5,900억 달러를 지출하면서 독일과 일본을 제치고 세계에서 2번째로 해외 여행을 많이 하는 나라가 됐습니다.

: 위안화, 고정환율제에서 변동환율제로

중국은 오래전부터 고정환율제를 사용해 왔습니다. 고정환율제는 특정 화폐에 대한 환율이 고정돼 있는 제도입니다. 정부가 달러화 대 위안화의 환율을 정해놓으면 그 환율 그대로 거래가 이뤄집니다. 그래서 말뚝을 박았다는 의미로 페그(peg)제라고도 합니다.

하지만 중국 경제에 외국인 투자의 물꼬가 터지고 수출이 중국 경제를 이끌어가는 동력이 되면서, 더 이상 금융 당국이 환율을 인위적으로 조작하기가 어려워졌습니다.

결국 지난 2005년 7월 21일, 중국은 변동환율제를 선언하고 국제 외환 시장에 뛰어들었습니다. 변동환율제란 말 그대로 각국 통화의 가치, 즉 환율을 고정시키지 않고 시장의 추세에 따라 변동하는 제도입니다.

10년 전 중국에서는 외국인들이 모이는 곳마다 달러를 위안화로 바꿔주는 암달러상이 있었습니다. 암달러상은 당시 공식 환율의 2배이상 달러 값을 후하게 쳐줬습니다. 달러가 대접받던 시절이었으니까요. 하지만 달러의 가치가 해마다 떨어지면서, 위안화 대비 달러 가치도 갈수록 떨어지고 있습니다.

중국이 변동환율제를 도입할 당시 미국 달러화 대 위안화의 환율은 1달러당 8.27위안이었습니다. 하지만 2008년 여름 올림픽이 열리는 베이징에서 1달러를 주면 7위안도 주지 않았습니다.

2008년 11월, 금융 위기로 위안화의 급등세는 다소 주춤하고 있지만(1달러 당 6.80위안까지 올랐던 위안화는 2008년 12월에 1달러 당 6.85위안으로 다소 내렸습니다) 머지않아 1달러에 5위안 시대가 열릴 것이라는 분석까지 나옵니다. 지나치게 수출을 많이 하는 중국에 위안화 절상 속도를 높이라는 서방 세계의 압력이 거셀 수밖에 없습니다.

ː 환율의 역사

화폐가 재화나 서비스를 거래하는 수단이라면 환율은 서로 다른 화폐를 어떤 비율로 교환할 것이냐의 문제입니다. 변동환율제가 자리 잡기까지 인류는 고민과 시행착오를 거듭해 왔습니다. 그래서 화폐의 역사는 곧 환율의 역사입니다.

100년 전쯤 화폐가 자리를 잡고 금융이 발전하기 시작하던 무렵, 정부는 금을 은행에 쌓아놓고 그 금값만큼만 화폐를 유통시켰습니다. 유통되는 금의 양은 갑자기 늘어나거나 줄어들지 않고 일정했기 때문에 금이 가장 안정적인 기준이 된 것입니다.

덕분에 시장에는 보관된 금 이상의 화폐가 풀리지 않았고, 소비자가 가지고 있는 화폐는 그만큼의 금을 들고 다니는 것과 같은 기능을 했습니다. 이를 금본위제라 합니다.

정부는 이런 식으로 쌓아둔 금의 양만큼만 화폐를 발행하여 시중의 화폐량을 조절했고, 소비자는 정부가 발행하는 화폐를 믿고 사용할 수 있었습니다. 소비자는 언제든지 100달러 화폐를 은행에 가져가면 금 100달러어치를 받을 수 있었습니다. 따라서 초기 화폐는 '금 교환권'이라고 생각하면 이해하기 쉽습니다.

따지고 보면 금본위제는 간단하고 현명한 제도입니다. 그렇지 않으면 중앙 정부는 화폐를 계속 발행하고 싶은 욕심을 이겨내기 힘들었을 것입니다. 늘어난 화폐는 가치가 급락하면서 순식간에 실물경제를 망가뜨렸을 테니까요.

그런데 1940년대에 2차 대전이 진행되면서 미국 등 각 정부의 지출이 터무니없이 늘어납니다. 무기도 개발하고 비행기도 만들어야 했기 때문입니다. 결국 화폐 발행의 욕심을 이겨내지 못하고, 금본위제는 1944년 4월 2차 세계대전을 끝으로 막을 내렸습니다.

1. 브레턴우즈 협정

금본위제가 실패로 끝나고, 1944년 7월 미국 뉴햄프셔 주의 브레턴우즈에서 서방 44개국이 모여 새로운 환율제를 만들어냈습니다. 1930년대 이후 각국의 교역량이 급증했지만 나라마다 환율제가 다르고 특히 이를 무기로 삼아 지역간 무역 보복이 급증하자, 앞으로는 '변형된 금본위제'만 적용하자고 합의합니다(브레턴우즈 협정).

변형 금본위제에 따라 미국은 이때부터 달러를 보관된 금과 '일정한 비율'로 교환해 준다고 각국에 약속했습니다. 각 나라는 미국을 믿고 달러를 무역에 사용하는 기준 화폐로 사용하게 됩니다. 이에 따라 영국 등 서방 국가의 환율은 미국 달러화에 대해 고정되고, 달러화는 금값에 고정되는 변형된 고정환율제가 자리를 잡게 됩니다.

서방 세계는 달러를 믿은 것이 아니고, 미국의 달러를 언제든 금으로 일정하게 바꿔준다는 브레턴우즈의 약속을 믿은 것입니다. 또 환율과 금융제의 안정을 위해 이 무렵 국제통화기금과 세계은행이 탄생했습니다.

2. 킹스턴 체제, 변동환율제의 탄생

1970년대 초, 월남전으로 돈이 궁해진 미국이 또다시 달러를 마구 발행하기 시작합니다. 서방 선진국들은 미국이 과연 쌓아둔 금만큼만 달러를 발행하는지 의심하기 시작합니다. 브레턴우즈에서의 신뢰는 금이 갔습니다. 당초 미국은 35달러를 주면 금 1온스를 준다고 보장했지만, 몇 년 후 세계 각국은 포도주를 미국에 수출하고 받은 35달러로는 금 1온스를 돌려받지 못한다는 사실을 깨달았습니다.

곧바로 미국을 향해 달러를 줄 테니 그만큼의 금을 달라는 금 태환 요구가 빗발칩니다. 결국 닉슨 대통령이 돌려줄 금이 부족하다는 사실을 고백하면서 1972년 브레턴우즈 체제는 붕괴됩니다.

이를 통해 세계 각국은 달러가 자국의 화폐보다 더 많이 유통되면 달러 값이 상대적으로 하락하는 변동환율제라는 해법을 찾아냅니다. 딸기도 옥수수도 시장에 많이 유통되면 가격이 떨어지듯, 달러도 지나치게 시장에 많이 풀리면 가치가 떨어진다는 사실을 뒤늦게 깨달은 것입니다.

1976년 미국, 프랑스, 독일, 영국, 일본은 자메이카 킹스턴에 모여 새로운 국제 통화 제도에 합의합니다.

킹스턴 체제의 가장 큰 특징은 각국이 스스로 상대 국가의 화폐 교환 비율을 정할 수 있는 자율권을 부여하는 것입니다. 이후 각국의 화폐와 달러가 수요와 공급에 따라 결정되는 변동환율제가 자리를 잡았습니다. 외국 화폐에 대한 각 나라 화폐의 교환 비율이 환율로 결정되는 것입니다.

환율과 물가 그리고 빅맥 지수

동네 치킨 가격이 갑자기 올랐다고요? 원-달러 환율이 급등하면서 국내 양계 농장이 수입하는 닭의 사료 비용이 늘었기 때문입니다. 양계업자는 출하하는 생닭의 가격을 올릴 수밖에 없고, 그래서 동네 치킨의 가격도 올랐습니다.

환율은 이처럼 물가와 밀접한 관계가 있습니다. 달러화의 가치가 높아지면 국제 시장에서 원유나 철광석은 물론, 콩이나 옥수수 같은 곡물 값도 오릅니다. 이 경우 원자재 값이 올라 원자재 수입 기업들이 만들어 시장에 내다 파는 제품의 가격 역시 높아집니다.

환율 인상→국제 곡물 시장의 밀가루 가격 인상→국내 식당 칼국수 가격의 인상→국내 물가인상

특히 우리처럼 원자재를 수입한 뒤 다시 가공해서 판매하는 나라일수록 달러화의 환율이 오르면 수입 원자재 값이 오르고, 따라서 국내 판매가격이 올라 물가도 오르게 됩니다. 정부는 보통 수출 기업이 유리하도록 달러 가치를 일정 수준에서 유지하는 외환 정책을 펼칩니다. 하지만 2008년 상반기처럼 수입 원자재 가격 상승으로 국내 물가가 급등하면, 오히려 달러화 가치를 내려(달러화의 평가절하를 통해) 물가 안정을 도모하는 등 물가와 교역 조건 등을 따져 외환 시장에 개입합니다.

미국에서 딸기를 수입, 이를 가공해서 딸기잼으로 만들어 미국에 다시 수출하는 딸기주식회사의 경우, 달러의 환율이 오르면(원화의 가치가 떨어지면) 딸기를 수입하는 단가가 오르게 되고 결국 국내 딸기잼의 판매가격을 올릴 수밖에 없습니다. 하지만 딸기잼을 수출하면서 다시 환율 상승의 이익을 보기 때문에 원자재 수입 과정에서의 환율 손해를 대부분 만회할 수 있습니다.

그 나라의 물가와 환율이 적정한지 알아보기 위해 《이코노미스트》는 '빅맥 지수'를 만들었습니다. 전 세계 어느 나라에서 팔리든 비교적 품질이나 양이 일정한 빅맥 햄버거의 가격을 통해 각국의 환율 수준을 비교하는 방법입니다. 예를 들어 2008년 10월 한국에서 빅맥이 4,000원, 미국에서는 4달러에 팔리고 있다면, 달러화에 대한 적정 원-달러 환율은 1,000원(4,000원/4달러)으로 가정하는 것입니다. 11월 실제 원-달러 환율은 1,400원 수준으로, 이를 통해 달러화가 400원 정도 평가절상됐다고 분석하는 방법입니다. 원화의 가치가 저평가된 것입니다.

최근엔 맥도날드가 각 나라의 햄버거 가격을 전략적으로 운용하면서 신뢰도가 떨어지자, 애플의 '아이팟 지수'나 '스타벅스 톨 라테 지수' 등의 분석법이 등장하기도 했습니다.

: 화폐 가치 상승은 부자 나라의 필요 조건

달러를 파는 투자자가 늘어 달러의 값이 떨어지듯이, 위안화의 가치가 계속 높아진다는 것은 위안화를 찾는 손길이 그만큼 늘고 있다는 것을 의미합니다. 중국이 만든 에어컨이 싸고 품질이 좋다면 각국의 수입업자들은 중국 에어컨을 수입할 것입니다. 이들이 수입 대금으로 지급한 달러나 유로화는 중국의 외환 시장에서 위안화로 교환되면서 위안화의 수요를 높입니다. 수요가 높아진 위안화는 그만큼 평가절상됩니다. 높은 몸값을 받는 것입니다.

서비스 시장도 마찬가지입니다. 스위스를 찾는 관광객들이 늘어날

수록 스위스프랑을 찾는 수요도 늘어날 수밖에 없습니다. 스위스프
랑의 가치가 높아진다는 것은 스위스를 찾는 손길이 늘어난다는 것
입니다.

　이처럼 한 나라의 화폐 수요가 늘어난다는 것은 그 나라가 다
른 나라에서 필요로 하는 재화나 서비스를 많이 갖고 있다는
것을 의미합니다.

　5년간 두 자릿수의 경제 성장률을 기록했던 중국의 GDP 역시 영
국을 제치고 미국과 일본, 독일에 이어 세계 4위를 기록하고 있습니
다. 위안화의 평가절상은 중국의 화려한 경제 성적표가 배경이 됐습
니다. 고정환율제를 포기하고 변동환율제를 실시한 2005년 이후
2008년 상반기까지 위안화는 13% 이상 급등했습니다. 이는 위안화
표시 자산의 가치가 13% 올랐다는 것을 의미합니다. 중국 경제의 파
워가 그만큼 커진 것입니다.

갑작스러운 금융 위기로 인기가 급락하던 달러의 가치는 올랐고 원화의 가치는 그만큼 떨어졌습니다. 환율 상승으로 수출 환경은 유리해졌지만 우리 돈으로 표시된 자산의 값어치는 그만큼 떨어졌습니다. 다시 원화가 평가절상된다면 수출은 어려워질 것입니다. 배기량이 큰 차가 기름이 많이 들듯, 우리 수출 기업은 더 비싼 가격으로 수출을 해야 합니다. 하지만 경제라는 배가 더 큰 바다로 가기 위해서 우리 화폐의 가치를 높이는 것은 불가피한 선택입니다.

　우리 돈의 가치가 높아지는 것도 부자 나라가 되기 위한 기회비용입니다. 험난한 무역수지 전쟁터에서 원화의 선전을 기원해 봅니다.

27 슈퍼 위안화,
슈퍼 차이나

다가오는 위안화 절상 시대

> 《파이낸셜 타임스》는 중국 기업들이 미국이 아닌 나라와 교역할 때 달러화를 기피하는 현상이 해마다 심화되고 있다고 지적했습니다. 금융 위기로 기축통화인 달러화의 인기가 치솟고 있지만 여전히 중국의 수출 기업들은 달러화 가치의 상승을 의심하고 있습니다. 홍콩과 마카오를 비롯한 중국 인접 국가에선 위안화를 결제 수단으로 쓰는 수출 기업들도 늘고 있습니다. 《파이낸셜 타임스》는 달러 유동성의 위험을 위안화를 통해 벗어나려는 움직임이 일고 있다고 전했습니다.

금융 위기를 잉태하고 전 세계 실물경제의 위기를 가져온 미국의 달러화가 아이러니하게도 강세를 보이고 있습니다. 금융 위기의 파도가 닥치자, 각국의 은행과 기업들이 습관적으로 달러화를 곳간에 채우려 하기 때문입니다. 덕분에 위기의 발원지 미국은 달러 부족의 불안으로부터 비껴 가는 행운까지 누리고 있습니다. 하지만 미국만큼 달러 위기 시대에 느긋한 나라가 있습니다. 바로 세계 최고의 달러 외환보유국인 중국입니다.

자국의 환율을 방어하기 위해 세계 각국이 외환보유고를 소진하고 있는 사이 중국의 외환보유고는 오히려 늘어, 2009년에는 2조 달러를 훌쩍 넘어갈 것으로 전망됩니다. 2008년 초 2,500억 달러의 외환보유고에서 환율 방어용 탄환으로 500억 달러를 훌쩍 써버린 우리보다 10배 이상 많은 수준입니다.

최대 대미 무역 흑자국인 중국은 금융 위기가 시작된 지난 2008년 10월에도 352억 달러의 무역 흑자를 기록했습니다. 워낙 달러 보유고가 많다 보니 중국이 이 달러를 어디에 쓸지도 관심사입니다. 해외에 퍼져 있는 중국 자산에 투자한다든가, 위안화의 약세가 심해지면 환율 방어에 쓸 것이라는 분석이 많습니다.

⁞ 미 의회 환율보복법 추진

지난 2004년 미국의 찰스 슈머(민주당) 의원과 린지 그레이엄(공화당) 의원은 중국을 겨냥하여 환율보복법안을 제출했습니다. 중국이 환율을 현실화하지 않으면 중국이 수출하는 모든 제품에 27%가 넘는 보복관세를 물릴 수 있는 초강경 법안이었습니다. 환율보복법안이 나온 다음해 중국은 고정환율제를 폐지하고 환율을 올리기 시작했습니다. 달러당 8.30위안으로 묶여 있던 위안화 환율은 이후 오름세를 거듭해, 2008년 초 기어이 달러당 6위안 대까지 치솟았습니다.

하지만 미 의회는 더 강력하게 위안화의 절상을 요구합니다. 천문학적인 대중국 무역 적자 때문입니다. 결국 기존의 환율보복법안이 폐기되고 더 강력한 법안이 만들어졌습니다. 2007년 7월 26일 미 의회는 '심각하게 불합리한' 환율을 유지하는 국가의 상품에 대해 엄청난 관세를 부과할 수 있는 '대 중국 환율보복법안'을 통과시켰습니다. 민주당 대권 후보였던 버락 오바마와 힐러리 클린턴 상원의원은 이 법안에 공동 발의자로 서명했습니다.

이렇게 중국의 위완화 절상을 밀어붙이는 가장 큰 이유는 역시 미국의 쌍둥이 적자 때문입니다. 미국은 재정 적자와 무역수지 적자에 10년 넘게 시달리고 있습니다. 전자는 이라크전에 돈을 너무 많이 써서, 후자는 중국과 일본이 너무 미국에 수출을 많이 해서입니다. 중국과의 환율 싸움에서 밀리면 끝장이라는 생각이 팽배한 것도 이 때문입니다.

매우 민주적일 것 같은 민주당도 다수당이 된 뒤, 적자의 3대 주인 공인 중국과 일본, EU에 대한 무역수지 해소 방안을 강구하라며 미 행정부를 연신 공격하고 있습니다.

20여 년 전에도 그랬습니다. 미국 땅으로 일본 제품이 너무 많이 밀려들었을 때 미국의 무역 적자는 하늘을 찔렀습니다. 미국은 그때도 환율을 올리는 손쉬운 방법을 택했습니다.

무역 상대국의 화폐가 평가절상되면 제품의 수출가가 올라가고 제품은 곧 경쟁력을 잃습니다. 1985년 9월 미국은 '플라자 합의'를 통해 일본 엔화의 환율을 크게 올리는 데 성공합니다. 엔화의 가치는 급등했고 튼튼하던 일본 기업들도 여기저기 골병이 들었습니다. 일본 경제의 장기 침체는 플라자 합의에서 시작됐다는 평가도 이 때문입니다.

그리고 20년이 지나 이번엔 메이드 인 차이나가 아메리카 대륙을 휩쓸자, 미국은 다시 위안화 평가절상이라는 칼을 휘두르고 있습니다. 전가의 보도처럼 말입니다.

위안화 상승에 대비하려면

중국에 딸기잼 공장을 세우려는 이호리. 위안화가 평가절상되자 중국 내 부지 매입은 물론 공장 신축을 위한 비용도 그만큼 늘어납니다. 위안화의 가치가 높아졌기 때문입니다. 이미 중국에 공장을 세운 다른 사장님들은 환차손만큼 임금을 더 높여줘야 한다고 아우성입니다. 이처럼 위안화의 평가절상은 중국에 원화를 송금해야 하는 우리 기업을 더 어렵게 합니다.

반면 미국 시장에서 중국 기업과 경쟁하는 우리 수출 기업에는 호재입니다. 위안화의 가치가 오르면(위안화가 평가절상되면) 중국의 수출 기업은 제품을 더 비싸게 수출할 수밖에 없기 때문입니다. 특히 중국 제품과 치열하게 시장 점유율을 다투고 있는 조선과 섬유, 컴퓨터, 전자 기업들이 유리해집니다. 우리 제품의 가격 경쟁력이 상대적으로 나아지는 것입니다.

2008년 산업은행은 중국 위안화의 가치가 10% 오르면 우리나라의 GDP는 0.32%포인트, 수출은 3.62%포인트 증가할 것이란 전망을 내놨습니다.

위안화 절상이 우리 경제에 독이 될지 약이 될지는 확실치 않습니다. 단기적으로 우리 기업의 수출이 늘어날 테지만, 위안화 가치가 오르면 중국에 대한 수출 비중이 30%가 넘고 경제권이 밀착된 우리의 원화 가치도 상승 압력을 받게 될 것입니다. 우리가 수출 경쟁력을 잃지 않는다면 장기적으로는 원화의 절상도 피하기 어려워질 것입니다. 경제학자들은 그래서 '원화의 가치가 높아지는 것은 강한 한국 경제를 위한 조건'이라고 설명하고 있습니다.

No라고 말할 수 있는 위안화

미국의 위안화 절상 압력에도 중국 정부는 인위적인 환율 조작은 없다는 입장을 되풀이하고 있습니다. 2007년 여름에 미 의회가 대 중국 환율보복법안을 통과시키자, 중국은 오히려 중국 내 달러 자산 청산을 경고했습니다. 곳간에 쌓여 있는 엄청난 달러를 갑자기 내다 팔아 세계 금융 시장에서 달러화의 폭락을 불러올 수 있다는 경고 덕에 달러화는 한참 동안 약세를 면치 못했습니다.

달러 발행국인 미국을 상대로 중국은 각종 경제 협상의 '교섭 수단'으로 달러를 사용하고 있습니다.

중국은 겉으로는 '점진적인 위안화 절상'을 말하지만, 속내는 수출 감소를 각오하고라도 강한 위안화 시대를 받아들이는 분위기입니다.

빠르게 위안화의 가치가 올라가도 좀처럼 줄지 않는 중국의 무역수지 흑자가 이 같은 자신감을 뒷받침합니다. 여기에는 미국의 요구를 들어주며 선심을 쓰고, 도대체 식을 줄 모르는 경기의 연착륙을 도모하며, 위안화의 절상으로 인한 강한 위안화, 강한 중국 경제를 만들겠다는 포석이 숨어 있습니다.

앵거슨 매디슨이라는 학자는 오는 2015년 중국이 미국을 제치고 세계에서 GDP가 가장 높은 국가가 될 것이라고 전망했습니다. 화폐 가치가 높아지면 GDP는 그냥 올라갑니다. 이는 물론 강한 위안화를 토대로 한 것입니다.

위안화의 위상은 국제 금융 시장에서도 빠르게 높아지고 있습니다. 상하이 증시가 폭락하자 세계 증시가 따라 폭락합니다. 세계 최고의 달러 보유국인 중국의 대외 투자도 빨라지고 있습니다. 세계 경제가 바야흐로 파워 위안화 시대로 진입 중입니다.

하지만 미 의회는 지금보다 30% 더 값비싼 위안화를 원합니다. 위안화 절상을 통해 중국은 강한 중국 경제를, 미국은 무역수지 균형을 꾀하고 있습니다.

학자들은 과거를 돌이켜보건대, 이 대결 구도가 중국의 승리로 끝날 것이라고 전망합니다. 지난 1985년 플라자 합의로 일본 엔화는 2년 만에 달러보다 100% 이상 올랐지만, 미국의 무역적자는 줄어들지 않았습니다. 상대가 일본에서 중국으로 바뀌었을 뿐 달러는 여전히 기축통화로서 제 역할을 못하고 있습니다. 미국 정부가 금융 위기를 극복하기 위해 2009년부터 구제 금융 수천억 달러를 시장에 더 풀 경우 달러화는 더 흔한 화폐가 되고 금융 위기로 반짝했던 달러의 인기는 곧 사그라질 것입니다.

지난 1990년대 초까지만 해도 중국 금융 당국의 주요 과제 중 하나는 쓰고 남은 달러를 중국 시장에 머물게 하는 것이었습니다. 그런데 언제부턴가 상하이에 진출한 미국의 다국적 제약사들은 달러보다 위안화 결제를 좋아합니다. 위안화의 인기가 자꾸만 높아집니다. '달러화를 쓰지 않는 무역'은 이미 상하이를 벗어나 중국 북부와 남부로 번지고 있습니다. 중국과 러시아는 이미 2007년 10월에 위안화 또는 루블화로 무역 결제를 약속했습니다.

결제 수단으로 위안화를 사용하는 아시아 기업들도 빠르게 늘고 있습니다. 홍콩과 마카오를 시작으로 베트남과 미얀마 등 중국 인접국의 달러 탈출 현상은 빠르게 심화될 것입니다.

중국은 위안화 기축통화 시대를 준비하고 있습니다. 외환 시장에서는 달러화를 던지고 위안화를 사는 투자자들이 늘어나고 있습니다. 위안화 강세로 주머니가 두툼해진 중국인들이 프랑스 파리의 면세점을 휩쓸고 있습니다.

중국의 외환 정책에 훈수하려던 미국의 입지는 금융 위기로 더욱 좁아졌습니다. 팍스 달러리움 시대를 지나 파워 위안화 시대, 그 급등 장세에 대비해야 할 때입니다. 중국에 송금하실 일이 있다고요? 빨리 하시는 것이 좋습니다. 위안화는 더 비싸질 테니까요.

6장

부동산 잔치에
훼방 놓기

CNN 화면에 압류라고 쓰인 푯말이 박힌 디트로이트 외곽의 주택들이 줄줄이 이어집니다. 뉴스 앵커는 연방준비위가 곧 경기 침체를 막을 대책을 발표할 것이라며, 미국 경제에 시한폭탄이 돼버린 모노라인 회사들의 신용등급 하향 소식을 전합니다. 이 기관의 보증을 믿고 엄청난 신용을 만들어낸 초대형 금융 기관들의 부실이 눈덩이처럼 불어 결국 우리 부동산 시장까지 얼어붙었습니다. 세계 경제의 삼각파도가 돼버린 '서브프라임 모기지'의 함정에서 부동산 시장의 몇 가지 숨겨진 진실을 되짚어봅니다.

파리바은행의 주가는
왜 폭락했을까

파생 상품과 서브프라임 모기지 사태 제대로 알기

> 12월 들어 미국의 실업 급여 신청자는 57만 명을 넘어섰습니다. 1주 만에 5만 8,000명이 늘어, 1982년 11월 이래 가장 높은 수준입니다. 주택 대출 부실은 더 늘어 전국 주택 10채 가운데 1채는 압류된 상태입니다. 실업률이 높아지면서 대출금을 갚지 못하는 가구수도 빠르게 늘고 있습니다. 케네스 로고프 하버드대 교수가 실업률이 10%까지 치솟을 것이라고 밝힌 사실이 알려지면서 언론은 '2차 대전 이후 최악의 불경기'라는 말을 쏟아내고 있습니다.

미국의 젊은이들은 결혼과 동시에 모기지론(mortagage loan)을 통해 주택을 구입합니다. 모기지 대출은 크게 2단계로 나뉩니다. 프라임 모기지와 알트에이(Alt-A) 모기지입니다. 대출금이 40만 달러(우리 돈 5억 이상) 정도면 프라임 모기지로 주로 소득이 높은 계층이 이용합니다. 대출금이 30만 달러 미만이면 알트에이 모기지로, 중산층이 주 대상입니다. 미국도 소득이 낮은 계층은 집을 구입하기 어려워서, 2000년대 초반 집값이 급등하면서 주택을 소유하려는 수요가 늘자 소득이 낮고 신용등급이 낮더라도 대출을 받을 수 있도록 하는 서브프라임 모기지(subprime mortagage) 제도가 만들어졌습니다. 서브프라임 모기지는 말 그대로 프라임 모기지 단계의 소비자들보다 '신용이 1등급 낮은' 서민들을 위한 주택 대출 제도입니다.

: '대출 권하는' 사회의 비극

모기지를 취급하는 금융사들은 담보가 없는 서민들에게 돈을 빌려주는 대신 더 높은 이자율을 적용합니다. 그래서 프라임 모기지 대출 금리가 5% 수준인 데 반해 서브프라임 모기지는 7~8%입니다. 특히 대출 개시 2~3년이 지나면 고정 금리가 대출 금리로 바뀌면서 적용 이자율이 9~11%까지 인상됩니다.

이렇게 너도나도 대출로 주택을 구입하기 시작하면서 주택 시장은 달아올랐습니다. 대출회사들은 2~3년 후 이자가 오른다 해도 그때 가서 집을 팔면 이익이라며 무작정 대출을 권장했습니다. 미국은 이렇듯 '대출 권하는' 사회가 됐습니다.

미국에서 주택 대출은 연 이자 6~7%이고 30년 상환이며, 보통 집값의 20%만 있어도 대출이 가능합니다. 젊은 신혼부부들은 보통 6만 달러 정도를 내고 30만 달러짜리 주택을 구입했습니다. 하지만 집값이 계속 오르고 대출회사들의 경쟁이 심화되면서 급기야 신혼부부가 내는 집값의 10~20%마저 대신 내주는 대출이 등장합니다. 신혼부부는 돈 한 푼 내지 않고 집을 사는 대출 방식을, 무등에 올라탄다는 뜻

으로 피기 백(piggy back) 대출이라 부릅니다.

주택 가격이 더 오르자 마음이 급해진 대출 회사에서는 무자료 대출을 시작합니다. 대출 서류에 소득을 적기만 하면 이를 검증하지 않고 무작정 대출을 해주는 이른바 No-Doc(No Documentary) 대출이 성행했습니다. 한마디로 수입도 없고, 직업도 없고, 자산도 없는 (No Income, No job, No Asset) 사람들에게까지 무작정 대출을 해주는 '닌자(NINJA) 대출'이 성행한 것입니다.

그로부터 몇 년 뒤 집값이 급락하고 대출금을 갚지 못하는 사람들이 폭증할 무렵 이들이 적어낸 소득이 대부분 거짓이란 사실이 드러납니다. 그들은 자신들이 사들인 집값이 도대체 얼마까지 오른다고 생각했을까요?

이 같은 대출 붐에 힘입어 미국의 주택 경기는 2006년까지 5년 동안 가파른 상승세를 이어가며 평균 52%나 급등했습니다. 20대 도시의 평균 집값 상승률은 70%를 넘었습니다. 뉴욕 맨해튼은 물론 LA나 보스턴의 집값은 지역에 따라 2~3배씩 치솟았습니다.

하지만 2006년 이후, 오르기만 하던 미국의 집값이 떨어지기 시작했습니다. 여기저기 'For Sale'이라는 푯말을 꽂은 주택들이 늘어났고, 뒤늦게 주택을 구입한 사람들이 괜히 집을 샀나 의심할 무렵 집값은 여지없이 폭락하기 시작했습니다.

지역에 따라 주택 가격이 반토막 난 도시가 속출했습니다. 주택을 구입한 사람들이 하나둘 대출금 상환의 부담을 이기지 못하고 집을 내놓기 시작하면서, 2007년 여름에 미국의 주택 가격은 본격적으로 추락합니다. 주택 가격이 뒷걸음질치자 미국인들은 너도나도 주택을 구입할 만큼 소득이 넉넉지 않다는 사실을 고백하기 시작했습니다. 주택이 줄줄이 압류됐습니다. 이 무렵 미국의 주택 가격은 2004년 3월 수준으로 되돌아갔습니다.

2008년 10월, 집값이 모기지 대출금 아래로 떨어져 집을 팔아봤자 빚밖에 남지 않는 이른바 깡통 주택이 1,170만 채를 넘어섰습니다. 3분기에만 77만 채의 주택이 압류됐습니다. 미시건 주 최대 도시인 디트로이트의 침실 4개짜리 2층 주택은 10만 달러, 우리 돈 1억 원까지 급락했습니다.

주택을 압류당한 사람들이 주정부의 지원을 요청할 무렵, 뉴스에는 '서브프라임 모기지'라는 폭탄이 터졌다는 소식이 전해졌습니다.

지난 2004년과 2005년 서브프라임 모기지로 주택을 구입한 소비자들의 이자율이 2~3년이 지나자 변동금리가 적용되면서 높아진 것입니다. 오르기만 하던 주택 가격은 떨어지는데, 높게는 11%의 대출 이자가 서민들에게 돌아왔습니다. 이때 서민들이 빌린 서브프라임 모기지의 90%가 금리 조정 대출(ARM, Adjustable Rate Mortagage)이었습니다. 이들이 더 비싼 이자를 지급해야 할 대출금만 2007년

3,080억 달러, 2008년 3,490억 달러, 2009년 520억 달러에 달합니다.

미국 언론은 2008년 144만 채에 이어, 2009년에는 150만 채의 주택이 경매에 넘어갈 것으로 전망하고 있습니다. 하지만 서브프라임 모기지에는 이보다 더 큰 종양이 숨겨져 있었습니다. 그 종양이 암으로 번졌다는 신호는 바다 건너 프랑스 파리에서 터져 나왔습니다.

⁝ MBS라는 이름의 폭탄

딸기대출은행은 주택 담보 대출을 전문으로 하는 금융 회사입니다. 집을 담보로 소비자에게 그동안 1천억 원을 대출해 줬습니다. 그런데 딸기대출은행은 어디서 그 많은 돈을 융통했을까요? 담보로 잡은 주택들을 담보로 또다른 채권을 발행한 것입니다. A보험사에 이미 대출해 준 주택 대출 채권(주택을 구입한 사람들에게서 받을 원금)을 저당 잡히고 다시 1천억 원을 빌린 것이죠.

빌려준 돈을 담보로 금융사가 다시 발행하는 채권에는 주택담보부증권(MBS, Mortagage Backed Security)과 부채담보부증권(CDO, Collateralized Debt Obligation) 등이 있습니다. 이렇게 미래의 가치를 예상해서 이를 금융 상품화하는 것을 금융 파생 상품이라 합니다.

CDO는 일종의 채권 '섞어찌개'입니다. 모기지 회사들이 자금 조달을 위해 다른 금융 회사에 자신들의 모기지 채권을 팔아치우면, 이를 인수한 투자은행들은(리먼 브라더스 같은) 이 채권을 리스크와 수익률에 따라 재분류한 뒤 또다른 금융 회사와 투자자들에게 팔아치웁니다.

미국에서는 이 과정에서 유통 과정을 의심하는 투자자들을 위해 채권 보증 회사(모노라인)에서 썩 좋은 신용등급을 받아 포장하는 재주도 부렸습니다. 전 세계의 뭉칫돈이 자신들이 인수하는 CDO가 누구의 신용으로 탄생했는지조차 모르면서 모노라인의 AAA 등급을 믿고 CDO를 사들였습니다. 이렇게 팔린 CDO를 묶어 또다른 CDO가 만들어졌습니다.

천문학적인 규모의 CDO가 유통됐지만 '임금님 귀는 당나귀 귀'처럼 누구 하나 그 위험을 확인하거나 누설하지 않았습니다. 물론 이 위험스러운 CDO의 유통에는 다른 채권보다 2~3% 비싼 이자라는 값비싼 포장지가 동원됐습니다.

그런데 딸기대출은행으로부터 주택 대출을 받은 소비자들이 돈을 갚지 못하는 사태가 속출합니다. 담보로 잡은 주택들도 형편없이 가격이 떨어졌습니다. 그러자 딸기대출은행이 A보험사를 통해 발행한 MBS나 CDO도 신용도가 크게 떨어집니다. A보험사가 만기가 된 MBS를 돈으로 돌려달라고 요구해도, 담보가 부실해진 딸기대출은행이 돈을 못 돌려주는 일이 벌어집니다.

2007년 8월, 미국 주택 대출회사의 MBS 채권을 인수했던 프랑스 최고 은행 BMP 파리바은행은 이런 식으로 엄청난 부실 규모가 드러났습니다. 파리바은행은 일시적으로 펀드 환매 중단을 선언했고, 이날 유럽 증시는 물론 미 증시도 폭락했습니다. BMP 파리바은행은 미국의 대출회사가 담보로 잡은 주택들을 믿고 MBS를 인수했지만, 결국 MBS의 신용이 떨어지면서 돈을 물게 된 것입니다.

이어 세계 굴지의 금융사들의 고해성사가 이어졌습니다. 너도나도 미국의 주택 대출회사들이 발행한 MBS 같은 파생 상품에 투자한 사실을 고백하면서 파장은 일파만파로 커졌습니다. 미국 최대의 은행인 시티은행의 모회사인 시티그룹과 영국의 바클레이스은행, 이탈리아의 유니크레딧 등 세계 주요 은행들이 미국 주택 담보 대출의 MBS에 투자한 사실을 고백했습니다.

돈을 떼일까 봐 걱정한 소비자들이 일제히 은행을 찾자 각국의 중앙은행들은 서둘러 은행에 현금을 풀었습니다. 증시는 곤두박질쳤습니다. 유럽중앙은행은 BMP 파리바은행이 펀드 환매를 중단한 이후 나흘 동안 무려 2,117억 유로(270조 원)의 긴급 자금을 풀었습니다. 우리나라 한 해 예산(260조 원)보다 많은 돈입니다. 더 큰 문제는 MBS를 보증해 준 채권 보증 회사들이 위기에 몰린 것입니다.

원래 각 채권의 단계별로 위험 등급을 매겨 수수료를 받고 채권의 안정을 보장해 줬지만, 보증해 준 채권의 부실이 눈덩이처럼 커지자 정작 이들의 생존 자체가 위태로워진 것입니다. 결국 무너지는 채권 보증 보험사가 생겨났고, 그러자 이 회사들이 보증해 준 채권들은 덩달아 휴지 조각으로 변했습니다.

금융 파생 상품

기원전 6세기 무렵, 그리스 철학자 탈레스는 봄 날씨를 보고 올리브 농사가 풍년이 될 것을 내다봤습니다. 그래서 마을에 있는 기름 짜는 기계에 대한 '이용 권한'을 미리 사뒀습니다. 그리고 올리브가 풍년이 들자 기름 짜는 기계를 독점해 막대한 이익을 챙깁니다. 그는 기름 짜는 기계를 모두 구입하는 대신, '미래'의 사용 권한이라는 가치에 투자한 것입니다. 그는 기계를 사는 비용보다 훨씬 저렴한 비용으로 꽤 짭짤한 수익을 올릴 수 있었습니다. 이것의 파생 상품(Financial Derivatives)의 원리입니다.

파생 상품을 통해 기업은 현재 보유하고 있는 금융 자산이나 부동산이 미래에 부딪칠지도 모르는 위험을 사전에 회피할 수 있고, 공격적인 투자자는 가격 변동에 따라 그만큼 고수익을 올릴 수 있다는 장점이 있습니다.

롯데 자이언츠가 우승할 가능성이 높다고 판단하면 롯데 자이언츠 로고가 새겨진 모자의 판매권을 6개월 앞서 사들인 뒤, 경기 결과에 따른 수익이나 손실을 보게 됩니다. 롯데 자이언츠는 리스크를 줄이며 일정한 수익을 미리 확보할 수 있고, 롯데 자이언츠의 모자에 투자한 투자자는 예측에 따른 기대 수익을 선점할 수 있습니다.

이처럼 파생 상품은 미래의 수익(또는 손실)을 미리 선점하고, 그 이익(또는 손해)의 주체를 미리 결정한다는 특징이 있습니다. 금융 기관은 이 같은 상품을 만들어 직접 참여하거나, 투자자들을 모아 수수료를 받아 이익을 챙깁니다.

파생 상품은 주식이나 통화는 물론 이자율이나 부동산 등 가치가 매겨지는 모든 금융 상품에 가능합니다. 예를 들어 코스피 200지수(거래소 시장의 대표 기업 200개의 주가를 모아 운용하는 지수)를 상품화해서 3개월 후에 내다보고 한 상품당 50만 원 단위로 사고파는 식으로 '코스피 200 선물 상품'을 만들 수 있습니다.

하지만 파생 상품이 당초 투자된 종잣돈보다 2배, 5배, 10배 이상 가공되면서 위험이 커지고 있습니다. 투자금이 연속해서 재투자되는 것을 '레버리지를 일으킨다'라고 합니다.

당초 투자된(대출된) 1억 원이 10번의 레버리지를 거치면 금융 시장에서 10억 원의 투자금으로 유통되면서 9억 원의 거품이 생성됩니다. 이 과정에서 10명의 시장 참여자 중 1명이 채권을 제때 돈으로 되돌려주지 못하면 이 채권을 인수한 나머지 9명의 투자자들 모두 리스크를 떠안게 됩니다. 그러나 이미 투자의 책임은 불투명해지고, 부실의 규모조차 확인하기 어려워집니다.

금융계에서는 세계 금융 시장을 떠돌아다니는 각종 투자 자금(또는 투기 자금)의 98%가 레버리지를 통해 가공으로 만들어진 자본이라고 추정하고 있습니다. 특히 2000년 들어 미국이 저금리 기조를 유지하면서 은행을 빠져나온 거대한 뭉칫돈들이 다양하고 기발한 금융 기법을 통해 엄청난 투자를 자가 생산하고 있습니다.

이들이 만들어낸 투자는 시장에서 재화나 서비스보다 금융이 차지하는 비중을 늘려, 사람이 노동하지 않고 '돈이 노동하는' 시장을 확대합니다.

: '서브프라임 모기지 상병' 구하기

미 금융 당국은 크게 당황했습니다. 대출 금리가 높아지자 집값은 가파르게 떨어집니다. 집값이 떨어지면 집을 사려는 소비자들이 줄 어듭니다. 특히 미국은 집 가격에 따라서 대출액이 연동되는 '홈 이 쿼티 론(home equity loan)'이 많아서 집값이 오르는 만큼 대출 한도 가 늘어납니다. 반대로 집값이 떨어지면 대출이 그만큼 어려워집니다.

당장 집을 압류당할지 모른다는 불안감으로 서민들은 소비를 줄이 고 있습니다. 집값 하락과 서브프라임 모기지 사태는 소비 감소, 기 업의 투자 감소, 일자리 감소, 가계의 소득 감소로 이어지고 있습니 다. 2008년 크리스마스 시즌에 미국의 유통업계 매출은 전년 대비 24% 급감했고, 대형 소매업체 25%가 2009년을 넘기지 못하고 문을 닫을 것이라는 전망이 나왔습니다.

부실의 규모가 속속 드러나면서, FRB도 240억 달러를 시장에 공급 하며 시장 진화에 나섰습니다. 곧이어 부시 대통령은 서브프라임 모 기지 대출에 대한 금리를 5년간 동결한다고 발표했습니다. 금리 조정 대상 대출에 대해 5년간 처음 냈던 이자율만 적용해 주는 '호프 나우 (Hope Now)' 프로그램도 시행됐습니다.

하지만 파장은 커지고 있습니다. 2008년 5월 미국 5위의 투자은행 베어스턴스가 문을 닫았습니다. 《뉴스위크》는 끝나지 않는 서브프라 임 모기지 문제를 '바퀴벌레'에 비유했습니다. 부엌에서 바퀴벌레가 한 마리 발견되면 싱크대 뒤에는 수백 마리의 바퀴벌레가 숨어 있듯 이, 서브프라임 모기지도 숨겨진 부실이 훨씬 더 크다는 설명입니다.

그리고 그 삼각파도가 우리 부동산 시장을 덮쳤습니다. 높은 분양 가에 미국발 금융 위기가 번지면서, 우리 부동산 시장도 침체의 늪에

빠졌습니다. 2008년 분양된 전국 435곳의 아파트 단지 중 청약자가 단 한 명도 없는 단지가 114곳에 달했습니다. 투기가 극심했던 버블 세븐 지역의 아파트 가격도 2008년 가을을 버티지 못하고 급락세로 돌아섰고, 2005년과 2006년 주택 구입의 막차에 올라탄 소비자들의 대출금 상환 부담이 커지고 있습니다. 여기에 집값 하락이라는 부담이 더해집니다.

손쉽게 주택으로 돈을 벌려고 했던 욕심과 이로 인한 자산 가치 하락이라는 고통은 바다 건너 미국과 크게 다르지 않습니다.

서브프라임 모기지 사태의 1차적인 책임은 집값 상승을 기대하며 무리하게 대출을 시도한 서민들과 소득을 부풀려 돈을 마구 빌려준 대출회사에 있습니다. 하지만 서브프라임 모기지 사태의 근본 원인을 대중의 욕심을 이용한 '너무 진보해 버린 금융 기법'에서 찾는 학자들도 많습니다. 은행은 돈을 빌려주면서 돈을 떼일 위험을 다른 은행에 전가하고, 다른 은행은 이 위험을 떠안는 조건으로 또다른 채권을 또다른 투자회사로부터 발행합니다. 그러자 세계 굴지의 금융 회사들이 이 채권을 유통시키기 시작했고, 결국 이 위험한 레버리지는 바다 건너 금융 회사들까지 서로 연결해 줬습니다.

이 첨단 금융 투자 기법은 엔진도 튼튼했고 배기량도 커서 어떤 금융 위험도 이겨낼 만한 마력을 소유한 스포츠카처럼 보였습니다. 하지만 대출 위험이 분산되면서 너무 많은 대출이 이뤄졌고, 미국의 주택 경기가 냉각되면서 그 위험은 한순간에 폭발했습니다.

위험 자산에 투자해 수익을 내며 하나로 연결된 금융 회사나 투자 회사 역시 이 폭발에 줄줄이 노출돼 홍역을 치르고 있습니다. 리먼 브라더스와 메릴린치 등 미국 상위 5위권 은행들이 잇달아 문을 닫았습니다. 이들 은행을 살리기 위한 공적 자금 지출을 둘러싸고 미국인들의 슬픈 후회가 이어지고 있습니다.

앨런 그린스펀은 레버리지를 이용한 파생 상품의 연속 투자를 '비이성적 과열(irrational exuberance)'이라고 지적합니다. 선물, 스와프, 옵션 등의 형태로 고도로 지능화된 이 금융 기법은 투자된 위험을 채권과 펀드 형태로 계속 되팔아 위험을 분산시킵니다. 하지만 너무 과열되다 보니 위험이 지나치게 분산돼, 돈을 떼일 경우 누구에게 파산의 책임이 돌아갈지 불확실해졌습니다. 그래서 서브프라임 모기지의 정확한 부실 규모는 잘 드러나지 않습니다. '서브프라임 모기지 사태'는 이제 시작일 뿐이라는 분석도 이 때문입니다.

이쯤에서 우리가 주택 가격에 대해 품었던 욕심을 되돌아봅니다. 혹시 우리는 너무 비싼 값에 아파트를 구입한다는 사실을 알고 있지 않았나요? 한껏 날아오른 이카루스는 밀랍으로 만든 날개가 녹기 시작한 사실을 알았지만 이미 너무 높이 날고 있었습니다.

소득만큼만
대출해 드립니다

LTV, DTI의 이해

> 구경하는 사람 하나 없는 모델하우스를 지키던 현장소장은 이같은 극심한 미분양의 원인을 LTV에서 찾았습니다. 정부가 집값의 60%까지만 주택 담보 대출을 허용하면서 투자나 투기 수요가 은행 대출을 받아 집을 구입하기가 어려워졌다는 것입니다. 여기에 대출자의 고정 수입을 따지는 DTI까지 적용되면서 실수요자들마저 주택 구입을 꺼린다고 설명했습니다.

오르기만 하던 집값이 보란 듯이 떨어집니다. 댈러스와 시카고는 물론 은퇴한 미국인들에게 가장 큰 사랑을 받아온 샌디에이고와 시애틀의 주택 가격까지 급락세를 피하지 못하고 있습니다. 그러자 집을 사기 위해 은행에서 돈을 빌려 간 서민들의 대출금 연체가 눈덩이처럼 불어납니다. 자고 나면 주택들이 압류되고 은행들의 부실 채권 비율도 덩달아 뛰어오르고 있습니다.

이렇게 집값이 무참히 떨어질 것에 대비해 은행들은 돈을 빌려주는 엄격한 조건을 만들었습니다. LTV와 DTI입니다.

: 도쿄 아파트 땡처리

2003년 7월 도쿄도 주택공사는 1995년 분양 이후 아직도 팔리지 않은 도쿄 외곽 다마 뉴타운의 고층 아파트 65가구를 8년 전 분양가의 3분의 1 가격에 처분했습니다. 할인율 66%, 1995년 당시 5,724만 엔(5억 7천만 원) 정도였던 분양가는 1,927만 엔(1억 9천만 원)으로 폭락했습니다. 그러자 8년 전 비싼 분양가에 주택을 구입한 주민들의 소송이 이어졌습니다. 일본에서는 아직도 기업이나 공공기관이 수년째 팔지 못한 아파트 세일이 연례행사처럼 벌어집니다. 지난 1990년에 시작된 일본의 부동산 시장 침체는 아직도 계속되고 있습니다.

1985년, 일본의 지나친 대미 무역 흑자를 우려한 미국이 플라자 합의를 통해 일본 엔화의 가치를 큰 폭으로 올리는 데 합의합니다. 환율 급락(엔화의 가치 상승)으로 인한 경기 침체를 우려한 일본 중앙은행은 금리를 낮춰 시중에 돈을 풀기 시작했습니다.

때마침 1940년대 후반에 태어난 '단카이(베이비붐) 세대'는 고학력을 무기로 삼아 소득이 급증했고, 더 넓은 집에 살겠다는 수요가 사회적으로 확장됩니다.

건설사들은 새 아파트 디자인을 잇달아 발표했습니다. 여유 자금은 빠르게 부동산 시장으로 몰렸고, 급기야 1987년에는 일본의 집값이 한 해 동안 70%나 급등합니다. 1990년 상업 지역 토지 가격이 1985년에 비해 4배 가까이 올랐습니다. 도쿄의 방 3개짜리 아파트의 값이 당시 30억 원을 호가했습니다. 도쿄 최고급 주택가 히로오 가든 힐스의 30평짜리 아파트는 1987년 불과 2년 동안 시세가 1억 엔(10억 원)에서 9억 엔(90억 원)까지 폭등합니다.

하지만 1990년대 초, 시장에 돈이 너무 풀렸다는 사실을 깨달은 일본 정부는 뒤늦게 토지세 등을 신설하며 여유 자금을 회수하기 시작합니다. 그러자 거품이 너무 빨리 사그라들었습니다.

1990년 8월 이라크가 사우디아라비아를 침공하자 국제 유가가 급등했고 곧바로 일본 중앙은행이 인플레이션을 우려, 재할인율을 6%로 올렸습니다. 결국 돈을 빌려 땅에 투자한 기업들이 이자를 감당하지 못하고 부동산을 헐값에 팔아치우면서 땅값은 폭락했습니다.

이후 10년 동안 부동산 가격은 한 해도 쉬지 않고 급락하면서 주택의 경우 시세가 60%, 상업 지역은 80%가량 폭락했습니다. 9억 엔까지 치솟았던 히로오 가든힐스 30평형은 요즘 2억 엔 정도에 거래되고 있습니다. (『일본을 통해 본 부동산 10년 대폭락 시나리오』, 다치키 마코토)

1980년대 후반 자고 일어나면 아파트 값이 오르던 시절, 일본의 은행은 주택 가격의 110%까지 대출을 해줬습니다. 주택 담보 대출 비율(LTV)를 110%까지 적용한 것입니다. 상식적으로 납득이 가지 않는 이 현상은 은행에서 앞으로 오를 집값까지 고려해 대출해 주면서 비롯됐습니다. 이후 집값은 보란 듯이 폭락했고, 부실 채권이 급증한 지방 은행들도 연달아 파산했습니다. 1990년대 초반 일본 금융은 뇌사 상태에 빠졌고, 은행들이 대출금을 회수하지도, 신규 대출을 해주지도 못하면서 기업들의 연쇄 부도가 현실화됐습니다.

일본의 잃어버린 10년은 이렇게 시작됐습니다. 그 첫걸음은 LTV를 엄격하게 지키지 않았기 때문이었습니다.

: LTV와 DTI

집을 담보로 은행에서 대출을 받을 때 주택 가격의 몇 %까지 대출을 해줄 것인지 규정한 비율이 바로 주택담보대출비율 LTV(Loan to Value ratio)입니다. 다시 말해 담보 가치 대비 대출 비율을 말합니다. 보통 시중은행들은 80% 정도를 마지노선으로 정해놓습니다. 이는 주택이 경매에 넘어갈 경우 시가의 80%를 하한가로 정하기 때문입니다.

돈을 빌려준 은행으로서는 10억짜리 주택에 대해 8억 원까지 대출을 해준 뒤, 이 채무자가 대출을 못 갚아도 담보로 잡은 주택을 경매에 넘기면 대출금의 80%, 다시 말해 빌려준 8억 원을 회수할 수 있습니다.

그런데 문제는 집값입니다. 10억 원 하던 집이 8억 원으로 떨어지면 최초 경매가는 6억 4천만 원으로 떨어집니다. 이 경우 대출을 해준 은행은 1억 6천만 원의 손실이 발생합니다. 이 때문에 미국의 대출회사들이 연달아 도산하면서 오늘의 서브프라임 모기지 사태가 터졌습니다. 2008년 7월에 도산한 미국 2위의 모기지 대출회사 인디맥 뱅코프는 불과 3분기 동안 9억 달러(1조 2천억 원)에 달하는 손실을 봤습니다.

우리도 집값이 급등하고 주택 대출로 인한 가구당 부채가 눈덩이처럼 불어나자 2007년 초 LTV를 통한 규제를 강화했습니다. 은행에 집값의 60% 이상 대출을 해주지 못하도록 한 것입니다. 특히 투기 지역은 집값의 50% 이하로만 대출하도록 강력하게 규제했습니다.

하지만 LTV 규제는 해당 주택의 담보 가치에 초점을 맞추고 있기 때문에 소득이 없는 사람도 돈을 빌릴 수 있다는 문제점이 있습니다.

소득이 없는 배우자나 자녀 명의로도 60%까지는 대출을 받을 수 있습니다. 별다른 소득도 없으면서 집값이 오르겠지 하는 막연한 투기 심리로 대출을 받아 주택을 구입하는 소비자를 말릴 방법이 없습니다. 투기 소득으로만 먹고사는 일부 투기꾼도 막을 방법이 없습니다. 그래서 생겨난 규제가 DTI, 즉 총부채상환비율입니다.

DTI(Dept to Income ratio)는 자신의 연소득에서 주택 대출의 원리금 상환액과 또다른 부채의 이자 상환액을 합친 금액이 차지하는 비율을 말합니다. 다시 말해 소비자의 소득 정도를 확인해 이자를 갚을 능력 안에서만 대출을 해주는 것입니다.

DTI를 40%로 규제하면 대출자의 소득 중 40%를 원금과 이자를 갚는 데 쓸 수 있다고 판단해 대출해 주는 것입니다. 정부는 2007년 3월부터 투기 지역과 수도권 투기 과열 지구의 아파트 담보 대출에 대해 DTI를 확대 적용했고, 투기 수요는 빠르게 진정됐습니다.

부동산 시장의 도덕적 해이

서브프라임 모기지 사태로 대출금을 갚지 못하는 미국의 채무자들이 이자율 인하와 채무 탕감을 정부에 요구하고 있습니다. 대출 당시 모기지 회사들이 소득을 부풀려 대출을 해줬다며 돈을 빌려준 모기지 회사에 책임을 미루는 것입니다. 도산 위기에 몰린 모기지 회사들도 우리가 망하면 채권 보증 회사도 함께 망한다며 백악관에 대책을 요구합니다. 금융 위기로 부도 위기에 몰린 GM 등 자동차 3사도 370억 달러 규모의 지원을 요구합니다. 지금의 위기를 반성하기에 앞서, 책임을 사회로 돌리는 것입니다.

도덕적 해이 즉 모럴 해저드(moral hazard)는 원래 보험 시장에서 쓰던 용어입니다. 소비자가 보험에 가입한 뒤 '사고가 나도 보험사가 해결해 주겠지' 하고 주의 의무를 게을리 하는 경우를 일컫는 말입니다. 오늘날에는 사회적인 보상을 믿고 시장 참여자로서 지켜야 할 기본을 지키지 않는 것을 말합니다.

우리 주택 시장도 마찬가지입니다. 2008년 전국적으로 미분양 아파트가 15만 가구를 넘자 건설사들이 정부의 대책을 요구하며, 부동산 관련 각종 규제 때문에 아파트가 팔리지 않는다고 정부를 압박했습니다. 정부는 결국 지방의 미분양 아파트를 분양받을 경우 양도세를 면제해 주고, 주공과 대한주택보증을 통해 미분양 아파트 수조 원어치를 매입했습니다.

소비자들도 문제입니다. 2007년 용인 동천에서 분양된 래미안아파트의 3.3m²당 분양가는 1,726만 원. 하지만 197 대 1의 높은 경쟁률로 불티나게 팔렸습니다. 그런데 1년 만에 부동산 시장이 가라앉으며 바로 옆의 용인 성복 지구와 신봉 지구에서 분양되는 다른 아파들의 3.3m²당 분양가가 1,550만 원으로 떨어졌습니다. 그러자 동천 래미안 계약자들이 건설사에 몰려가 지나치게 비싼 분양가를 책임지라며 집단 시위를 벌였습니다. 다른 아파트들의 분양가가 올랐다면 동천 래미안아파트의 계약자들은 건설사에 더 높은 분양가를 지급할까요?

미분양을 이기지 못하고 결국 분양가를 내리는 건설사들이 늘고 있습니다. 그러자 기존 계약자들이 건설사를 향해 자신들도 같은 조건을 적용해 달라고 항의합니다. 이미 기존의 분양 조건으로 계약서에 도장을 찍었기 때문에 건설사는 법적으로 새 조건을 적용해 줄 의무가 없지만, 떼를 쓰는 계약자들의 주장을 외면하기는 힘든 게 현실입니다. 미분양이 되지 않고 계약 이후 아파트 프리미엄이 치솟았다면 기존 계약자들은 이 프리미엄을 건설사에 되돌려줄까요?

대표적인 도덕적 해이는 정부가 늘어난 신용 불량자들을 시장에 복귀시키기 위해 채무를 삭감하거나 상환을 연기해 준 것입니다. 지난 2004년 신용 불량자가 400만 명에 육박하면서 일자리를 구하지 못하는 청장년층이 급증했고, 일자리를 구하지 못하자 소비가 좀처럼 살아나지 않았습니다. 정부는 특단의 조치로 신용 불량자들의 채무를 삭감해 주거나 연기해 주는 개인 회생 제도를 도입했지만, 이는 두고두고 도덕적 해이의 논란이 됐습니다.

돈을 빌려 가 못 갚는 소비자들의 빚을 탕감해 주면 돈을 꼬박꼬박 갚는 소비자의 노력은 정부가 어떻게 보상할까요?

⦂ LTV와 DTI 계산법

연간 소득이 5천만 원인 이호리가 7억 원짜리 아파트를 산다고 가정하면, LTV 40%를 적용할 때 대출 가능 금액은 2억 8천만 원으로 줄어듭니다.

> ### 7억 원 × 0.4(LTV 40% 적용) = 2억 8천만 원

여기에 DTI 40%를 적용하면 대출 가능액은 더 줄어듭니다. 연소득 5천만 원 대비 40%인 2천만 원을 원금과 이자를 상환하는 데 쓸 수 있기 때문에 10년 만기로 하더라도 어림잡아 2억 원(2천만 원×10년)까지밖에 대출이 되지 않습니다. (여기에 이호리가 이미 다른 대출이 7천만 원 있다면 그 대출금의 이자까지 상환 가능 금액에 포함되기 때문에 이호리의 대출금은 더 낮아집니다.)

상환액과 대출액

5천만 원(연소득) × 0.4(DTI 적용 비율) = 2천만 원(연간 상환 가능액)

2천만 원(연간 상환 가능액) × 10(만기) = 2억 원(최종 대출 가능액)

따라서 이호리는 7억 원의 주택을 분양받는다 해도 LTV와 DTI가 적용되면 2억 원밖에 대출이 되지 않기 때문에 최소 5억 원이 있어야 주택 구입이 가능해집니다.

우리 주택 시장 담보 대출 비율은 2008년 기준으로 집값의 48% 정도입니다. 집값의 절반이 대출금이라는 뜻이지만 외국보다는 크게 낮은 수준입니다. 집값이 반토막 나도 집을 팔면 최소한 대출금은 갚을 수 있다는 뜻입니다. 이는 전세금이라는 특이한 제도 덕분입니다.

보통 무주택자들이 전세로 거주하면서 목돈을 만든 뒤 어느 정도 돈이 모이면 주택을 구입하기 때문에 선진국에 비해 LTV가 낮습니다. 대출을 덜 받는 것입니다. 덕분에 아파트 가격이 급락해도 미국이나 일본처럼 주택이 대거 압류되는 사태가 일어나지 않습니다.

⦂ 거품 살리기

집값이 하락하고 있지만 2008년 11월의 주택 담보 대출 연체율은 0.5% 수준으로 3년 전과 비슷한 수준입니다. 아직 집주인들이 대출금을 잘 갚고 있다는 뜻이지요. 하지만 2008년 10월을 기점으로 서울의 재건축 아파트와 일부 새로 입주하는 단지의 가격이 급락하고 있습니다.

이 경우 집주인이 대출금을 갚지 못하면 은행이 압류해서 경매에 팔아도 대출금을 모두 회수하지 못할 가능성이 커집니다. 은행의 부실 채권이 늘어 주택 시장의 불안이 금융 시장의 불안으로 번지는 것입니다. 정부는 이처럼 가격 급락이 지속돼 금융 시장이 부실해지는 것을 막기 위해 부동산 경기 부양책을 잇달아 발표하고 있습니다.

우선 지방 미분양 아파트를 분양받으면 양도세를 한시적으로 면제해 주기로 했습니다. 그리고 재건축 아파트의 각종 규제도 풀고 용적률도 올려주기로 했습니다. 특히 투기 지역을 해제해 LTV와 DTI의 규제도 풀어줄 계획입니다. 결국 돈을 더 빌려 미분양 아파트를 사주라는 신호를 시장에 보내는 것입니다. 또한 투기 과열 지구를 풀어 서울과 수도권의 전매 제한도 완화했습니다.

이들 정책의 공통점은 투자나 투기 수요를 부추긴다는 것입니다. 대출을 더 받아서라도 팔리지 않는 아파트를 사달라는 것입니다. 또 분양받은 뒤 되팔아 투기 수요를 얻으라는 암묵적인 권유이기도 합니다. 여기에 종부세 등 보유세 부담까지 줄었습니다. 이제 서울의 다주택자는 대출을 더 받아 거주하지도 않을 아파트를 분양받거나, 분양받은 아파트에 거주하지도 않고 되팔거나, 보유하기가 유리해졌습니다.

하지만 이렇게 거품이 낀 비싼 아파트가 팔리면 다른 문제가 발생합니다. 고분양가가 허물어지지 않고 거품이 굳어지면, 저렴한 가격에 아파트를 사려는 무주택자나 실수요자들의 내 집 마련은 더 어려워집니다. 이 경우 집은 투자나 투기의 대상이 되기 쉽습니다. 부동

산 경기 부양 정책의 모순이 여기 있습니다.

그래서 꺼지는 거품이 아플지언정, 거품 해소를 가로막는 정책은 피하자는 목소리가 높습니다. 지금 거품이 꺼지지 않으면 언젠가 더 큰 거품이 만들어져 더 큰 고통을 겪을 것이라는 설명입니다. 지금 미국이, 20년 전 일본이 그랬던 것처럼요.

거품은 꺼지게 마련입니다. 우리가 미국보다 고통이 덜한 것은 그만큼 거품을 덜 만들었기 때문입니다. 정부가 더 큰 거품을 만들어서 경기를 부양한다면 언젠가 미국처럼, 또는 그 이상의 거품이 터지는 고통을 겪을 수밖에 없습니다.

일본에는 1970년대에 요정의 접대부로 시작해 부동산 시장의 급등세를 등에 업고 1990년대 초 금융 시장에서 무려 30조 원의 자산을 운영했던 '오노우에 누이'라는 여성이 있었습니다. 그녀의 거품 자산은 1991년 일본의 자산 거품이 꺼지면서 모두 사라졌습니다. 일본 언론은 그녀를 '버블레이디'라고 부릅니다. 거품은 풍선이 될 수 없습니다. 설령 풍선이 되더라도 언젠가는 터지거나 바람이 빠질 것입니다.

2008년 전 세계의 거품 부동산 가격이 속절없이 추락했습니다. 미국 LA, 중국 상하이, 베트남 호치민 시의 자산 가치가 급락했습니다. 모두 주택이 거주 대상이 아닌 투기 대상인 나라입니다. 우리도 버블이 가장 심했던 버블 세븐 지역이 가장 많이 급락하고 있습니다. 그 추락의 끝은 어디일까요? 부디 금융 시장이 요동칠 만큼은 아니었으면 좋겠습니다.

양날의 칼 같은 정부의 양수겸장 부동산 경기 부양책이 걱정입니다. 정부의 부양책이 집값 급락을 막아낼지언정 다른 거품을 부른다는 우려가 커지고 있습니다.

30

김포 아파트,
타워팰리스 가격으로 팝니다

 아파트 값 거품 계산법

> 지난해 무려 4,855 대 1이라는 청약 경쟁률을 보였던 송도의 오피
> 스텔도 프리미엄이 사라졌습니다. 2~3천만 원 손해를 보고서라도
> 입주권을 처분하겠다는 계약자들이 늘고 있습니다. 200여 개에 달
> 하던 떴다방도 하나둘 문을 닫고, 뒤늦게 투자 목적으로 분양권을
> 전매한 계약자들은 발만 구르고 있습니다. 해마다 분양가가 20% 가
> 까이 급등한 송도 지역의 아파트 분양가는 지난해에는 인천 지역 아
> 파트 시세의 3배를 넘어섰습니다.

　타이거 우즈는 한 번 공을 칠 때마다 평균 550만 원을 벌어들입니
다. 박찬호는 공 하나를 던질 때마다 360만 원을 벌어들입니다. 워렌
버핏과의 점심식사에 65만 달러(6억 5천만 원)을 낸 부자도 있고, 비틀
즈가 사용하던 드럼의 가죽은 크리스티 경매장에서 110만 달러(11억
원)에 팔렸습니다.

소비자가 엄청난 가격을 지불하는 재화나 서비스의 공통점은 그 재화나 서비스가 수요에 비해 매우 '드물다'는 것입니다. 그런데 한 해 35만 가구나 공급되는 한국의 아파트들은 왜 이렇게 비쌀까요? 우리는 과연 제값 주고 아파트를 사고 있는 것일까요?

⁝ 그 가격이 정말 제값일까?

2000년 서울 도곡동 타워팰리스의 1m²당 분양가는 379만 원 선이었습니다. 다음해 분양된 삼성동 아이파크의 분양가도 1m²당 400만 원을 넘지 않았습니다. 하지만 당시 분양 경기가 위축되면서 이 두 아파트 모두 미분양이 넘쳐났습니다. 미분양은 소비자들이 비싸다고 판단했다는 뜻입니다.

8년이 지난 2008년 경기도 김포시 고촌면에 분양되는 W건설사의 아파트 142m²형의 분양가는 5억 6천만 원으로, 1m²당 분양가는 400만 원이 넘습니다. 8년이라는 시간차가 있지만, 8년 전 서울 도곡동 타워팰리스보다 2008년 경기도 김포시 고촌면 아파트 분양가가 더 비싼 셈입니다.

해마다 아파트 분양가가 치솟다 보니 소비자들은 이제 김포시 고촌면의 아파트를 8년 전 타워팰리스 가격으로 사야 합니다. 2000년에 경기도 용인에서 분양된 코오롱 하늘채는 1m²당 분양가가 160만 원 선이었지만, 2008년 용인에는 1m²당 분양가가 500만 원을 훌쩍 넘어선 아파트들이 잇달아 분양되고 있습니다. 2000년 1,600만 원에 팔리던 소나타 승용차가 8년이 지나서 5,000만 원에 팔리는 셈입니다.

당연히 소비자들은 외면하고, 입지 여건이 좋은 곳이나 유명 브랜드 아파트까지 미분양이 쌓이고 있습니다. 2007년 여름에 6만 가구를 돌파한 전국의 미분양 아파트는 2008년 여름에는 15만 가구를 훌쩍 넘어섰습니다.

재화는 값이 정해져 있지 않습니다. 시장에서 수요가 발생하면서 자연스럽게 값어치가 매겨집니다. 따라서 구매가 이뤄지는 시점의 가격이 제값입니다. 아무리 아파트 분양가가 높아도 수요가 있다면 제값이라고 할 수 있습니다. 홈쇼핑에서 구명조끼의 가격은 보통 2~3만 원 정도지만, 타이타닉에 타고 있던 승객들이 사용했던 구명조끼는 경매에서 6만 파운드(1억 800만 원)에 팔렸습니다. 시장에서 타이타닉 구명조끼의 적정 가격은 6만 파운드인 셈입니다. 소비자들은 비싸다고 말하면서 빚을 내어 아파트를 구매합니다.

그러면 비싼 아파트 분양가는 진짜 제값일까요? 그렇지 않다는 것이 전문가들의 설명입니다. 이 수요에는 아파트 값이 오를 것이라는 기대 심리가 숨어 있기 때문입니다. 이 같은 수요를 흔히 '투기 수요'라고 합니다.

투기 수요는 적절한 수요에 투기적 요소가 더해, 시장에 불필요한 수요를 만들어냅니다. 거품이 섞여 있는 가수요가 발생하는 것입니다. 따라서 원래 아파트가 갖고 있는 실질 가치가 아닌 화폐로 매겨지는 명목 가치가 실제 값처럼 대우받는 것일 뿐입니다. 중요한 것은 이 같은 가수요는 집값이 더 오를 것이라는 기대 심리가 꺾이면 금세 사라진다는 사실입니다. 오르기만 하던 아파트 값이 꺾이자 미분양이 쌓이는 이유도 이 때문입니다.

집값 거품의 3가지 계산법

　모든 부동산 수요가 투기 수요나 가수요는 아닐 것입니다. 아파트를 지을 택지는 부족하고, 서울의 강남 지역 등 좋은 주거 여건을 갖춘 지역일수록 공급은 한정돼 있고 아파트를 사겠다는 수요는 많다 보니 가격이 오릅니다. 수요에 비해 공급이 부족한 것입니다. 그래서 이 지역 아파트들은 가격탄력성이 매우 낮습니다. 분양가가 올라도 좀처럼 수요가 줄지 않습니다. 특히 수백조 원에 달하는 시중 여유 자금 때문에 좀처럼 수요가 사라지지 않습니다. 그렇다면 아파트에 진짜 거품이 얼마나 되는지 계산할 수 있을까요?

　먼저 그동안의 집값 상승치를 다른 지역의 주택 가격 상승치와 비교합니다. 강남 아파트는 1998년 이후 오르기 시작해 2007년까지 120%나 상승했습니다. 이는 물가 상승분을 제외하고도 같은 기간 전국 아파트 평균보다 44%나 더 오른 것으로, 단독 주택을 포함한 전국 주택 가격보다 130%나 오른 수치입니다. 여기서 강남의 주거 여건이 개선된 값어치를 빼면 강남 집값의 거품을 계산할 수 있습니다. 같은 기간에 강남의 주거 여건이 130% 이상 개선됐다면 거품은 없는 것입니다.

두 번째는 소득 수준과 비교해 보는 방법입니다. 강남의 은마아파트 105m²형이 10억 원이라고 가정한다면 이는 도시 근로자 월 평균 소득 384만 원을 30년 가까이 저축해야 하는 큰돈입니다. LTV 40%, DTI를 30%로 가정하고 대출 금리는 연 6%, 원리금을 20년 동안 꾸준히 갚아나간다고 가정하면 다음과 같습니다.

소득분위	월 평균소득(원)	적정 주택 구입 가격(원)
1분위	82만	8,548만
2분위	145만	1억 5,174만
3분위	188만	1억 9,678만
4분위	225만	2억 3,587만
5분위	262만	2억 7,457만
6분위	302만	3억 1,614만
7분위	347만	3억 6,286만
8분위	402만	4억 2,81만
9분위	488만	5억 1,79만
10분위	775만	8억 1,83만
평균	322만	3억 3,661만

(자료/ 주택도시연구원)

따라서 상위 10분위에 속한 고소득층이라고 해도 은마아파트를 구입하면 본인의 소득보다 1억 9천만 원이나 비싼 아파트를 구입하는 셈입니다. 그래서인지 은마아파트의 가격은 2008년 하반기 8억 원 대로 급락했습니다. 2000년 이후 2005년까지 근로자 가구 평균 소득은 46.1% 상승한 반면, 같은 기간 강남 아파트 가격은 121.8% 상승했습니다.

비슷한 개념으로 PIR(Price Incom Ratio) 계산법이 있습니다. 대출을 뺀 소득만으로 주택을 구입할 수 있는 능력을 계산하는 방법으로, PIR이 10년이라면 10년치 소득을 모아야 주택 한 채를 살 수 있다는 뜻입니다.

PIR 계산법으로 따질 경우 2006년 4분기 미국 전체의 PIR은 2.7에 불과합니다. LA나 뉴욕처럼 세계적인 부자들이 몰려 사는 지역도 10.4와 9.3 수준입니다. 도쿄 등 일본 4개 대도시의 PIR도 5.7에 불과합니다. 하지만 서울의 PIR은 10.5, 강남권은 11.2입니다. 서울에 집을 사기 위해서는 10년 6개월치 소득이 들어간다는 뜻으로, 국내 주택 가격이 미국에 비해 크게 높다는 것을 가늠할 수 있습니다. 특히 2006년 이후 미국의 집값이 큰 폭으로 떨어졌기 때문에 PIR은 더 떨어져, 우리와는 격차가 더 벌어졌습니다.

세 번째로 집에 거주하면서 얻을 수 있는 가치를 평가해 보는 방법입니다. 이 경우 전세 가격을 통해 쉽고 현실적으로 집값 거품을 추론할 수 있습니다. 아파트 가격에는 아파트의 실질 가치에 집값이 오를 것이라는 기대가 숨어 있습니다.

아파트 가격 = 아파트의 실질 가치 + 집값에 대한 상승 기댓값

아파트를 구입하지 않고 전세를 통해 세입자로 거주한다면 집값 상승 기댓값을 얻을 수 없습니다. 따라서 전세 가격=아파트의 실질 가치라는 공식이 성립합니다. 다시 말해 전세 가격이 높을수록 그 아파트의 실질 가치가 높다는 뜻입니다.

우리나라에서는 거주를 위한 내 집 마련이 먼저 전세라는 방법으로 이뤄집니다. 우리나라의 전세 가격 대 주택 가격의 평균 비율은 보통 1 대 1.99입니다. 따라서 이호리의 아파트 전세 가격이 3억 원이라면 상식적으로 집값은 5억 9,800만 원이어야 합니다.

그런데 이호리의 아파트 가격이 10억 원이라면 4억 200만 원의 거품이 숨어 있는 셈입니다. 따라서 4억 200만 원은 집값이 더 오를 것이라고 기대하며 투자한 집값에 대한 상승 기댓값입니다. 이에 따라 다음의 공식이 가능합니다.

> **아파트 시세 = (전세값×1.99) + 집값 상승 기댓값**

따라서 아파트 가격과 전세 가격의 괴리가 큰 아파트일수록 집값 상승 기댓값이 높다는 설명이 가능합니다. 이 경우 집값 상승 기댓값이 꺾이면 아파트의 가격은 급락할 수 있습니다.

이는 그만큼 투기적 수요가 숨어 있는 가격으로, 거품이 많다고 할 수 있습니다. 같은 강남의 아파트라고 해도 전셋값이 아파트 매매 시세와 큰 차이가 없는 단지가 비교적 주거 여건이 좋고 시세 변동에도 안전한 셈입니다.

그래서인지 재건축 투자 시장의 발원지라는 대치동 은마아파트 102m²형의 시세는 8억 원이 넘지만 여전히 전세 가격은 2억 원 수준입니다. 반면 중계동 경남아파트 132m²형의 시세는 6억 원 수준이지만 전세 가격은 2억 원으로, 결국 대치동 은마아파트와 중계동 경남아파트의 주거 수준의 내재적인 실질 가치는 비슷한 것입니다. 다만 대치동 은마아파트가 중계동 경남아파트에 비해 집값 상승 기대 심리가 2억 원가량 더 포함돼 있는 셈입니다.

실제 서울시정개발연구원이 2008년 상반기 주거 환경을 기초로 강남 4개 구의 전세 가격과 매매 가격의 인상률을 비교했더니, 집값의 절반 정도는 거품이라는 분석이 나왔습니다. 연구진은 교통이나 교육 여건, 환경 등 주거 요인별 혜택을 반영한 전세 가격을 토대로 '정상 가격'을 계산한 뒤, 매매 가격과 가격 인상률을 비교하는 방식을 사용했습니다.

그 결과 아파트 값이 본격적으로 오른 2001년 2월부터 지난해 3월까지 강남 4개 구의 가격 상승분에서 거품이 차지하는 비중이 61~72%에 달했습니다.

이 기간 강남구 아파트는 3.3m²당 1,034만 원에서 3,541만 원으로 2,507만 원 올랐는데, 오른 가격의 68.2%인 1,710만 원이 거품에 의한 증가분으로 분석됐습니다.

결국 아파트의 주거 환경이 크게 개선된 정도보다 아파트 가격이 더 올랐다면 이는 거품입니다. 하지만 아파트 가격과 함께 전셋값이 올랐다면, 이는 거품이 아니라 숨은 주거 환경이 개선돼 수요가 늘고 가격이 오른 것입니다.

우리는 왜 비싼 아파트를 구입할까?

주택 문화가 다르다고 해도 서울의 아파트 가격은 우리보다 소득이 2배 가까이 높은 프랑스나 독일은 물론 일본보다도 비싸졌습니다. 주거 환경 등 아파트의 실질 가치가 지속적으로 오르기 힘들다고 봤을 때, 갈수록 집값 상승 기댓값이 커지고 있는 셈입니다. 특히 아파트를 더 늦게 구입하는 소비자일수록 집값 상승 기댓값의 비중이 더 높은 아파트를 구입할 수밖에 없습니다.

하지만 실질 가치가 한정돼 있는 재화의 가격이 무작정 오르기만 할 수는 없는 일! 결국 어느 순간 가수요나 투기 수요가 멈춰 서면 아파트 가격은 곤두박질칠 수밖에 없습니다.

이처럼 집값이 실질 가치보다 비싼 줄 알면서도 주택을 구입하는 심리를 경제학자들은 '더 멍청한 바보 이론(The Greater Fool Theory)'에서 찾습니다. 원래 증시의 거품을 설명하는 것으로, 내가 지금 비싸게 주식을 사들이지만 다음에 주식을 팔 때 누군가 내 주식을 사줄 더 멍청한 바보가 있을 것이라고 믿는 심리를 꼬집는 이론입니다.

급등장에서 주식의 실질 가치가 아닌 유동성 장세가 주가를 끌어올려도 개인 투자자들은 누군가 내가 파는 주식을 사줄 것으로 믿고 주식을 매입합니다. 아무도 내 주식을 사주지 않을 것이라는 사실을 깨닫고 나서야 주식을 팔게 된다는 이 이론은 부동산 급등장에서도 그대로 인용됩니다.

급등장세에서 마지막 상투를 잡은 투자자가 그동안의 거품을 모두 떠안게 되듯, 부동산 시장에서도 가장 뒤늦게 가장 높은 가격에(집값 상승 기댓값이 가장 높을 때) 주택을 매입한 소비자가 거품의 기회비용을 모두 떠안게 됩니다. 더 멍청한 바보는 바로 자신이었다는 것을 깨닫는 순간, 집값은 제자리로 돌아옵니다.

2008년 겨울 더 멍청한 바보는 비로소 사라졌지만, 소비자들은 자산 가치 하락으로 인해 혹독한 기회비용을 치러야 했습니다.

: 압류 주택 관광 상품

미국 롱아일랜드 주에 압류 주택 관광 상품이 생겨났습니다. 관광 버스를 타고 다니며 하루 10여 곳의 압류 주택을 둘러보는 잔인한 관광입니다. 투어 버스에서 내린 고객들은 '압류(Foreclosure!)'라고 쓰인 푯말이 붙은 주택을 꼼꼼히 뜯어봅니다. 함께 동행한 은행과 모기지 회사의 직원들이 55만 달러(6억 6천만 원 정도) 하던 침실 4개짜리 주택을 31만 달러(3억 6천만 원)에 구입할 수 있다고 설명합니다. 학군은 물론 수도며 배관이며 각종 세금 문제도 자세히 설명해 줍니다. '더 멍청한 바보'가 사라진 미국 부동산 시장에는 실수요자들이 자리를 채우고 있습니다.

분양 경기 침체와 미국 금융 위기가 겹치면서 2008년 하반기에 우리 부동산 시장도 빠르게 얼어붙었습니다. 인구 3만 5,000명의 조치원읍에 1만 가구 정도의 주택이 있었습니다. 그런데 2004년과 2005년에 무려 6,000가구의 새 아파트가 분양됐습니다. 2008년 12월, 조치원읍에는 입주가 끝났는데도 여전히 주인을 찾는 아파트들이 대부분입니다. 가격이 유지되려면 누군가 구매를 해줘야 합니다. 정부가 조치원읍에 대규모 인구를 유치해 주지 않는다면 아파트의 가격 급락은 불가피해 보입니다.

수요가 없다면 비싼 가격은 유지되지 않습니다. 더 멍청한 바보가 나타나지 않는 이상 거품은 유지되지 않습니다. 분양 사무소의 직원은 "반값에도 안 팔린다"는 푸념을 숨기지 않습니다. 수요가 없는 지역의 아파트를 비싼 분양가에 분양받으셨다고요? 이제 집값 추락에 대비해 안전벨트를 맬 시간입니다.

31

지분형 아파트의 대단한 착각

 다양해지는 각종 부동산 투자법

> 실거주자와 투자자가 절반 정도씩 부담하는 지분형 아파트는 소유와 투자를 동시에 누릴 수 있습니다. 실소유자가 집값의 절반을, 투자자가 집값의 절반을 부담하는 형식입니다. 실소유자는 반값에 아파트를 소유할 수 있고, 투자자는 집값이 오른 만큼 이익을 챙기는 장점이 있습니다. 정부는 특히 자신의 이름으로 등기를 원하는 국민들의 정서에도 맞는 제도라고 설명했지만, 매년 집값이 오르지 않으면 어떡하느냐는 질문에는 말꼬리를 흐렸습니다.

속절없이 올라버린 아파트 값 때문에 등을 돌린 유권자들의 마음을 되돌리기 위해 정치권이 반값 아파트 정책을 내놓습니다. 싼 게 비지떡이라고 멀쩡한 아파트를 반값에 줄 리가 없을 텐데, 정치권은 이런저런 포장을 해서 반값에 아파트를 공급할 수 있다며 유권자들을 현혹합니다. 하지만 땅만 소유하고 국가가 건물을 소유하는 '토지 임대부' 아파트는 완전한 내 집이 아니기 때문에, 20년 동안 집값의 반만 부담하고 내 집처럼 살다가 20년 후 정부에 돌려주는 '환매 조건부' 아파트는 집값이 올라도 그 이익을 내가 챙길 수 없기 때문에 시장에서 철저히 외면당했습니다. 그러자 정부는 국민들이 아파트에 펀드처럼 투자하는 방식으로 반값 아파트를 공급하기로 했습니다. 이른바 '지분형 아파트'입니다.

지분형 아파트가 실패할 수밖에 없는 이유

정부가 제시한 지분형 아파트는 부동산 간접 투자를 이용한 상품입니다. 2억 원짜리 지분형 아파트라면 실수요자가 1억 원, 간접 투자자들이 1억 원을 내고 집값이 오른 만큼 그 수익을 집주인과 투자자들이 공평하게 나누는 방식입니다. 집주인은 반값에 내 집을 마련하고, 투자자들은 부동산 투자를 통한 이익을 얻을 수 있는 장점이 있습니다.

예를 들어 집값이 3억 원으로 오르면 1억 원의 시세 차익을 집주인과 투자자들이 5천만 원씩 나눠 갖게 됩니다. 투자는 펀드 형식으로 이루어지며, 개인 투자자는 물론 투자은행이나 증권사 같은 기관 투자자들도 대상으로 합니다. 1억 원으로 2억 원짜리 내 집을 마련해서 자신의 이름으로 등기도 하는 등 모든 재산권을 행사할 수 있습니다.

문제는 집값이 매년 오르지 않을 경우, 집주인은 물론 투자자들의 이익이 보장되지 않는다는 점입니다. 지분형 아파트의 가격이 떨어지면 투자자들은 그만큼 손해를 볼 수밖에 없습니다. 펀드와 똑같은 원리입니다.

기존 부동산 펀드도 강남의 빌딩 같은 특정 부동산에 투자해 이익을 올린 뒤 이를 투자자들끼리 나눠 갖는 방식입니다. 이 경우에 시세 차익을 기대할 수 있지만, 대부분의 이익은 건물 임대료에서 나옵니다.

하지만 지분형 아파트는 실수요자가 이미 거주하고 있기 때문에 임대료 수입을 기대할 수 없습니다. 오직 집값이 오르기만 바라는 이른바 천수답형 구조입니다. 따라서 지분형 아파트가 성공하려면 부동산 시장이 계속 불안해서 아파트 값이 오르는 수밖에 없습니다.

2008년에 예금 금리가 연 5% 정도, MBS의 수익률이 연 7% 정도인 점을 감안하면, 지분형 아파트 투자는 손해를 볼 수 있다는 점을 감안해서 최소 8% 이상의 수익이 보장돼야 합니다. 이 경우 집값이 매년 8% 이상 올라야 하고 10년 뒤에는 주택 가격이 2.2배나 폭등해야 한다는 계산이 나옵니다. 당연히 정부가 집값 급등을 부채질해 주어야 합니다.

이처럼 반값 아파트는 경제학으로는 설명이 어려운 제도입니다. 혜택을 똑같이 주면서 가격을 반으로 낮출 수 있는 재화나 서비스는 없습니다. 반값 아파트 제도가 실패하는 이유는 경제 원리를 정치 원리로 포장하려 들기 때문입니다.

정부는 부동산 경기가 하락하자 반값 아파트라는 마술을 걷어치우고, 2008년 12월에 오산 세교 지구의 집값을 10년에 나눠 내는 변형된 '지분형 아파트'를 선보였습니다. 집주인이 집값을 대부분 부담해 지분형 아파트라는 말이 무색한 이 아파트는 집값이 오를 경우 일부 분양가를 깎아주는 식으로 포장됐습니다. 투자는 0.5만큼 하고 1만큼의 혜택을 준다는 정부의 반값 아파트 정책은 이렇게 여운만 남기고 사라졌습니다.

: 부동산 간접 투자

지분형 아파트처럼 부동산에 대한 간접 투자가 시작된 곳은 미국입니다. 아메리카 대륙을 발견한 유럽의 산업 자본가들이 제일 먼저 고민한 것은 이 땅을 어떻게 나눠서 소유하고 개발할 것인가의 문제였습니다. 영국에서 산업혁명이 마무리될 무렵, 유럽의 부르주아 신흥 귀족들은 미국 땅에 관심을 갖기 시작했고, 1880년대 유럽에서는 부동산에 투자해 돈을 굴려주는 부동산 투자신탁 회사가 생겨났습니다. 우리가 잘 아는 카네기나 록펠러 같은 부자들은 모두 초기에 부동산 투자로 부자가 된 사람들입니다.

이들만의 '땅 따먹기 리그'가 끝나갈 무렵인 1960년대에 비로소 대중들을 상대로 한 부동산 투자신탁(리츠, REITs)이 생겨났습니다. 원리는 간단합니다. 과거에 전문 투자자들이나 금융사가 사들였던 빌딩이나 부동산, 상업 시설, 리조트 등에 수백 수천여 명의 개인들이 돈을 모아 투자하고 투자한 만큼 이익을 나눠 갖는 방식입니다. 따라서 개인 투자자가 500만 원만 투자해도 런던의 빌딩을 사들일 수 있습니다.

리츠는 대중들이 크고 작은 돈을 모아 빌딩이나 상가에 투자한 뒤 여기서 생기는 이익을 나눠 갖는다는 면에서 부동산 펀드와 크게 다르지 않습니다. 하지만 대부분의 리츠 펀드는 거래소에 상장돼 있는 경우가 많습니다. 따라서 투자자는 삼성전자의 주식을 매입하듯, 리

골라 드는 재미가 있어요!

츠 회사의 주식을 자유롭게 사고팔 수 있습니다. 따라서 증시가 하락하면 리츠 투자의 수익률도 크게 떨어질 수밖에 없습니다. 2007년에 기대를 모았던 일본 증시가 변변치 않은 성적을 내면서 일본 부동산에 투자한 리츠 상품들은 모두 마이너스를 기록했습니다.

반면 부동산 펀드는 리츠와는 다르게 직접 투자를 받습니다. 빌딩을 새로 짓는 이호리는 30명의 투자자로 구성된 사모펀드형 부동산 펀드에서 대출을 받아 빌딩을 지은 뒤, 분양하고 얻은 원금과 수익금을 30명의 펀드 투자자에게 되돌려주면 됩니다. 대부분의 부동산 펀드가 이 같은 방식입니다.

투자자들은 사업주의 신용이나 담보 대신 특정 부동산 프로젝트의 경제성을 따져 투자하고 그만큼의 수익을 얻어 갑니다. 연 수익률은 8% 정도로 높지 않지만, 은행 수익률보다는 매력적입니다. 정부가 정권 초기에 추진했던 지분형 아파트도 PF형 부동산 펀드의 일종입니다. 물론 분양이 잘 안 될 경우 손실은 투자자의 손해로 이어집니다.

이 밖에 이미 준공이 난 상업용 빌딩이나 리조트 상가 등에 투자해 고정적인 임대료를 받아 이익을 나누는 부동산 펀드도 있습니다. 이 경우 부동산 경기가 나쁠 시에 임대 수입이 줄기 때문에 손실이 날 수 있습니다. 또 부동산 경매나 공매에 참여해 수익성이 좋은 상가나 건물을 낙찰 받아 이를 통해 수익을 추구하는 부동산 펀드도 있습니다.

이처럼 부동산과 관련하여 여러 형태의 간접 투자가 가능하고 그 영역이 크게 확대되는 분위기입니다. 2008년에는 코람코 자산신탁회사가 여의도 한화증권 빌딩을 매입한 지 5년 만에 팔면서 1,800억 원, 즉 120%의 수익을 남겨 화제가 되기도 했습니다. 연간 수익률로 환산하면 24%로, 부동산 장기 투자가 수익성에서 결코 주식형 펀드 못지않음을 보여줬습니다.

부동산 펀드는 직접적인 부동산 투자보다 전문가의 머리와 손을 빌린다는 면에서 안전합니다. 또 100만 원 정도의 소액 투자도 가능합니다. 특히 부동산 직접 투자가 온갖 세금으로 제한을 받는다면 부동산 펀드의 경우 등록세가 50%나 감면되고 양도세는 내지 않는 등 혜택도 쏠쏠합니다.

반면 부동산 펀드는 최소 3~4년이 걸리는 부동산 투자의 안정적인 이윤 추구를 위해 대부분 환매를 허용하지 않습니다. 따라서 부동산 시세가 급락해도 투자자는 원금 손실이 분명한 부동산 펀드 열차에서 내릴 수 없습니다.

미분양 펀드에나 가입해 볼까?

주가도 바닥이면 장기 투자의 기회가 되듯, 분양 시장이 침체될 때 미분양 아파트에 투자하면 어떨까요? 2008년 미분양 아파트가 15만 가구나 쌓이자 금융 회사들이 미분양 펀드를 추진 중입니다. 최소 5만 원 단위로 투자자들이 펀드에 가입하면, 이 돈을 모아 금융권이 이른바 땡처리 아파트를 구입해 3년 정도 임대 수익을 올린 뒤(주로 이런 업무는 펀드 운용사가 부동산 신탁 회사에 맡깁니다) 되팔아 매매 차익을 올리는 방식입니다. 물론 이렇게 올린 수익은 투자자에게 되돌려줍니다.

금융 당국은 미분양 아파트 해소를 위해 준공 후까지 미분양된 악성 미분양 아파트만 부동산 펀드의 투자 대상으로 한정할 방침입니다. 대신 부동산 시장이 악화돼 해당 리츠나 부동산 펀드가 매입한 미분양 아파트가 팔리지 않을 경우 주공 등이 대신 매입해 주는 방안을 검토 중입니다. 악성 미분양 아파트 매입에 따른 리스크를 정부가 일정 부분 떠안는 셈입니다.

물론 장기 투자를 유도하기 위해 투자 기간 내에 환매는 금지됩니다. 물론 3~4년 뒤 환매 시점에서 부동산 경기가 더 침체돼 손실이 날 수도 있습니다.

우리보다 부동산 간접 투자가 앞선 미국에서는 금융 위기에 따른 부동산 침체로 부동산 간접 상품들이 엄청난 손실을 내고 있습니다. 부동산 펀드는 대표적인 고위험, 고수익 투자 상품입니다.

∶바뀌는 부동산 투자의 패러다임

우리가 투기 자본의 대명사로 알고 있는 론스타는 지난 2001년 강남의 랜드마크 중 하나였던 스타타워를 6,200억 원에 매입해 9천억 원에 싱가포르 투자청(GIC)에 되팔아 막대한 시세 차익을 남겼습니다(뒤늦게 국세청은 1,400억 원의 양도세를 부과했습니다). 외국 자본의 본질에 대한 비난이 쏟아졌지만 불가피한 선택이었습니다. 멀쩡한 우량 자산을 헐값에 넘겼던 이유는 물론 부족한 자본, 다시 말해 국내 투자시장의 빈곤 때문이었습니다.

외환 위기 10년. 이제는 국내 투자은행들이 서브프라임 모기지 사태로 바겐세일이 한창인 미국의 대형 빌딩들을 속속 매입하고 있습니다. 2008년 여름에는 미래에셋 계열이 운용하는 '아시아퍼시픽부동산공모 1호' 펀드가 샌프란시스코의 명물인 '시티그룹센터'를 3,700억 원에 사들였습니다. 개인 투자자들이 간접 투자에 익숙해지면서, 풍부한 유동성으로 무장한 국내 금융 투자사들이 스위스의 주상 복합 아파트 부지에서 플로리다의 리조트까지 성장성 높은 부동산에 대한 투자를 늘리고 있습니다.

금융 자본주의가 자리를 잡으면서 부동산도 금융의 한 축으로 빠르게 변신하고 있습니다. 과거 재건축 용적률과 재개발 딱지로 대표되는 부동산 투자는 어느새 변신에 변신을 거듭하며 '금융 상품 컨버전스(convergence)' 시대를 주도할 태세입니다. 돈이 노동하는 금융 자본주의 시대, 다양한 금융 기법은 보험이나 카드는 물론 부동산이나 원자재, 미술품 등 돈이 되는 영역에서 활동 범위를 넓히고 투자자들에게 엄청난 수익(또는 손실)을 가져다주는 미다스의 손이 됐습니다.

그 레버리지는 끝이 없어서 머지않아 영국 프리미어리그의 우승 팀을 고르는 펀드가 등장할지도 모릅니다. 첼시를 응원하는 투자자들이 엄청난 펀딩을 통해 더 우수한 선수를 영입해 팀의 가치를 높이고 팀의 수익성을 높여 나눠 갖는 방식은 어떨까요?

이런 식으로 베트남 음반 시장 펀드나 중국 판다의 원활한 번식 펀드(투자자들의 돈을 모아 판다의 번식을 늘리고 이를 통해 수익을 창출하는)가 등장할지도 모릅니다.

금융 자본주의 시대에 대비해 우리도 2009년 2월부터 자본 시장 통합법이 시행되었습니다. 골드만삭스처럼 하나의 금융 투자회사가 주식은 물론 선물이나 펀드, 투자 자문 등 모든 금융 상품을 운영할 수 있습니다.

이 모든 투자를 가능하게 하는 것이 개인들의 작은 투자입니다. 개인들의 작은 투자는 간접 투자 상품을 통해 엄청난 자본으로 되살아나 거대한 기업이나 부동산, 심지어 국가의 개발 사업에까지 투자 영역을 넓히고 있습니다. 특정 재화의 소유권을 나눔으로써 전문적이고 장기적이며 창조적인 투자가 가능해진 것입니다.

무엇이든 나눠 투자하면 땅도 금으로 바꿀 수 있는 금융 자본주의 시대. 새로운 기법의 투자 마술에 대비해야 할 시점입니다. 지금의 금융 위기, 부동산 위기가 그 기회일지도 모르겠습니다. PC가 팔리지 않자 애플이 아이팟을 만들어냈듯이, 목재회사 노키아가 휴대폰 회사로 거듭나듯, 부동산 시장 침체기에 또 어떤 부동산 투자 컨버전스가 탄생할지 두고 볼 일입니다. 그리고 그 주인공이 론스타가 아닌 우리 자본, 우리 투자였으면 하는 바람입니다.

부동산에 대한
우리의 5가지 오해

 틀리길 바라고 쓰는 부동산 전망

> 장기 투자의 관점에서 부동산 투자가 늘 주식 투자에 뒤지는 이유
> 는 주식 투자의 경우 우량주의 상승률이 10여 배에 달하기 때문입니
> 다. 무엇보다 증시는 새로운 금융 상품을 내놓으며 투자자들의 관심
> 을 불러 모으고 있지만, 부동산 시장은 여전히 용적률이나 재개발
> 딱지에 의존하고 있는 게 현실입니다. 주식 투자를 통해서는 부동산
> 에 투자할 수 있지만, 부동산 투자를 통해서는 주식 투자를 할 수 없
> 다는 단점도 있습니다. 게다가 양도세 등 부동산 시세 차익에 부과
> 되는 각종 세금도 단점으로 꼽히고 있습니다.

집을 많이 소유한 사람은 경제에 악영향을 미치는 사람일까요? 그
렇다면 빌딩을 많이 소유한 사람은 어떨까요? 종부세는 진짜 세금 폭
탄일까요? 그런데 왜 매년 12월에 폭탄을 맞으면서도 아파트를 팔지
않는 것일까요? 지난 20년 동안 물가가 더 올랐을까요, 부동산 가격

이 더 올랐을까요? 양복도 승용차도, 심지어 구두도 신어보고 사는데 왜 아파트는 짓기도 전에 모델하우스만 보고 사는 것일까요? 우리가 부동산에 대해 무심코 놓쳐왔던 몇 가지 당연한 생각들을 뒤집어봤습니다.

: 아파트 가격이 주가나 물가보다 올랐을까?

2차 세계대전 이후 미국의 주택 가격은 물가 상승률과 비슷한 흐름을 보였습니다. 그런데 1997년부터 2004년까지 미국의 주택 가격은 물가 상승률보다 훨씬 높은 52%나 급등했습니다.

2005년에 예일대 경제학자인 로버트 실러 교수는 미국의 주택 가격에 거품이 일기 시작했으며 이 거품은 순식간에 꺼질 것이라고 예측했습니다. 실제 2008년 10월, 미국 20개 대도시의 주택 가격은 폭락했습니다. 결국 주택 가격 상승은 물가 상승 수준을 크게 앞서가지 못합니다.

우리도 크게 다르지 않습니다. 2007년까지 지난 20년 동안 소비자 물가는 매년 4.74% 올랐지만 전국의 주택 평균 가격은 매년 4.09%밖에 오르지 않았습니다. 부동산 투자는 주식 투자보다도 통계상 뒤집니다. 국민은행과 증권선물거래소 통계에 따르면 지난 1986년부터 2006년까지 20년간 국내 주가는 792% 올랐지만, 이 기간 집값 상승의 대표 주자라 할 수 있는 서울의 강남 지역 아파트는 432% 오르는 데 그쳤습니다.

그런데도 우리가 집값이 훨씬 가파르게 오른다고 생각하는 이유는 강남 등 일부 지역의 재건축 아파트 가격이 통계상 물가보다 가파르

게 올랐고, 언론이 이들 지역만 주목해 왔기 때문입니다. 또 소비자
들에게 집값이 하락 안정세를 보일 때보다 집값이 급등할 때의 기억
이 더 선명하기 때문입니다. 때맞춰 강남의 주택 가격은 해마다
9.16%씩 올랐고, 이 기간 마침 부동산 급등 열차에 올라탄 소비자는
자산 증식의 기억을, 열차를 타지 못한 소비자는 자산 증식의 기회를
놓친 기억을 오래오래 간직하기 때문입니다.

또 하나, 부동산 시장은 이른바 버블 세븐 지역을 중심으로 2005년
이후 급등세를 보였습니다. 특히 투자 목적이 강한 지역의 집값 상승
이 두드러졌습니다.

이 기간은 전 세계적으로 낮은 금리로 인한 유동성이 가장 피크였
던 시점입니다. 엄청난 투기 자금이 몰려다니면서 부동산뿐만 아니
라 원자재(특히 원유 시장)나 금, 에너지 관련 재화는 물론 문화 관련
재화까지 모두 가격이 폭등했습니다.

국제 유가와 금값이 2배 이상 올랐고 철광석, 구리, 니켈, 망
간 같은 원자재, 콩이며 옥수수, 밀 같은 곡물의 값도 폭등했습
니다. 심지어 중국이나 베트남의 미술품 시장도 가격이 2~3배
씩 올랐습니다. LA와 강남의 부동산만 오른 게 아니고, 사실상 거래
가능한 모든 재화가 풍부한 유동성을 배경으로 가격이 급등한 것입
니다.

따라서 이 기간 강남의 부동산에 투자해서 높은 수익을 올린 투자
자가 '역시 부동산이 최고야'라고 말한다면 자신의 투자 패턴이 우물
안 개구리라는 사실을 고백하는 것입니다.

: 다주택자는 무조건 나쁜 놈일까?

주택을 10채 소유하고 있는 사람은 부동산 시장에 악영향을 미칠까요? 아파트는 택지가 한정돼 있기 때문에 자동차나 의복처럼 무한 공급이 가능한 재화가 아닙니다. 따라서 누군가 서울에 아파트를 10채를 갖고 있다면 다른 사람의 내 집 마련 기회를 앗아간다는 비난에서 자유로울 수 없습니다.

하지만 승용차를 10대 갖고 있는 사람은 타지 않는 승용차를 차고에 쌓아놓지만, 다주택자들은 자신이 거주하는 주택을 뺀 나머지를 대부분 무주택자에게 임대 형식으로 공급합니다. 따라서 달리 생각하면 다주택자는 주택이 없는 무주택자에게 주택을 공급해 주는 역할을 하는 것입니다.

건설사는 아파트를 공급하면서 수요에 따라 공급량을 결정합니다. 1가구당 1주택만 소유할 수 있다면 아파트 공급 시장에서 다주택자들의 새 주택에 대한 수요가 사라지면서 건설사들의 아파트 공급은 크게 줄어들게 됩니다. 공급이 줄어든 시장에서 무주택자들은 자칫 멕시코의 빈민들처럼 들판으로 내몰릴 수 있습니다.

문제는 일부(또는 다수) 다주택자들이 임대 수입을 목적으로 주택을 소유하는 것이 아니라, 집값 상승을 기대하며 주택을 소유한다는 것입니다. 이 같은 투기적 수요는 공급이 한정된 부동산 시장에서 가격을 올리고, 무주택자들의 내 집 마련 기회를 앗아가는 결과를 일으킵니다.

유럽의 많은 다주택자들은 집을 많이 갖고 있다는 이유로 비난의 대상이 되지 않습니다. 이들은 투기 목적이 아니라 자신의 부에 걸맞은 주택을 소유하고 있을 뿐입니다. 이들이 거주하지 않는 나머지 주택들은 다른 무주택자들(또는 돈이 있어도 집을 소유할 의사가 없는 사람들)에게 주거 공간을 제공합니다. 또한 적당한 가격에 임대되는 이 임대 소득에 대한 엄격한 과세가 이뤄집니다. 반면 우리는 다주택자들이 세놓거나 월세를 놓아 벌어들이는 소득에 대해 거의 과세를 하지 않고 있습니다. (전세는 오히려 집주인의 빚으로 간주합니다.)

그러다 보니 양도세나 종부세 같은 복잡하고 논쟁을 부르는 세금들이 도입되었습니다. 실타래처럼 얽힌 부동산 세금 대신 주택 소유를 통해 얻게 되는 임대 소득만 정확하게 과세하는 세금 대정리는 어떨까요? 그렇게 되면 부동산 세제 형평성 논란이 사라질 텐데요.

: 아파트 구입은 항상 선불?

승용차는 물론 휴대폰이나 노트북도 모두 제품을 사용해 보고 구매를 결정합니다. 결혼식 전 신부가 웨딩드레스를 입어보지 않고 사진만 보고 선택한다면요? 그런데 인생에서 가장 값비싼 구매가 틀림없는 아파트를 실물도 보지 않고 모델하우스만 보고 구매합니다. 동서고금 유래가 없는 우리만의 아파트 선분양 제도 때문입니다.

게다가 구매 대금도 소비자가 미리 내야 합니다. 건설사는 건설 비용을 은행에서 빌린 뒤 이를 소비자에게 받아 변제해 가면서 아파트를 짓습니다. 승용차를 판매하는 자동차 회사가 소비자에게 미리 돈을 받아 차를 만든다면 소비자들은 이를 어떻게 받아들일까요?

이 같은 기형적인 구조는 늘 다양한 사회적 문제를 잉태합니다. 실물을 보지 않고 주택을 구입한 소비자는 입주 후에 자신이 예상하지 않은 문제를 발견하게 마련입니다. 냉장고가 들어갈 공간은 부족하고, 모델하우스에서 봤던 발코니는 코딱지만 합니다. 입주한 아파트 베란다에서 한눈에 들어오는 대형 가스 충전소를 보고 기겁하는 입주자들도 있습니다. 게다가 높은 분양가는 얼마 후 주변 아파트의 시세까지 끌어올립니다.

무엇보다 소비자는 공급자인 건설사 대신 3년 후 입주할 때의 경기를 예측해서 이에 따른 모든 책임을 져야 합니다. 심지어 완공되기도 전에 건설사가 망해버릴 수도 있습니다.

승용차를 지금 미리 돈을 주고 계약한 뒤 3년 뒤 인도받는다면 누가 차량을 구입할까요? 선분양 제도는 이처럼 소비자가 아닌 공급자인 건설사 위주의 시장을 만들었습니다.

그래서 2008년과 2010년에 연차적으로 후분양 제도를 도입하기로 했습니다. 아파트를 60%나 80% 이상 지은 뒤 분양하는 제도입니다. 그러자 미리 건설 자금을 구하지 못하는 건설사들의 반대가 이어졌습니다. 건설사들은 소비자들이 입주 후에 아파트 대금을 낸다면 건설사는 은행에서 더 많은 돈을 빌려야 하고, 이는 금융 비용의 상승으로 이어져 결국 아파트 분양가의 인상을 가져올 것이라고 주장합니다.

하지만 이는 소비자들이 새 차를 인수하기 3년 전 미리 차량 대금을 자동차회사에 납부하지 않고, 차량을 인도받을 때 납부한다면 차량 판매가격이 더 올라갈 것이라는 주장과 똑같은 말입니다. 문제는 선분양으로 인한 금융 비용을 소비자들이 미리 부담하는 것이지, 후분양으로 건설사들이 금융 비용을 더 부담해야 하는 것이 아닙니다.

설령 아파트 가격이 일시적으로 오르더라도 소비자는 다 지어진 아파트를 보고 지금보다 훨씬 유리한 입장에서 구매를 결정할 수 있습니다. 지금처럼 3년 후를 내다보며 봉사 문고리 잡기 식의 구매에서 벗어날 수 있습니다. 하지만 정부는 부동산 경기 침체를 틈타 2008년 11월에 슬그머니 재건축 아파트의 후분양 제도를 폐지했습니다.

⁞ 그들이 종부세 폭탄을 피하지 않는 이유?

대치동 한 아파트 정문에는 '강남에 사는 것이 죄란 말입니까?'라는 현수막이 걸려 있습니다. 종부세를 내는 매년 12월이 되면 이 지역 주민들의 원성이 높아집니다. 이맘때면 보수 신문에는 수천만 원씩 하는 종부세 때문에 자살을 생각하기도 했다는 독자투고가 실립니다. 대치동의 20억 원 넘는 아파트에 살 경우 종부세가 매년 1천만 원이 넘습니다. 2007년 기준으로 40억 원 정도 하는 삼성동 아이파크 65평형의 경우, 매년 종부세와 재산세를 2천만 원 정도 부담해야 합니다.

그래서 생겨난 말이 '종부세 폭탄'입니다. 이 '종부세 폭탄을 맞는 가구'는 2007년 기준으로 전국 48만 가구 정도로, 전체 가구의 2% 남짓입니다. 특히 종부세 납부액이 1천만 원이 넘으려면 보통 20억 원이 넘는 아파트를 소유해야 합니다. 이는 종부세가 국민 100명 중 한두 명의 걱정거리일 뿐이라는 뜻입니다.

게다가 선진국들도 부동산에 대해 일정한 보유세를 부과합니다. 캘리포니아 샌디에이고에 위치한 100만 달러 주택의 경우, 주택 구입 시 5,000달러(0.5%) 정도의 등기 이전비와 매년 1만 달러(1%)의 보유세가 부과됩니다. 캐나다나 영국도 매년 1% 정도의 부동산 보유세를 부과하고 있습니다. 반면 우리는 2009년, 비로소 부동산 실효 세율 (내가 소유한 부동산 가격 대비 해마다 내는 세금의 비율)이 1%가 됐습니다. 종부세가 도입된 2005년에는 0.2%에 불과했습니다.

우리처럼 소득세에 대한 과세가 공평하지 않고 급여 생활자의 유리지갑 문제가 해소되지 않은 상황에서, 종부세가 시장 참여자의 경제적 능력에 비례해 과세함으로써 흔들리는 조세 부담의 공평성에 크게 기여한 게 사실입니다.

따라서 우리만 지나치게 비싼 보유세를 매긴다는 주장은 설득력이 떨어집니다. 특히 고가 부동산의 소유가 일부 계층에 지나치게 편중돼 있고 국민의 10%가 전체 토지의 50% 이상을 소유한 상태에서 부동산에 대한 보유세 강화는 불가피한 현실이라는 게 중론입니다.

대신 보유세를 감당하기 어려운 사람들이 손쉽게 집을 팔 수 있는 여건을 만들어줘야 합니다. 미국 캘리포니아의 경우 '캘리포니아 주민발의법 13'을 통해 1주택 장기 보유자들에게 각종 세금을 감면해주고, 55세 이상의 은퇴자들에게는 이주시에도 혜택이 지속되도록 보장하고 있습니다. 같은 맥락으로 정부는 2008년 1가구 1주택 장기 보유자의 양도세를 크게 내렸습니다.

하지만 정부는 2009년 종부세 폐지를 검토하고 있습니다. 종부세를 폐지하면 해마다 들어오는 2조 7천억 원 정도의 지방세 세수가 부족해집니다. 지금까지 종부세는 재정 자립도가 낮은(다시 말해 가난한) 시군에 우선 지급됐습니다. 정부는 종부세가 사라져도 지방자치단체의 세수가 줄어드는 일은 없을 것이라고 설명합니다.

그러나 '세금을 적게 걷으면서 세출을 줄이지 않는 마술'을 부릴 수 있는 정부는 없습니다. 마술을 부리지 않는다면 어딘가에서 세금을 더 걷을 수밖에 없습니다. 그 세금은 다주택자나 무주택자에게 비슷하게 부과될 가능성이 높습니다.

: 전세 소득은 과연 추가 이득일까?

대치동 은마아파트를 10억 원에 구입한 이호리는 2억 원에 전세를 내줬습니다. 집값은 해마다 오르고 게다가 2억 원의 전세금을 은행에 예금하자, 이호리는 월 100만 원(연리 6%) 가까운 이자 소득을 얻습니다. 이호리에게 은마아파트는 황금알을 낳는 거위입니다. 고정적인 이자 소득을 확보한 이호리는 요즘 손주들에게 용돈도 많이 줍니다.

하지만 경제학자의 계산은 다릅니다. 이호리가 은마아파트에 지급한 비용 10억 원에 대한 금융 비용은 같은 이율(연리 6%)을 적용해도 매달 500만 원의 이자를 소비합니다. 다시 말해 이호리는 매달 500만 원의 비용을 지급하며 은마아파트를 소유하고 있는 것입니다. 하지만 대다수 주택 구입자들이 이 같은 주거 비용, 특히 주거 비용에 따른 금융 비용을 잘 따지지 않습니다.

같은 논리로 시세 12억 원 아파트의 월 금융 비용은 600만 원, 하루 20만 원 정도입니다. 하루 투숙비가 20만 원 하는 호텔에서 매일 생활하는 것이나 다름없습니다. 선진국의 경우 이 정도 주거 비용 지출은 소득이 수억 원이 넘어야 가능하지만, 우리는 어지간한 월급쟁이도 이 같은 주거 비용을 기꺼이 지급합니다. 자신이 얼마나 비싼 주거 비용을 지급하는지 깨닫지 못하기 때문입니다.

12억 원의 주택을 소유하며 지급하는 금융 비용은 연리 6%로 계산하면 연 7,200만 원에 달합니다. 하지만 주택소유자들은 이 같은 금융 비용을 간과하고, 대신 전세로 인한 소득이나 집값 상승으로 인한 이익만 소득으로 계산합니다. 대단한 착각입니다.

이러한 착각을 가능하게 만든 것은 해마다 주택 가격이 올랐기 때문입니다. 하지만 통계적으로 주택 가격은 매년 오르지 않고, 언젠가 급락해서 제자리를 찾아갑니다. 주식 시장이 그렇듯이요.

그런데도 우리 국민들은 주거 비용에 대한 오해와 오른 집값에 대한 착시 때문에 아낌없이 돈을 씁니다. 그리고 집값이 급락할 시기에 자산가치 하락에 따른 고통을 되풀이합니다.

아직 주택을 구입하지 않으셨다고요? 당신의 소득으로 좋은 여건의 주택을 구입하기 어렵다면 전세를 권해드립니다. 주거 비용을 최소화하면서 최고의 주거 여건을 누리는 방법입니다. 줄어든 주거 비용만큼 당신의 가족은 더 많은 교육과 문화 생활, 미래에 투자할 것입니다. 집값 급등의 수혜를 입지 않은 당신! 집값 급락의 피해도 입지 않길 바랍니다. 그 해답은 주거에 대한 지출을 최소화하는 것입니다.

아파트 가치의 핵심, 용적률과 대지 지분

1. 용적률 : 건축물의 바닥 면적을 모두 합한 면적을 말합니다.

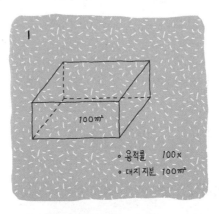

삽화 1)처럼 100m² 땅에 1층짜리 100m² 건물이 들어선다면 이 땅의 용적률은 100%입니다.

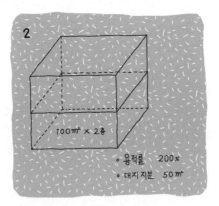

삽화 2)처럼 같은 100m² 땅에 100m²짜리 건물이 2층까지 들어서 있다면 용적률은 200%입니다. 이처럼 용적률이란 전체 대지에 건축물이 들어선 면적의 비율을 가리킵니다.

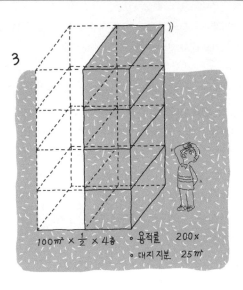

$100m^2 \times \frac{1}{2} \times 4층$ ° 용적률 $200x$

° 대지 지분 $25m^2$

삽화 3)처럼 100m²의 땅에 용적률 200%짜리 대지 면적의 2분의 1에만 아파트를 짓기로 하고 1층에 50m²만 건물을 짓는다면 4층(50m²×4=200%)까지 건물을 올릴 수 있습니다. 따라서 용적률이 높을수록 같은 규모의 땅이라도 더 넓고 높게 아파트를 지을 수 있습니다.

2. 대지 지분

전체 아파트 대지 면적에서 자신이 소유한 아파트의 몫을 가리키는 말이 대지 지분입니다. 등기를 떼보면 쉽게 확인할 수 있습니다. 등기의 '대지권의 표시'란에 13,497.2분의 47.32라고 표시돼 있다면, 앞의 13,497.2m²가 전체 아파트의 대지 면적이고 뒤의 47.32가 내 아파트의 대지 면적을 말합니다. 대지 지분은 전체 아파트 면적을 아파트 가구수로 나누면 됩니다. 다시 말해 우리 아파트 전체 면적에서 내가 몇 %만큼 땅을 갖고 있느냐를 표시하는 기준입니다.

삽화 1)에서 100m²에 대지 지분은 단 1채의 아파트가 들어섰기 때문에 이 아파트의 등기상 대지 지분은 100m²(100m²/1채)입니다. 간단하죠?

삽화 2)에서 100m² 땅에 모두 2채의 아파트가 들어서 있기 때문에 대지 지분은

50m²(100/2채)입니다. 삽화 3)에서는 모두 4채의 아파트가 들어섰기 때문에 이들 아파트의 등기상 대지 지분은 25m²(100/4채)입니다.

이호리가 사는 재건축 조합 아파트 단지의 전체 대지 면적이 1,000m², 용적률은 200%입니다. 전체 아파트 부지 중 5분의 1인 200m²에 1층당 1가구씩 10층으로 된 아파트로, 전체 가구수는 10가구입니다. 가구당 대지 지분은 전체 1,000m²에 10가구가 살기 때문에 100m²(1,000m²/10채)입니다.

그런데 재건축으로 용적률이 300%로 늘어날 전망입니다. 이 경우 아파트의 바닥 면적(건폐율)은 그대로 둔다고 가정하면, 15층까지 아파트를 지을 수 있습니다. 15층까지 5가구의 아파트가 공짜로 늘어나는 셈입니다. 주민들은 이 5가구를 일반 분양해서 남는 돈으로 새 아파트를 짓는 건축비를 충당해 왔습니다. 돈 한 푼 들이지 않고 새 아파트를 받는 셈입니다.

만약 이호리의 아파트가 용적률 400%로 재건축이 이뤄졌다고 치면 가구수는 10가구에서 20가구로 늘어납니다. (동일한 면적으로 재건축한다고 가정하면) 이 경우 가구당 대지 지분은 100m²에서 50m²(1,000m²/20채)로 줄어듭니다. 따라서 같은 땅이라도 아파트가 높을수록 또는 더 빽빽이 들어설수록, 가구당 대지 지분은 더 낮을 수밖에 없습니다.

이호리 아파트의 용적률이 400%가 된다면 새로 생기는 10가구의 아파트 중 5채를 일반 분양하고 나머지 5가구만큼 주민들은 아파트 평수를 늘릴 수도 있습니다. 소나타를 20년 탄 뒤 한 푼도 들이지 않고 새 그랜저를 받는 셈입니다. 이렇게 늘어나는 용적률이 황금알을 낳는 거위가 되자 정부는 늘어나는 용적률의 25%는 임대아파트를 섞어 짓도록 의무화했습니다.

재건축으로 새로 받게 되는 아파트의 면적도 대지 지분과 새로 적용되는 용적률만 알면 쉽게 계산할 수 있습니다. (당초 용적률 100%에) 대지 지분이 30m²인 이호리의 아파트가 새 용적률 250%를 적용받는다고 하면, 이호리의 아파트는 용적률이 늘어난 만큼(2.5배) 늘어나 75m²(30m²×2.5)의 아파트를 받게 됩니다. 당연히 집주인의 대지 지분이 클수록 재건축해서 얻을 수 있는 새 아파트의 면적이 커지기 때문에 그만큼 집주인의 부담이 줄어들고 재건축에 따른 이익도 커집니다. 따라서 대지 지분이 재건축 수익성의 척도라고 할 수 있습니다. 아시겠죠? 문제는 '대지 지분'입니다

∴ '생산되지 않은 부는 분배되지 않는다'

각종 금융 기법이 발달하면서 돈이 돈을 벌어들이는 시대가 됐습니다. 현대건설이 열사의 땅 이란에서 정유 시설을 지으며 10여 년 동안 고생해서 오일 달러를 벌어들이는 동안, 런던의 금융가 카나리 워프에서는 몇 명의 펀드 매니저들이 각종 파생 상품을 두바이에 투자해 비슷한 뭉칫돈을 벌어들입니다. 금융 자본주의 시대. 투기 자본들까지 합세해 세계 원자재 시장을 드나들며 파이를 키우고 천문학적인 이윤을 챙기고 있습니다.

부동산은 더 이상 최고의 재산 증식 수단이 아닙니다. 아파트 가격이 오르는 동안 전 세계 모든 자산의 가치가 덩달아 올랐습니다. 달러 약세를 틈타 곡물 시장으로 흘러든 투기 자금이 국제 곡물 시장을 흔들고 이렇게 급등한 옥수수 가격 때문에 중국 양돈 농가에서 키우는 돼지 1마리의 가격도 2배가 됐습니다.

급변하는 경제 환경에서 아직도 오직 부동산이 최대의 재테크라며 대출을 받아 아파트를 사고 이를 통해 부자가 될 것이라고 믿는다면, 금융 자본주의 시장에서 생존할 자격이 없습니다. '돈은 가볍고 땅은 무겁다'는 말은 옛말이 됐습니다. 거대 자본과 신용으로 무장한 화폐 권력이 새로운 금융 패러다임을 만들고 있습니다.

아파트 값이 급등한다고 해도 집을 1채만 소유한 대다수의 주택 소유자에게는 큰 이윤이 남지 않습니다. 집값이 오르는 것은 단순 평가 차익에 불과하므로 손에 남는 이윤이 없습니다. 진짜 시세 차익을 남기려면 집을 팔아야 하지만, 당신이 새로 구입하려는 더 좋은 주택의 집값은 이미 더 올랐을 가능성이 높습니다.

집값 급등은 국가 경제에도 별 도움이 되지 않습니다. 거품이 꺼지면 언젠가 가격은 제자리를 찾아갈 테니까요. 오히려 비싼 내 집을 마련하기 위해 소비자들이 허리띠를 졸라맬 경우 소비만 줄어듭니다.

집값이 아무리 올라도 그것만으로 선진국이 될 수는 없습니다. 이를 경제학은 '생산되지 않은 부는 분배되는 않는다'는 원칙으로 설명합니다. 주변 학교나 아파트 엘리베이터 같은 실제 주거 환경이 개선되지 않고 가격만 오른 아파트의 거품은 언젠가는 꺼지게 마련입니다. 10년 전 일본이 알려준 이 사실을 지금 미국이, 이제 곧 중국이 말해 줄 것입니다.

집을 투자 대상으로 생각하면 착각인 시대가 오고 있습니다. 좋은 집에 대한 가장 좋은 투자는 자신의 소득에 맞는 집에서 주거 비용 지출을 최소화하고 그만큼의 주거 여건을 누리며 사는 것입니다. 당신이 부동산 시장의 부침에 태연해질수록 부동산 시장도 그만큼 안정될 것입니다. 부동산 시장이 편안해질수록 당신의 주거 여건도 편안해질 것입니다. '집은 사는 것이 아니라 사는 곳'이라는 어느 공기업의 광고 카피가 생각납니다.

늘 작은 정부론을 버릇처럼 외쳤던 밀턴 프리드먼 교수의 강의가 한창인데 어느 학생이 꾸벅꾸벅 졸았습니다. 졸고 있는 학생에게 프리드먼이 갑자기 질문을 던지자 학생은 깜짝 놀라 무의식중에 외칩니다.

"……더 작은 정부요!"

큰 정부도 작은 정부도 경제학자들의 일용한 양식이 되지 못할 만큼 경제가 어렵습니다. 경제학자들의 빗나간 전망으로 시작된 경제 위기의 해법을 다시 경제학자들에게 물어볼 수밖에 없는 시장의 역사가 되풀이되고 있습니다. 그래도 우리가 마지막까지 믿어야 하는 것은 '과학적 사고'일 것입니다. 인류는 그렇게 넘어지며 발전해 왔습니다.

'서푼짜리' 경제학 지식을 배우는 데 2권의 책이 큰 도움이 됐습니다. 『맨큐의 경제학』은 참 좋은 책입니다. 술술 읽히는 재미를 배웠습니다. 제 자식들도 크면 이 책으로 경제학을 가르칠 생각입니다. 또 하나는 『유시민의 경제학 카페』입니다. 강 저편에 머물던 경제에 대한 개안의 기회가 됐습니다. 그런 유시민 선생님이 지식소매상이 되겠다고 하니 저는 지식노점상이라도 될 심정입니다.

겨울이 지나갑니다.

아버지는 머리맡의 자리끼 물이 얼 정도로 추운 방에서 대학을 다니셨다고 말씀하셨습니다. 그 땀이 녹아 흘러 저희 세대는 비교적 넉넉한 세상에서 공부를 했습니다. 지금의 어려운 경제를 이겨내고 우리 경제는 더 나아질 것입니다. 빵과 포도주는 더 넉넉해지고 시장은 더 공정해지길 기원해 봅니다. 경제학자들이 바랐던 시장도, 월급쟁이 기자인 제가 바라는 시장도 바로 그것입니다.

책을 쓴다며 아빠가 주말마다 책상에 앉는 바람에 가장 큰 손실을 입은 큰딸 지민이에게 고맙고 사랑한다는 말을 전합니다. 지민이가 커서 맞이할 세상이 더 공정하고 더 풍요로웠으면 하는 바람입니다. 땀흘린 만큼 얻는 세상은 200년 전 서른 살 애덤 스미스가 바라던 세상입니다.

As always in life, everything has its price.

Why should prosperity come for free?

2009년 4월
김원장

김원장 기자의 도시락 경제학

초판 1쇄 2009년 4월 20일
초판 7쇄 2013년 6월 10일

지은이 | 김원장
펴낸이 | 송영석

편집장 | 이진숙 · 이혜진
기획편집 | 차재호 · 김정옥 · 정진라
외서기획 | 박수진
디자인 | 박윤정 · 박새로미
마케팅 | 이종우 · 한명회 · 김유종
관리 | 송우석 · 황규성 · 전지연 · 황지현

펴낸곳 | (株) 해냄출판사
등록번호 | 제10-229호
등록일자 | 1988년 5월 11일

서울시 마포구 서교동 368-4 해냄빌딩 5 · 6층
대표전화 | 326-1600 **팩스** | 326-1624
홈페이지 | www.hainaim.com

ISBN 978-89-7337-941-5